Vem, Senhor Jesus!

John Piper

UM ESTUDO SOBRE A SEGUNDA VINDA DE CRISTO

Dados Internacionais de Catalogação na Publicação (CIP)
(Câmara Brasileira do Livro, SP, Brasil)

```
Piper, John
    Vem, senhor Jesus! : um estudo sobre a
segunda vinda de Cristo / John Piper ; [tradução
Francisco Wellington Ferreira]. -- 1. ed. --
São José dos Campos, SP : Editora Fiel, 2024.

    Título original: Come, Lord Jesus
    ISBN 978-65-5723-332-0

    1. Cristianismo 2. Escatologia 3. Jesus
Cristo - Ensinamentos 4. Jesus Cristo - Segunda
Vinda I. Título.

24-192375                                CDD-236.9
```

Índices para catálogo sistemático:

1. Segunda vinda de Jesus : Escatologia   236.9

Aline Graziele Benitez - Bibliotecária - CRB-1/3129

VEM, SENHOR JESUS!
Um estudo sobre a segunda vinda de Cristo

Traduzido do original em inglês
Come, Lord Jesus: Meditations on the
Second Coming of Christ

Copyright © 2023 por Desiring God Foundation.
Todos os direitos reservados.

■

Originalmente publicado em inglês por Crossway,
Wheaton, Estados Unidos.

Copyright © 2023 Editora Fiel
Primeira edição em português: 2024
Todos os direitos em língua portuguesa reservados
por Editora Fiel da Missão Evangélica Literária.

PROIBIDA A REPRODUÇÃO DESTE LIVRO POR QUAISQUER MEIOS, SEM A PERMISSÃO ESCRITA DOS EDITORES, SALVO EM BREVES CITAÇÕES, COM INDICAÇÃO DA FONTE.
Os textos das referências bíblicas foram extraídos da versão Almeida Revista e Atualizada, 2ª ed. (Sociedade Bíblica do Brasil), salvo indicação específica.

■

Diretor: Tiago J. Santos Filho
Editor-chefe: Vinicius Musselman Pimentel
Editor: André G. Soares
Coordenação Editorial: Gisele Lemes, Michelle Almeida
Tradução: Francisco Wellington Ferreira
Revisão: Pedro Marchi
Diagramação: Rubner Durais
Capa: Rubner Durais
ISBN brochura: 978-65-5723-332-0
ISBN e-book: 978-65-5723-333-7

Caixa Postal 1601
CEP: 12230-971
São José dos Campos, SP
PABX: (12) 3919-9999
www.editorafiel.com.br

A
George Eldon Ladd,
O primeiro a me mostrar que
todo o Novo Testamento
é escatológico

SUMÁRIO

PARTE 1: RAZÕES PARA AMARMOS A VINDA DE CRISTO

Prólogo da Parte 1: O milagre que procuramos: amor 11

Capítulo 1: Todos os que amam a sua vinda 13

Capítulo 2: Como um livro pode despertar amor pela vinda de Cristo? 23

Capítulo 3: A glória de Cristo como a realidade primária de sua vinda:
o cerne da questão (parte 1) 35

Capítulo 4: A experiência da glória de Cristo com admiração jubilosa:
o cerne da questão (parte 2) 47

Capítulo 5: A graça que será trazida na revelação de Cristo 57

Capítulo 6: Seremos irrepreensíveis na vinda de Cristo? 69

Capítulo 7: Seremos aperfeiçoados na mente, no coração e no corpo? 85

Capítulo 8: Jesus nos livrará da ira de Jesus? 103

Capítulo 9: Em chama de fogo, com vingança e alívio 115

Capítulo 10: Retribuindo a cada um conforme as suas obras 131

Capítulo 11: Regozijando-se na esperança de receber recompensas diferentes ... 145

Capítulo 12: A alegria da comunhão pessoal com o Servo Soberano 157

PARTE 2: O TEMPO DA VINDA DE CRISTO

Prólogo da Parte 2: O tempo da vinda de Cristo e o amor por ela 175

Capítulo 13: Jesus ensinou que retornaria dentro de uma geração? 177

Capítulo 14: O que Novo Testamento quer dizer quando afirma que Jesus
virá em breve? 187

Capítulo 15: Há um arrebatamento repentino antes da segunda vinda? 197

Capítulo 16: Jesus e Paulo: a mesma visão sobre a vinda de Cristo 209

Capítulo 17: O que deve acontecer antes da vinda do Senhor? 227

PARTE 3: ENTÃO, COMO DEVEMOS VIVER?

Prólogo da Parte 3: Vivendo entre as duas vindas de Cristo 241

Capítulo 18: Vigilância no fim dos tempos e amor pela vinda de Cristo 245

Capítulo 19: Pacientes e alegres, não enganados e assustados 253

Capítulo 20: Justiça futura, mansidão presente..259

Capítulo 21: Vá trabalhar, vá à igreja 265

Capítulo 22: Orando no fim dos tempos — por você e pela missão 273

Ó vem, Senhor Jesus, vem: um hino para Cristo 277

Índice bíblico 279

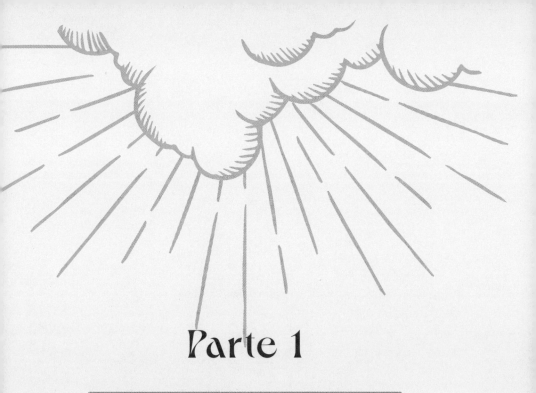

Parte 1

Razões para amarmos a vinda de Cristo

PRÓLOGO DA PARTE 1

O MILAGRE QUE PROCURAMOS: AMOR

O alvo deste livro é ajudar você a amar a segunda vinda de Jesus Cristo. Os conteúdos e o título foram inspirados, em parte, pelas orações bíblicas "Vem, Senhor Jesus!" (Ap 22.20) e "Vem, Senhor!" (1Co 16.22, NVI). Entretanto, o livro foi inspirado principalmente pela afeição espiritual por trás dessas orações que Paulo expressou em 2 Timóteo 4.8:

> Já agora a coroa da justiça me está guardada, a qual o Senhor, reto juiz, me dará naquele Dia; e não somente a mim, mas também a todos quantos *amam a sua vinda*.

Uma coroa de justiça é prometida àqueles que *amam* a segunda vinda de Cristo. Nós oramos pela vinda do Senhor porque amamos a sua manifestação. A oração "Vem, Senhor Jesus" está arraigada em algo mais profundo: "Eu amo a tua vinda!"

Este livro trata da realidade que desperta esse amor e de como esse despertamento acontece. Esse amor envolve desejar, anelar e esperar. Não é uma ação do corpo. É uma afeição espiritual do coração. Por *espiritual*, quero dizer que é trazida à existência e formada pelo Espírito Santo. Não é surpreendente que o Espírito Santo traga à existência o amor do coração pela segunda vinda de Cristo, visto que a obra mais essencial do Espírito no coração humano é glorificar Jesus. Jesus disse a respeito do Espírito: "Ele me glorificará" (Jo 16.14).

Portanto, o amor que o Espírito desperta pela segunda vinda de Cristo não é uma fascinação que negligencie o próprio Cristo. É um anelo encantado com Cristo que anseia por sua presença e glória. É uma extensão de nosso amor por Cristo — o tipo de amor que Jesus buscava ao dizer em Mateus 10.37: "Quem ama seu pai ou sua mãe mais do que a mim não é digno de mim; quem ama seu filho ou sua filha mais do que a mim não é digno de mim". Qualquer amor pela segunda vinda de Cristo que não seja uma extensão dessa afeição suprema pelo próprio Senhor Jesus não é uma obra do Espírito que exalta Cristo. Não é o amor para o qual Paulo prometeu uma coroa. Não é o que pretendo alcançar.

Por conseguinte, o foco desta obra repousa em um milagre que este livro sozinho não pode realizar, ou seja, as afeições criadas pelo Espírito. Esse alvo, contudo, não é diferente de todo o ensino, pregação, aconselhamento e serviço cristãos que buscam edificar a fé em Jesus, resgatar pessoas da ira divina e fomentar a justiça que exalta a Cristo. Toda essa fé, resgate e justiça são obras do Espírito de Deus (Rm 5.9; Ef 2.8; Fp 1.29; 2Ts 1.11). Meios humanos — como livros — não são decisivos. Deus é.

No entanto, meios humanos *são* designados por Deus. Quando Deus tenciona abrir os olhos dos espiritualmente cegos, a fim de que vejam a glória de Cristo e de sua vinda, ele envia um mensageiro humano e lhe diz: "eu *te* envio, para lhes abrires os olhos e os converteres das trevas para a luz" (At 26.17-18). É assim que Deus desperta o amor pela segunda vinda de Cristo. Ele abre os olhos dos cegos para que vejam a grandeza, a glória e o valor da vinda de Cristo. Deus faz isso por meio da verdade bíblica sobre a vinda de Cristo e por meio de mestres humanos que apontam para essa verdade. Isso é o que almejo realizar neste livro.

CAPÍTULO 1

TODOS OS QUE AMAM A SUA VINDA

Asseguremo-nos de que o texto bíblico que fundamenta este livro realmente é capaz de suportar o peso:

> Quanto a mim, estou sendo já oferecido por libação, e o tempo da minha partida é chegado. Combati o bom combate, completei a carreira, guardei a fé. Já agora a coroa da justiça me está guardada, a qual o Senhor, reto juiz, me dará naquele Dia; e não somente a mim, mas também a *todos quantos amam a sua vinda*. (2Tm 4.6-8)

A *vinda* referida no versículo 8 diz respeito realmente à vinda de Cristo? Ou será que diz respeito à sua primeira vinda, isto é, à sua encarnação? Considerada por si mesma, a palavra *vinda* (ἐπιφάνεια) pode se referir à primeira vinda de Cristo. Das cinco outras ocorrências dessa palavra empregada por Paulo, quatro se referem à segunda vinda (2Ts 2.8; 1Tm 6.14; 2Tm 4.1; Tt 2.13). Porém, uma se refere à primeira:

> [Deus] que nos salvou e nos chamou com santa vocação; não segundo as nossas obras, mas conforme a sua própria determinação e graça que nos foi dada em Cristo Jesus, antes dos tempos eternos, e manifestada, agora, pelo *aparecimento* [ἐπιφανείας] de nosso Salvador Cristo Jesus, o qual não só destruiu a morte, como trouxe à luz a vida e a imortalidade, mediante o evangelho. (2Tm 1.9-10)

Portanto, na própria palavra "vinda" não há nada que exija uma referência à segunda vinda de Cristo. Quatro observações, no entanto, me inclinam a pensar que, em 2 Timóteo 4.8, Paulo quer dizer: "todos quantos amam a sua [segunda] vinda".

Primeiro, o uso mais próximo da palavra, sete versículos antes, se refere à segunda vinda: "Conjuro-te, perante Deus e Cristo Jesus, que há de julgar vivos e mortos, pela sua *manifestação* e pelo seu reino: prega a palavra" (2Tm 4.1-2).

Segundo, no versículo 10, Paulo contrasta aqueles que "amam a sua vinda" (2Tm 4.8) com Demas, que, "*tendo amado o presente século*, me abandonou". Chamar a atenção para o amor de Demas pelo "presente século" contrasta-o com aqueles que amam a segunda vinda de Cristo, já que a segunda vinda traz a "consumação do século" (Mt 13.40; 24.3; 28.20). A segunda vinda põe fim àquilo que Demas chegou a amar supremamente. Entretanto, aqueles que amam a segunda vinda preferem a chegada de Cristo a tudo que este século caído pode dar.

Terceiro, a referência de Paulo a ser recompensado "naquele Dia" (2Tm 4.8) cria a expectativa de que o que vem depois se relacionará àquele "Dia", ou seja, o dia da segunda vinda de Cristo. (Quanto ao uso da expressão "aquele dia" por Paulo como uma referência à segunda vinda de Cristo, veja 1Ts 5.4; 2Ts 1.10; 2.3; 2Tm 1.12, 18). Nesse fluxo de pensamento, seria estranho Paulo voltar à primeira vinda de Cristo.

A quarta observação que me inclina a entender 2 Timóteo 4.8 como uma referência à *segunda* vinda de Cristo, e não à primeira, é que Paulo vê a primeira vinda como precisamente planejada para nos preparar para a segunda. Observe o argumento em Tito 2.11-13:

> A graça de Deus se manifestou [ἐπεφάνη, a forma verbal do substantivo grego por trás da palavra "vinda"] salvadora a todos os homens, educando-nos para que, renegadas a impiedade e as paixões mundanas, vivamos, no presente século, sensata, justa e piedosamente, [avidamente] aguardando [προσδεχόμενοι][1] a bendita esperança e a manifestação [ἐπιφάνειαν] da glória do nosso grande Deus e Salvador Cristo Jesus.

---

1 Este verbo grego, προσδέχομαι, na maioria de seus usos, tem a conotação de esperar com avidez ou receber com alegria (ver Marcos 15.43; Lucas 2.25, 38; 23.51; Romanos 16.2; Filipenses 2.29; Hebreus 10.34; Judas 21).

Em resumo, Paulo diz que a graça de Deus *veio* pela primeira vez para trazer à existência um povo que aguardaria diligentemente a segunda *vinda* de Cristo, com retidão e piedade. Em outras palavras, a primeira vinda nos prepara para a segunda. Temos muito a amar em relação à primeira vinda de Cristo. Mas, embora tenha sido importantíssima, culminando na cruz e na ressurreição de Jesus, ela foi designada totalmente para trazer à existência um povo e uma nova realidade que acharia expressão absoluta na segunda vinda.

Por isso, penso que Paulo diria que o teste de nossa afeição apropriada pela primeira vinda de Cristo é a medida de nossa afeição pela segunda. Ou, em outras palavras, o teste de nosso amor pelo Cristo que *veio* é o nosso anelo pelo Cristo que *virá*. Portanto, creio que estou edificando sobre um bom fundamento ao dizer que o alvo deste livro é ajudar pessoas a amarem a segunda vinda de Cristo. A essas pessoas, Cristo, o reto juiz, concederá a coroa da justiça como recompensa.

POR QUE UMA COROA POR AMAR A SUA VINDA?

Por que Paulo conecta a coroa de justiça com o amor pela vinda de Cristo? Por que ele diz: o "reto juiz [...] dará [a coroa da justiça] naquele Dia [...] a todos quantos amam a sua vinda" (2Tm 4.8)? Por que ele não diz que o Senhor dará uma coroa "a todos os que completaram a carreira", ou "a todos os que combateram o bom combate", ou "a todos os que guardaram a fé"? Parece que é a esse pensamento que Paulo está nos levando ao dizer o seguinte em 2 Timóteo 4.7-8:

> Combati o bom combate, completei a carreira, guardei a fé. Já agora a coroa da justiça me está guardada, a qual o Senhor, reto juiz, me dará naquele Dia; e não somente a mim, mas também a todos quantos...

Certamente parece que Paulo dirá: "Não somente uma coroa é dada a mim por combater o bom combate, mas também a todos quantos... *combatem o bom combate*". Ou: "Não somente uma coroa é dada a mim por completar a carreira, mas também a todos os que... *completam a carreira*".

"Não somente o Juiz dará uma coroa a *mim* por guardar a fé, mas também dará essa coroa a todos os que... *guardarem a fé*". Isso é o que esperamos. Mas não é o que Paulo diz.

Em essência, ele diz: "Assim como eu receberei uma coroa por *combater o combate, completar a carreira* e *guardar a fé*, também a receberão os que... *amam a vinda do Senhor*". Por quê? Por que Paulo substitui "combater o combate", "completar a carreira" e "guardar a fé" por "amar a vinda do Senhor"?

A minha sugestão é que, enquanto Paulo pensa sobre o seu combate, carreira e fé, surge em sua mente o desejo permanente pela vinda do Senhor, um desejo que exerceu um poder controlador em sua vida. Em outras palavras, ao olhar para trás e pensar nos combates que havia enfrentado, na perseverança exigida pela maratona de sua vida e nas tentações de abandonar sua fé pelos prazeres do mundo, o que emergiu em sua consciência foi o poder sustentador da preciosidade daquilo que ele percebeu aproximar-se com a aparição do Senhor. Ele amava isso. E esse amor o sustentou.

POR QUE DEMAS NÃO TERMINOU

Dois indicativos contextuais nos mostram que Paulo pensava dessa maneira. Um indicativo é a ligação que já vimos entre 2 Timóteo 4.8 e o que Paulo diz em seguida a respeito de Demas, no versículo 10:

> Já agora a coroa da justiça me está guardada, a qual o Senhor, reto juiz, me dará naquele Dia; e não somente a mim, mas também a todos quantos amam a sua vinda. Procura vir ter comigo depressa. Porque Demas, *tendo amado o presente século*, me abandonou e se foi para Tessalônica (2Tm 4.8-10).

Demas não perseverou no bom combate. Não completou sua carreira. Não guardou a fé. Ele é o oposto do que Paulo instou que Timóteo fosse (e isso se aplica a nós também). Paulo diz a Timóteo: "Suporta as aflições [*combate!*] [...] cumpre cabalmente o teu ministério [*completa!*]" (2Tm 4.5). Não pare de lutar e de correr. Paulo oferece *a si mesmo* como um modelo para Timóteo seguir e *Demas* como um modelo a não seguir.

Contudo, a linguagem que Paulo escolhe para descrever a fé de Demas é a linguagem de amor, não a linguagem de lutar, correr ou guardar. Demas parou de lutar, parou de correr, parou de guardar, porque *amou* "o presente século". Ele não amou a vinda do Senhor.

Portanto, no exemplo de Demas, Paulo torna explícito o que está em sua mente nos versículos 6 a 8, ou seja, a conexão entre *amor* e *perseverança*. Paulo deixa claro que a promessa de coroa da justiça para aqueles que *amam* a vinda do Senhor (2Tm 4.8) está em perfeita harmonia com a promessa de que ele receberia essa mesma coroa por ter combatido o bom combate, completado a carreira e guardado a fé. Essas duas realidades estão em harmonia, porque amar a vinda do Senhor era essencial à perseverança contínua de Paulo. Era a raiz desse fruto.

POR QUE AQUELES QUE SENTEM COCEIRAS NOS OUVIDOS NÃO TERMINARAM A CARREIRA?

Outro indicativo contextual mostra que Paulo vê o amar a vinda do Senhor como essencial a combater o bom combate, completar a carreira e guardar a fé. Isso está nos versículos anteriores:

> Pois haverá tempo em que não suportarão a sã doutrina; pelo contrário, cercar-se-ão de mestres segundo as suas próprias cobiças, como que sentindo coceira nos ouvidos; e se recusarão a dar ouvidos à verdade, entregando-se às fábulas (2Tm 4.3-4).

Aqui Paulo nos prepara para o que dirá sobre Demas. A questão é que cristãos professos "recusarão" a verdade (Demas parece ter sido um companheiro fiel de Paulo — Cl 4.14). Eles "se entregarão". Mas, por quê? A razão que Paulo menciona não são lutas intelectuais, nem conflitos relacionais, nem dúvidas sinceras. O que ele menciona é sentir "coceira nos ouvidos" por uma doutrina que satisfará as "próprias cobiças" deles.

A palavra "cobiças" é simplesmente a palavra comum para *desejos* (ἐπιθυμίας). É a linguagem do *amor*. É semelhante a 2 Timóteo 4.8 ("*amam* a sua vinda") e ao versículo 10 ("*tendo amado* o presente século"). A razão pela qual recusam e se entregam é que *amam* (anelam, anseiam, desejam) as coisas erradas. Desistem de combater o combate. Param de correr a carreira. Cessam de guardar a fé. A razão disso é que, à semelhança de Demas, amam este século, e não a vinda do Senhor.

Portanto, não é surpreendente que Paulo diga que será recompensado com *sua* coroa por causa de um combate bem-combatido, uma carreira bem-corrida e uma fé perseverante, enquanto outros cristãos serão recompensados com *sua* coroa porque amaram a vinda do Senhor. Esses não são padrões distintos para a coroação. Trata-se dos mesmos padrões. Em um caso, Paulo enfatiza a afeição interior e espiritual de amor ao Senhor e à sua vinda. No outro, Paulo destaca a luta resultante por perseverança.

QUÃO IMPORTANTE É AMAR A SEGUNDA VINDA?

É muito importante reconhecermos essa relação entre *amar* e *lutar*, pois ela mostra quão crucial é que amemos a segunda vinda do Senhor. Esse amor não é secundário. Não é opcional. É um meio pelo qual os cristãos são guardados de cair. É uma condição do coração cristão que nos protege do amor destrutivo por este século, semelhante ao de Demas. É um vislumbre cativante do prêmio que receberemos no final da maratona da vida e que nos mantém correndo (Fp 3.14). Amar a vinda do Senhor é uma extensão do amor presente pelo Senhor adentrando o futuro. E amar o Senhor no presente é essencial para ser um cristão.

O texto correlato mais próximo de 2 Timóteo 4.8 é Tiago 1.12:

> Bem-aventurado o homem que suporta, com perseverança, a provação; porque, depois de ter sido aprovado, receberá a coroa da vida, a qual o Senhor prometeu aos que o amam.

Tiago 1.12	2 Timóteo 4.8
suporta, com perseverança, a provação	Combati o bom combate, completei a carreira
a coroa da vida	a coroa da justiça
aos que o amam	todos quantos amam a sua vinda

As duas diferenças principais na fraseologia confirmam o quanto está em jogo no amar a vinda do Senhor. Tiago fala de *amar o próprio Senhor*, enquanto Paulo fala de *amar a vinda do Senhor*. E Tiago promete uma *coroa de vida*, enquanto Paulo promete uma *coroa de justiça*. Esses não são quadros opostos. Ambos ensinam o que está em jogo no amar o Senhor e sua vinda: a salvação final. A "coroa da vida" significa a herança final da vida eterna (cf. Tt 3.7); e a "coroa da justiça" significa que essa vida eterna é a herança de todos aqueles cuja fé salvadora foi confirmada pelo fruto de justiça.[2]

Portanto, amar o Senhor Jesus e, consequentemente, a sua vinda é uma marca essencial de um verdadeiro cristão. Paulo diz no final de 1 Coríntios: "Se alguém não ama o Senhor, seja amaldiçoado. Vem, Senhor!" (1Co 16.22, NVI). Em outras palavras, ninguém é um cristão, ou seja, ninguém é salvo, se não ama o Senhor Jesus. É impressionante que, assim como Paulo vincula o *amar* o Senhor à vinda do Senhor em 2 Timóteo 4.8, também nessa passagem de 1 Coríntios ele vincula o *não amar* o Senhor à vinda do Senhor: "Seja amaldiçoado. Vem, Senhor!" Isso significa que, assim como a coroa da justiça será dada como recompensa aos que amam a Cristo no dia de sua vinda, a maldição também será pronunciada sobre os que não amam a Cristo no dia de sua vinda.

LUGAR DE GRAÇA

Alguém pode ter dificuldade com o fato de o versículo seguinte em 1 Coríntios 16 afirmar: "A *graça* do Senhor Jesus seja convosco" (16.23).

---

2 A expressão "coroa da justiça" poderia talvez representar o ato final pelo qual Deus nos declara justificados. Eu, porém, a entendo com o significado de uma recompensa por uma vida cuja fé justificadora foi confirmada com o fruto de justiça. Tenho esse entendimento por duas razões. Uma razão é que o uso de Paulo da expressão "reto juiz", em 2 Timóteo 4.8, não é baseado numa cena de tribunal (o que sugeriria justificação), e sim numa cena atlética em que o juiz decide corretamente se os atletas combateram e correram segundo as normas. "O atleta não é coroado se não lutar segundo as normas" (2Tm 2.5). A outra razão é que recompensar os cristãos com uma coroa por uma vida caracterizada pelo fruto de justiça é o que Paulo e os demais autores do Novo Testamento ensinam. Esse ensino simplesmente reconhece que "a fé sem obras é morta" (Tg 2.26), que somos salvos "pela santificação" (2Ts 2.13), que há uma "santificação sem a qual ninguém verá o Senhor" (Hb 12.14) e que "todo aquele que não pratica justiça não procede de Deus" (1Jo 3.10). Isso não é perfeccionismo. Não seremos perfeitos até que vejamos o Senhor face a face (Fp 3.12; 1Jo 3.2). Também não é justificação por obras. O ensino uniforme do Novo Testamento é que, para entrar no céu, precisamos ter a veste nupcial (Mt 22.11-14), a qual são "os atos de justiça dos santos" (Ap 19.8). Esses "atos de justiça" não merecem o céu nem substituem a fé como o único instrumento pelo qual Deus é 100% por nós. Eles são a "obediência que procede da fé" (Rm 1.5 — tradução minha; Hb 11.8), as "[obras] de fé" (2Ts 1.11). São o fruto do Espírito (Gl 5.22-23). Ou, como Paulo disse em Filipenses 1.10-11, os cristãos serão achados, no "Dia de Cristo, cheios do fruto de justiça".

Talvez até pergunte: "Como Paulo pode tornar o amor por Cristo essencial para escaparmos da maldição de Deus e, depois, declarar que a *graça* é o meio pelo qual Cristo se relaciona com seu povo?"

A resposta tem duas partes. Primeiro, a graça é o poder divino que inicialmente nos dá vida espiritual para que nosso coração seja capaz de amar a Cristo (Ef 2.5). "Transbordou, porém, a *graça* de nosso Senhor com a fé e o *amor* que há em Cristo Jesus" (1Tm 1.14). Segundo, as bênçãos contínuas da graça fluem até nós pelos canais de amor por Cristo que a própria graça criou. É por isso que Paulo diz em Efésios 6.24: "A graça seja com todos os que amam sinceramente a nosso Senhor Jesus Cristo". Amar a Cristo (e, portanto, a sua vinda) é o canal por meio do qual mais graça flui até nós. É por isso também que Tiago e Pedro dizem: "Deus resiste aos soberbos, mas *dá graça aos humildes*" (Tg 4.6; 1Pe 5.5). A ênfase é que, embora a graça seja o que primeiro criou a humildade, é aos humildes que Deus "*dá graça*" (Tg 4.6). Quando os apóstolos falam da graça fluindo até aos que amam a Cristo (Ef 6.24) e da graça fluindo até aos humildes (1Pe 5.5), não estão descrevendo corações diferentes — um coração humilde e um coração que ama. Há apenas um coração cristão. Esse coração foi levado à humildade e ama a Cristo e sua vinda.

Portanto, quando Paulo diz que a pessoa que *não ama* o Senhor será amaldiçoada em sua vinda e que a pessoa que *ama* o Senhor receberá uma coroa de justiça em sua vinda, ele não minimiza ou contradiz o papel decisivo da graça soberana. A graça de Deus é o poderoso plano e poder que, antes da criação do universo, assegurou a salvação do povo de Deus. "[Deus] que nos salvou e nos chamou com santa vocação; não segundo as nossas obras, mas conforme a sua própria determinação e *graça* que nos foi dada em Cristo Jesus, antes dos tempos eternos" (2Tm 1.9). A graça que nos deu vida e nos revelou a infinitamente preciosa glória de Cristo, em sua pessoa e vinda, nos foi dada antes de o universo ter sido criado.

O AMOR PELA SEGUNDA VINDA DE CRISTO É ESSENCIAL

A verdade que estou enfatizando é que o amor por Jesus e, por extensão, o amor por sua vinda são essenciais para sermos cristãos. O próprio Jesus ensinou essa verdade mais de uma vez. Ele disse aos líderes judeus que afirmavam conhecer a Deus, mas rejeitavam Jesus: "Se Deus fosse, de fato, vosso pai, certamente, me havíeis de amar" (Jo 8.42). Em outras palavras: "se vocês não me amam, não têm a Deus como seu Pai". E, como vimos antes, Jesus disse: "Quem ama seu pai ou sua mãe mais do que a mim não é digno de mim; quem ama seu filho ou sua filha mais do que a mim não é digno de mim" (Mt 10.37). O que esse versículo deixa claro é que amar a Jesus não pode ser reduzido a fazer coisas exteriores que ele ordena. Isso não é o que o amor ao pai, à mãe, ao filho e à filha significa. Esse amor é o que chamamos de uma *afeição* do coração, não um conjunto de atos praticados pelo corpo. E, no caso do amor a Jesus e à sua vinda, é uma afeição *espiritual* — uma obra do Espírito Santo em nossa vida. Sem esse amor, Deus não é o nosso Pai, e Jesus não é o nosso Salvador.

UM MEIO PARA UM MILAGRE

Talvez seja óbvio por que estou à procura de um amor mais profundo, mais autêntico, mais inabalável pela vinda de Cristo, e eu gostaria de levar você comigo. O alvo é que experimentemos um anelo deslumbrante por Cristo, sua presença e glória. Somente um ato divino em nosso coração pode realizar isso. Então, a pergunta para a qual nos voltamos agora é: como pode um ato natural, como escrever ou ler um livro, ser um meio para esse fim miraculoso?

CAPÍTULO 2

COMO UM LIVRO PODE DESPERTAR AMOR PELA VINDA DE CRISTO?

Uma vez que o alvo deste livro é ajudar você a amar a segunda vinda de Cristo, como isso pode realmente acontecer? Como podem os atos *naturais* de escrever e ler um livro resultar na experiência *sobrenatural* do amor por Cristo e sua vinda?

AMAR A VINDA DE CRISTO É UMA OBRA DO ESPÍRITO SANTO

No capítulo 1, argumentei que o que a Bíblia quer dizer ao falar de amor pela segunda vinda de Cristo não é meramente uma fascinação natural por um evento admirável. Pelo contrário, o amor pela segunda vinda de Cristo é um anelo deslumbrante pela presença e glória de Cristo. Esse anelo por Cristo é uma experiência sobrenatural. É uma afeição espiritual do coração que o coração humano pecaminoso e caído não pode produzir. É uma obra do Espírito Santo.

Paulo explica que "o homem natural não aceita as coisas do Espírito de Deus, porque lhe são loucura; e não pode entendê-las, porque elas se discernem espiritualmente" (1Co 2.14). O "homem natural" é simplesmente a pessoa normal que não tem o Espírito de Deus habitando em si e transformando seu coração por meio da fé. Judas descreveu o homem natural assim: "Estes são pessoas naturais, que não têm o Espírito [ψυχικοί, πνεῦμα μὴ ἔχοντες]" (Jd 19, tradução minha).

Outra maneira de descrever o "homem natural" é falar dele como tendo a "mente da carne" ou como estando "na carne". *Carne*, em seu uso regular por Paulo, se refere à natureza humana caída, considerada como independente de Deus e não influenciada pelo Espírito que habita o verdadeiro cristão. Nessa condição, as pessoas estão em oposição a Deus. E, nessa condição de alienação e resistência, elas não podem se submeter — nem se submetem — à instrução de Deus. Por isso, Paulo diz:

> A mente da carne é hostil a Deus, pois não se submete à lei de Deus; de fato, não pode. Aqueles que estão na carne não podem agradar a Deus. Vocês, porém, não estão na carne, mas no Espírito, se, de fato, o Espírito de Deus habita em vocês. E, se alguém não tem o Espírito de Cristo, não pertence a ele. (Rm 8.7-9, tradução minha)

O argumento que estou extraindo do ensino de Paulo sobre o "homem natural" e a "mente da carne" é que nenhum de nós jamais discernirá ou abraçará a grandeza e o valor da vinda de Cristo sem a obra sobrenatural do Espírito Santo em nosso coração. Podemos ficar fascinados com pensamentos proféticos, ou ser cativados por predições sobre os últimos dias, ou ficar agitados por um futuro temeroso. No entanto, nada disso exige uma transformação sobrenatural do coração humano caído. Logo, sem a obra do Espírito, não amaremos a segunda vinda como Paulo pretende em 2 Timóteo 4.8. Não experimentaremos esse amor como um anelo deslumbrante pela presença e glória de Cristo.

CONTEMPLAR A GLÓRIA DE SUA VINDA GERA O DESFRUTE

Retornamos, então, à pergunta que fizemos antes: como podem os atos *naturais* de escrever e ler um livro resultar na experiência *sobrenatural* de amor por Cristo e pela sua vinda? Respondi no capítulo 1 que Deus abre os olhos espiritualmente cegos do homem *natural* para verem a grandeza, a glória e o valor da vinda de Cristo. Deus faz isso por meio da verdade bíblica sobre a vinda de Cristo e por meio de mestres humanos que mostram essa verdade. Deus faz isso, por exemplo, por meio de livros.

Portanto, estou dizendo que o *amor* autêntico pela vinda de Cristo é despertado e intensificado pela *visão* espiritual da grandeza, glória e valor da sua vinda. Há um *contemplar* que gera o *desfrutar*. Há uma *luz* espiritual que cria a doçura do *anseio*. Paulo falou sobre ter "iluminados os olhos do vosso coração, para *saberdes* qual é a esperança do seu chamamento" (Ef

1.18). Esse saber *não* é o tipo de saber que o diabo tem. O diabo sabe sobre a segunda vinda e o dia de julgamento. Sabemos disso porque, quando Jesus intervinha no domínio do diabo, os demônios reclamavam que Jesus viera "atormentar-nos *antes do tempo*" (Mt 8.29) — ou seja, antes do dia designado para o julgamento final deles. Os demônios sabem muito bem o que a segunda vinda de Cristo significará para eles.

Esse tipo de conhecimento não é o nosso alvo. Não há necessidade de os olhos do nosso coração serem iluminados por Deus para que conheçamos da mesma maneira que os demônios conhecem. Esse é o conhecimento natural e não exige a obra do Espírito Santo. Paulo não orou, em Efésios 1.18, para que Deus iluminasse os olhos de nosso coração para compartilharmos do conhecimento dos demônios. Antes, orou por um tipo de conhecimento que somente o Espírito Santo pode dar, um conhecimento da *realidade* de nossa esperança que produziria realmente *regozijo* em nossa esperança! Orou pela experiência sobrenatural de *desejarmos* e *amarmos* a nossa esperança. Paulo orou para que *amássemos* a vinda de Cristo.

E esse *amar* é o efeito de um *saber* espiritualmente iluminado. Se o nosso amor pela segunda vinda fosse evocado por métodos que tolhessem o conhecimento da verdade, o amor não honraria Cristo. As afeições que magnificam a Cristo são despertadas por uma verdadeira visão de Cristo — um verdadeiro conhecimento de Cristo. E isso se aplica também à segunda vinda. O único amor pela vinda de Cristo que o honra é aquele que é despertado por um verdadeiro conhecimento de sua vinda.

Portanto, o ato natural de prover conhecimento (como escrever este livro) anda lado a lado com a experiência sobrenatural de ver a grandeza, a glória e o valor de Cristo *por meio* desse conhecimento.

NOTÍCIAS, GLÓRIA E LUZ

Paulo ilustra essa conexão entre a visão sobrenatural da glória e o conhecimento natural da verdade. Ele diz:

> O deus deste século cegou o entendimento dos incrédulos, para que lhes não resplandeça a luz do evangelho da glória de Cristo, o qual é

a imagem de Deus. Porque não nos pregamos a nós mesmos, mas a Cristo Jesus como Senhor e a nós mesmos como vossos servos, por amor de Jesus. Porque Deus, que disse: Das trevas resplandecerá a luz, ele mesmo resplandeceu em nosso coração, para iluminação do conhecimento da glória de Deus, na face de Cristo (2Co 4.4-6).

O versículo 4 descreve quais pessoas sofrem a cegueira e são impedidas de ver. O versículo 6 descreve a interrupção dessa cegueira pela intervenção sobrenatural de Deus. O versículo 4 contém três elementos.

Primeiro, há o *Evangelho*, que são "boas novas". Há novas reais, factuais. Há fatos objetivos sobre quem Cristo é e o que ele fez. Como Paulo diz em 1 Coríntios 15.1-4: "Venho lembrar-vos o evangelho [...] que Cristo morreu pelos nossos pecados, segundo as Escrituras, e que foi sepultado e ressuscitou ao terceiro dia, segundo as Escrituras". Eis aqui novas reais, factuais, objetivas.

Segundo, há a "glória". Paulo se refere ao "evangelho da *glória* de Cristo" (2Co 4.4). As novas são fatos objetivos, porém comunicam mais do que meros acontecimentos. Levam consigo uma glória — uma beleza, uma radiância, um valor, uma grandeza de Cristo. Comunicadas de modo correto, as *novas* de Cristo são uma janela para a *glória* dele. Todavia, uma pessoa pode ouvir as novas e não ver a glória pelo que ela é.

Terceiro, há a "luz" que pode ser vista ou não por aqueles que ouvem as novas a respeito dessa glória. Paulo fala da "*luz* do evangelho da glória de Cristo" (2Co 4.4). Essa luz é o que Satanás, "o deus deste século" (veja também Jo 12.31; 14.30; 16.11; Ef 2.2), esconde, se puder. Ele não está tão preocupado se as pessoas ouvem as *novas*, nem mesmo se as ouvem de modo que apontam para a *glória* de Cristo. Certamente, Satanás odeia as novas e a glória. Mas uma pessoa pode ouvir o "evangelho da glória de Cristo" e ainda estar firmemente na escravidão de Satanás. Se, no entanto, uma pessoa vê a *luz* desse evangelho glorioso, Satanás a perdeu. Ela é nascida de novo. Pertence a Deus. Ver essa "luz" é uma experiência sobrenatural.

Esse milagre de ver é descrito no versículo 6. De novo, há os mesmos três elementos.

Primeiro, há as novas, só que, dessa vez, são chamadas de "conhecimento". Isso é o conteúdo objetivo da verdade sobre Cristo e o que ele fez.

Segundo, há a "glória". Como o versículo 4 fala do *evangelho* da glória", o versículo 6 fala do *conhecimento* da glória". No versículo 4, é a "glória de Cristo, o qual é a imagem de Deus". No versículo 6, é a "glória de Deus na face de Cristo". Trata-se de uma única glória divina: a glória de Cristo, na medida em que ele reflete a imagem de Deus, o Pai; e a glória de Deus, a qual ele faz brilhar na face de Cristo. Uma única glória divina.

Terceiro, há a "luz". Somente aqui, no versículo 6, Deus capacita o coração a vê-la. A cegueira operada por Satanás é aniquilada. "Deus, que disse: Das trevas resplandecerá a luz, ele mesmo resplandeceu em nosso coração, para iluminação do conhecimento da glória de Deus, na face de Cristo". "O conhecimento [ou novas] da glória" é, por intervenção de Deus, agora comunicado como um tipo de "luz" que revela a glória como *gloriosa* ao coração daquele que a vê. A experiência que o coração tem dessa luz vai além de qualquer coisa que o "homem natural" ou Satanás possa experimentar. Isso é uma visão que nos leva ao desfrute. Isso é uma visão que se transforma em tesouro.

E, quando essa visão é uma percepção da glória da segunda vinda de Cristo, é uma *visão* que se torna *amor*. É dessa maneira que acontece o "todos os que amam a sua vida" (2Tm 4.8). Deus resplandece em nosso coração para nos dar a luz do conhecimento da sua glória na vinda de Cristo. Essa experiência da iluminação de Deus no coração é chamada por Paulo de *amar* a vinda do Senhor. É uma afeição espiritual arraigada em fatos genuínos, objetivos, gloriosos que são revelados na Escritura. É mediada pelo verdadeiro conhecimento desses fatos. É assim que um livro pode se tornar o meio pelo qual você vem a amar a segunda vinda. Por conseguinte, o ato de prover conhecimento (como escrever este livro) anda lado a lado com a experiência sobrenatural de ver a grandeza, a glória e o valor de Cristo em sua vinda.

O EXEMPLO DE PEDRO E JOÃO BATISTA

O que vimos de 2 Coríntios 4.4-6 também pode ser visto de uma maneira notavelmente diferente no ensino de Jesus. Outra vez, vemos que, se o nosso alvo é uma experiência sobrenatural da realidade objetiva, há sempre dois passos para chegarmos lá. Um é natural, o outro é sobrenatural — a apresentação *natural* da realidade à nossa mente e, depois, a iluminação *sobrenatural* de Deus que nos faz ver a glória divina nessa realidade. Considere uma ilustração desses dois passos no ministério de Jesus.

Houve um momento para João Batista em que o ministério de Jesus ficou aquém de suas expectativas a respeito de como seria a vinda do Messias. João estava na prisão, o que, em si mesmo, era problemático, caso o reino messiânico estivesse realmente prestes a emergir. Da prisão, ele enviou uma mensagem a Jesus e disse: "És tu aquele que estava para vir ou havemos de esperar outro?" (Mt 11.3). O que estava em jogo aqui era a fé de João Batista em Jesus como o Messias.

Nesse momento, Jesus poderia ter orado em favor de João, suplicando que Deus iluminasse sobrenaturalmente seu coração para que visse a glória autoautenticadora de Jesus nos fatos que João já conhecia. De fato, Jesus pode ter feito isso. Não sabemos. Mas sabemos o que Jesus fez definitivamente. Ele disse aos mensageiros de João Batista:

> Ide e anunciai a João o que estais ouvindo e vendo: os cegos veem, os coxos andam, os leprosos são purificados, os surdos ouvem, os mortos são ressuscitados, e aos pobres está sendo pregado o evangelho. E bem-aventurado é aquele que não achar em mim motivo de tropeço (Mt 11.4-6).

Em outras palavras, Jesus garantiu que João tivesse os fatos, as notícias, o conhecimento.

Ora, compare essa interação entre Jesus e João Batista com a interação entre Jesus e Pedro. Em vez de esperar que Pedro lhe perguntasse se ele era o Messias ou não, como João fez, Jesus toma a iniciativa e pergunta aos discípulos: "Vós [...] quem dizeis que eu sou?" Ao que Pedro responde:

"Tu és o Cristo [*Christos* é a palavra grega equivalente a *Messias*], o Filho do Deus vivo". Então, Jesus lhe diz: "Bem-aventurado és, Simão Barjonas, porque não foi carne e sangue que to revelaram, mas meu Pai, que está nos céus" (Mt 16.15-17).

Jesus reconheceu na resposta de Pedro que um milagre acontecera. Deus havia revelado a Pedro algo que estava além do que "carne e sangue" podiam ver. Era mais do que conhecimento factual que homens e demônios podiam atingir por seus próprios meios. É mais do que o mero fato de Jesus ser o Filho de Deus. O diabo sabe que Jesus é o Filho de Deus. Por isso, o espírito imundo disse a Jesus: "Bem sei quem és: o Santo de Deus" (Mc 1.24). Todavia, o saber do diabo é um saber que odeia e não um saber que ama. O diabo sabe, mas "não [...] como convém saber" (1Co 8.2).

O espírito imundo não viu a Jesus como gloriosamente precioso, e sim apenas como uma ameaça ofensiva. O espírito imundo não viu a magnificência de Jesus como a magnificência de um tesouro. Entretanto, o reconhecimento de Pedro foi além do que os homens naturais e os demônios podem ver. Sua visão foi "bem-aventurada". A do espírito imundo não. "*Bem-aventurado* és, Simão". Ele era bem-aventurado porque sua visão transformadora de Cristo lhe foi dada por Deus. Simão experimentou o milagre de 2 Coríntios 4.6. Deus resplandeceu em seu coração a fim de lhe dar a "iluminação do conhecimento da glória de Deus, na face de Cristo".

Agora, considere o que esses dois encontros (com João Batista e com Pedro) nos ensinam sobre conhecimento natural e amor sobrenatural. Eles mostram que, quando o nosso alvo é uma experiência sobrenatural da realidade objetiva, há sempre dois passos para chegarmos lá: um é natural, o outro é sobrenatural. João Batista e Pedro precisaram do conhecimento factual a respeito de Jesus. Pedro teve esse conhecimento por viver com Jesus como um discípulo íntimo. João foi lembrado dos fatos por Jesus: "Ide e anunciai a João o que estais ouvindo e vendo". Ambos precisaram da intervenção sobrenatural de Deus para iluminar o conhecimento natural com o tipo de "luz" que transformaria um judeu que realiza maravilhas em um tesouro de valor infinito (Mt 13.44).

Então, qual é a resposta à pergunta que apresentamos no início deste capítulo? Uma vez que o alvo deste livro é ajudar você a amar a segunda vinda de Cristo, como isso pode realmente acontecer? Como pode o ato *natural* de escrever e ler um livro resultar na experiência *sobrenatural* de amor por Cristo e por sua vinda? Agora sabemos a resposta. Esse alvo pode ser verdadeiramente alcançado se eu comunicar acuradamente as "boas novas" e o "conhecimento" sobre a glória de Cristo em sua vinda, bem como se Deus resplandecer em seu coração com a luz divina dessa glória (2Co 4.6). Ele pode ser alcançado se eu lhe transmitir acuradamente as glórias da segunda vinda que estão na Bíblia e se Deus revelar o valor dessas glórias que satisfazem o coração, o que a carne e o sangue não podem revelar (Mt 11.1-6; 16.17). Em outras palavras, o meu alvo pode ser alcançado se eu transmitir a verdade objetiva por meio do que escrevo e se Deus comunicar luz espiritual por meio dessa leitura.

FUNDAMENTOS DA VERDADE SOBRE A SEGUNDA VINDA

Você pode ver uma pressuposição implícita no que eu disse, a qual pretendo deixar explícita com uma breve explicação. Estou pressupondo a veracidade do ensino bíblico sobre a segunda vinda, e não sem razão. Essa argumentação, contudo, está em outro livro, *Uma Glória Peculiar: Como a Bíblia se Revela Completamente Verdadeira*.[1] Aqui pressuponho que o ensino da Bíblia sobre a segunda vinda é verdadeiro. Se você tem dúvidas sobre isso, uma maneira de esclarecê-las é ler esse livro, a fim de julgar "todas as coisas" e reter "o que é bom" (1Ts 5.21). Julgue se estou manejando as Escrituras com exatidão e leia com a oração de que Deus confirme à sua mente e ao seu coração o que é realmente verdadeiro. Em outras palavras, o próprio livro pode ser um meio que Deus usará para aumentar sua confiança nas Escrituras.

Uma das razões pelas quais insisto em enfatizar a verdade da Escritura é que o apóstolo Pedro faz exatamente isso em sua segunda epístola,

---

1 John Piper, *Uma Glória Peculiar: como a Bíblia se Revela Completamente Verdadeira* (São José dos Campos: Fiel, 2018).

quando lida com o assunto da segunda vinda de Cristo. Pedro está prestes a se dirigir aos céticos que perguntavam: "Onde está a promessa da sua vinda?" (2Pe 3.4). Todavia, antes de oferecer sua resposta ao ceticismo deles, Pedro estabelece o fundamento de sua veracidade.

Pedro estabelece dois fundamentos: primeiro, sua própria experiência como testemunha ocular de Cristo no Monte da Transfiguração e, segundo, a confirmação das Escrituras do Antigo Testamento, que foram inspiradas por Deus. No capítulo 20, eu abordo o ensino de Pedro sobre a segunda vinda. Aqui, ressalto apenas que ele se mostra intensamente desejoso de estabelecer os fundamentos da veracidade de seus ensinos, o que eu também pretendo fazer.

Primeiramente, Pedro diz: "Não vos demos a conhecer o poder e a vinda de nosso Senhor Jesus Cristo seguindo fábulas engenhosamente inventadas, mas nós mesmos fomos testemunhas oculares da sua majestade" (2Pe 1.16). Pedro está ciente de que pessoas são enganadas pelas fábulas dos últimos tempos. Sua reivindicação de veracidade se baseia em sua própria experiência como testemunha pessoal dos ensinos e ações de Jesus.

Sua referência a ver a "majestade" do Senhor Jesus diz respeito ao fato de ele estar com Cristo no Monte da Transfiguração (Mt 17.1-8), "quando pela Glória Excelsa lhe foi enviada a seguinte voz: Este é o meu Filho amado, em quem me comprazo [Mt 17.5]. Ora, esta voz, vinda do céu, nós a ouvimos quando estávamos com ele no monte santo" (2Pe 1.17-18). No capítulo 13, consideraremos por que Pedro conecta a transfiguração com a segunda vinda ("o poder e a vinda de nosso Senhor Jesus Cristo" — 2Pe 1.16), mas, agora, o objetivo é apenas este: Pedro quer se distanciar tanto quanto possível das fábulas especulativas. Ele quer apenas ensinar a verdade para a qual há boa razão. Pedro quer um fundamento sensato para tudo que ele diz. Eu compartilho desse alvo.

Em segundo lugar, Pedro avança do fundamento de sua própria experiência de testemunha ocular de Jesus para o fundamento das Escrituras inspiradas, o que, para ele, significava o Antigo Testamento (embora se refira em 3.16 às epístolas de Paulo como parte das Escrituras). Pedro diz:

> Temos, assim, tanto mais confirmada a palavra profética [as Escrituras], e fazeis bem em atendê-la [...] Nenhuma profecia da Escritura provém de particular elucidação; porque nunca jamais qualquer profecia foi dada por vontade humana; entretanto, homens [santos] falaram da parte de Deus, movidos pelo Espírito Santo (2Pe 1.19, 21).

Na Bíblia, esse é um dos ensinos mais claros a respeito da inspiração divina das Escrituras do Antigo Testamento. Pedro acreditava, com boa razão (Jesus também acreditava nisso — Mt 5.17-18; Jo 10.35), que os autores do Antigo Testamento não agiram por conta própria. Ao contrário, eles foram conduzidos pelo Espírito. O que esses autores escreveram não era somente palavra *deles*. Era *de Deus*. Por isso, Pedro se mostrou intensamente desejoso de estabelecer um fundamento duplo para seu ensino sobre a segunda vinda: seus relatos de testemunha ocular a respeito de Jesus e as Escrituras inspiradas por Deus. Compartilho desse mesmo desejo de Pedro. Também compartilho de sua confiança nas histórias de Jesus que ele testemunhou pessoalmente e nas Escrituras inspiradas.

PALAVRAS QUE JAMAIS SERÃO ABALADAS

Não posso prosseguir sem antes chamar a atenção para a mesma preocupação de Jesus em garantir que vejamos seu próprio ensino como um fundamento extraordinariamente firme e inabalável para o nosso entendimento da segunda vinda. Na mais extensa e detalhada consideração dos tempos finais nos Evangelhos do Novo Testamento, ou seja, Mateus 24, Jesus diz isto: "Passará o céu e a terra, porém as minhas palavras não passarão" (Mt 24.35). Ele estava ciente de que todos os tipos de falsos profetas, falsos cristos e falsos ensinamentos desafiariam um entendimento correto da segunda vinda (Mt 24.10-11, 24). Por isso, Jesus quis enfatizar que, em todo abalo que sobrevirá ao mundo, suas palavras nunca serão abaladas em sua veracidade. Há um bom fundamento para sabermos o que precisamos saber a respeito da segunda vinda.

PROVANDO A VERDADE QUE VEMOS

Ao afirmar que este livro pode ser um meio pelo qual você venha a amar a vinda de Cristo, caso eu transmita a verdade objetiva pelo que escrevo, e Deus transmita luz espiritual a você à medida que lê as minhas palavras, a verdade objetiva que tenho em mente não é nada além do que a Bíblia ensina. Não reivindico autoridade pessoal. Se sou fiel ao que a Bíblia ensina, tenho grande esperança de que Deus ficará satisfeito em fazer sua obra miraculosa de dar luz para que muitos não somente vejam os fatos a respeito de Cristo em sua vinda, mas também os vejam como gloriosos e preciosos — mais preciosos do que todo este mundo. Este é o meu alvo: que você saboreie a verdade que vê e que todos nós façamos parte do número dos que "amam a sua vinda [do Senhor]" (2Tm 4.8).

CAPÍTULO 3

A GLÓRIA DE CRISTO COMO A REALIDADE PRIMÁRIA DE SUA VINDA: O CERNE DA QUESTÃO (PARTE 1)

Tenho argumentado que o amor pela vinda do Senhor Jesus é uma *afeição espiritual*, isto é, uma afeição ou sentimento do coração criado (em sua origem) e formado (em sua natureza) pelo Espírito Santo. Uma implicação disso é que há diferentes tipos de afeição, tipos de amor, pela vinda do Senhor. Algumas dessas afeições *não* são espirituais e *não* são o amor para o qual Paulo promete uma coroa (2Tm 4.8). Sendo assim, meu alvo neste livro inclui o esforço para impedir um tipo de amor pela segunda vinda que tenha resultados catastróficos.

AJUDANDO-NOS A EVITAR RESULTADOS CATASTRÓFICOS EM SUA VINDA

O que pretendo dizer com "resultados catastróficos" é o que Jesus nos adverte em Mateus 7.21-23. Jesus diz que, "naquele dia", o dia de sua vinda em julgamento, alguns dos que pareciam amá-la ficarão chocados com o fato de que serão rejeitados da sua presença:

> Nem todo o que me diz: Senhor, Senhor! entrará no reino dos céus, mas aquele que faz a vontade de meu Pai, que está nos céus. Muitos, naquele dia, hão de dizer-me: Senhor, Senhor! Porventura, não temos nós profetizado em teu nome, e em teu nome não expelimos demônios, e em teu nome não fizemos muitos milagres? Então, lhes direi explicitamente: nunca vos conheci. Apartai-vos de mim, os que praticais a iniquidade.

A razão pela qual digo que esses falsos discípulos pareciam *amar* a vinda do Senhor é que eles quiseram ser inclusos "naquele dia". Eles queriam participar desse dia. Chamaram Jesus de "Senhor". Podem ter cantado um cântico de adoração como eu fazia nos anos 1980: "Eu te amo, *Senhor*, e ergo a minha voz para te adorar. Regozija-te, ó minha alma!" Jesus, todavia, os rejeita. Apesar de todas as suas afirmações religiosas (sobre o senhorio dele) e de todas as suas realizações (seus "muitos milagres"), Jesus lhes diz que suas obras procedem de um espírito iníquo. Não eram humildemente submissos a Deus e às suas leis. Havia uma tendência a se acharem independentes de Deus. No que diz respeito a seus cânticos de adoração, Jesus disse: "Este povo honra-me com os lábios, mas o seu coração está longe de mim. E em vão me adoram" (Mt 15:8-9). Como amaremos a vinda do Senhor de uma maneira que evite esse resultado catastrófico no dia de sua vinda?

O CERNE DA QUESTÃO NA VINDA DO SENHOR

Uma resposta é perguntarmos honestamente o que realmente amamos em relação à vinda do Senhor e, depois, compararmos isso com o que ele realmente trará em sua vinda. Ou, em outras palavras, o nosso *amor* à sua vinda se harmoniza com os seus *propósitos* em vir? Em um sentido, este livro inteiro é um esforço para nos ajudar a responder a essa questão. Mas, neste capítulo, quero penetrar no cerne da questão, ou seja, no âmago do propósito supremo de Cristo em vir outra vez. Esse propósito será o teste para determinar se nosso amor pela sua vinda se harmoniza com seus propósitos em vir.

O cerne da questão tem a ver, sobretudo, com a realidade primária e objetiva da vinda do Senhor, que é a sua *glória*. Por "glória", refiro-me a *ele mesmo* manifestado como glorioso. Veremos que há um foco extraordinário na glória do Senhor em sua vinda. É por isso que eu a chamo de a realidade *primária* e objetiva. Entretanto, o cerne da questão à qual me refiro consiste não somente na glória objetiva de Cristo, mas também, em segundo lugar, em nossa *experiência* dessa glória no dia da vinda do Senhor.

É a relação entre as duas — a glória de Cristo e a nossa experiência dessa glória — que é o principal elemento sobre o qual estou falando. E esse principal elemento é como experimentamos a glória de Cristo em sua vinda. Cristo virá não somente para manifestar a sua glória, mas também para ter a sua glória experimentada. Assimilar essa relação entre o propósito de Cristo em revelar sua glória e seu propósito de que ela seja experimentada nos ajudará a saber se o nosso amor por sua vinda é autêntico ou não. Será que esse amor está de acordo com os propósitos de Cristo em sua vinda?

COMO JESUS EXPÔS UM AMOR DEFICIENTE POR SUA PRIMEIRA VINDA?

Antes de esclarecer esse ponto a partir de textos bíblicos sobre a *segunda* vinda de Cristo, considere como isso também era o cerne da questão em sua *primeira* vinda. Quase todo o Israel aguardava a primeira vinda do Messias. Muitos, alguém poderia dizer, *amavam* a sua vinda. Todavia, muitas daquelas mesmas pessoas não entenderam a vinda de Cristo. A maneira de esperarem ou de amarem não estava de acordo com os propósitos de Cristo em vir. Algo estava errado no coração de muitos que se consideravam judeus fiéis. Algo estava errado no amor deles por Deus e pela vinda do seu Messias.

Eis uma maneira pela qual Jesus trouxe a deficiência à tona. Leia o seguinte texto do Evangelho de João com esta pergunta em mente: essa passagem tem algo a dizer a respeito de ficarmos felizes com a segunda vinda de Cristo?

> Também não tendes a sua palavra permanente em vós, porque não credes naquele a quem ele enviou. Examinais as Escrituras, porque julgais ter nelas a vida eterna, e são elas mesmas que testificam de mim. Contudo, não quereis vir a mim para terdes vida. Eu não aceito glória que vem dos homens; sei, entretanto, que não tendes em vós o amor de Deus. Eu vim em nome de meu Pai, e não me recebeis; se outro vier em seu próprio nome, certamente, o recebereis. Como

podeis crer, vós os que aceitais glória uns dos outros e, contudo, não procurais a glória que vem do Deus único? (Jo 5.38-44)

Eles diziam que amavam a Deus. No entanto, Jesus lhes disse: "Não tendes em vós o amor de Deus". Diziam que amavam a vinda do Messias, porém ele estava ali, diante deles, e Jesus disse: "Não me recebeis". Qual era o problema?

Jesus coloca o dedo no âmago do problema ao dizer, no versículo 44: "Como podeis crer, vós os que aceitais glória uns dos outros e, contudo, não procurais a glória que vem do Deus único?" Essa é uma pergunta retórica que tem o propósito de fazer uma afirmação. Quando Jesus diz: "Como podeis crer?", ele quer dizer, na verdade: "Não podeis". Não podeis o quê? Eles não podem crer em Jesus. Não podem receber a Jesus pelo que ele realmente é. Por que não? Isso tem a ver com a maneira como experimentam glória.

Jesus descreve a disposição do coração desses homens com estes termos: "Vós [...] aceitais glória uns dos outros e, contudo, não procurais a glória que vem do Deus único". O que isso significa? Significa, pelo menos, o seguinte: vocês amam ser elogiados por outras pessoas mais do que desejam o elogio de Deus. Por que essa atitude? Porque vocês amam estar associados à grandeza humana mais do que à grandeza de Deus. E por que esse amor? Porque, por trás desse desinteresse no elogio de Deus e na associação a Deus, está uma desvalorização do próprio Deus como o maior tesouro do universo. E essa é a razão de Jesus dizer: "Não tendes em vós o amor de Deus" (Jo 5.42). Vocês não valorizam a glória de Deus acima de tudo mais.

É por isso, Jesus diz, *que vocês não podem me receber. Já que essa é a disposição do coração de vocês, não podem receber-me pelo que realmente sou.* E qual é a razão para isso? Jesus dá a resposta nas palavras: "Se outro vier em *seu próprio* nome, certamente, o recebereis" (Jo 5.43). Por quê? Porque, como vocês, ele se autoexaltaria, e sua existência não seria uma acusação permanente da autoexaltação de vocês. Quando Jesus vem de modo humilde, obediente e sacrificial em nome *do seu Pai* (Jo 5.43), sua própria existência acusa os amantes da glória humana que se autoexaltam. É por isso que não podem recebê-lo. Não estão dispostos a se unir a Jesus em valorizar a glória do Pai acima de toda glória humana.

O objetivo de abordar João 5.38-44 foi ilustrar como até mesmo na primeira vinda do Messias houve um resultado catastrófico para muitos que amavam "sua vinda". Esse resultado aconteceu porque o Messias que desejavam não era o Messias que viram. Os propósitos de Jesus em vir não se harmonizavam com os desejos deles. Eles amavam "sua vinda" de uma maneira que se mostrou falsa e que não se harmonizava com quem Jesus era realmente. Teriam ficado felizes com a vinda de um Messias que aprovasse o caso de amor deles com a glória humana e com sua desvalorização da glória de Deus. Contudo, esse não era o propósito da vinda de Jesus.

Essa experiência de alguns judeus com a primeira vinda de Jesus aponta para o cerne da questão em sua segunda vinda: como sua glória é experimentada quando ele vem. Então, voltemo-nos para aqueles textos que ressaltam a glória de Cristo em sua segunda vinda e, em seguida, observemos que tipo de resposta humana a essa glória está realmente de acordo com o propósito de Cristo.

PAULO: A GLÓRIA DE CRISTO É O QUE SE MANIFESTA!

O apóstolo Paulo, mais diretamente do que qualquer outro escritor bíblico, torna a glória de Cristo central à segunda vinda. Paulo afirma, por exemplo, que os cristãos estão "aguardando a bendita esperança e *a manifestação da glória do nosso grande Deus e Salvador Cristo Jesus*" (Tt 2.13). Há muitas verdades que Paulo poderia ter dito sobre o que torna nossa esperança uma "*bendita* esperança" (μακαρίαν ἐλπίδα), uma esperança feliz. Entretanto, o que é dito aqui é que a realidade que tornará a nossa esperança feliz é a manifestação da *glória*, a glória de nosso grande Deus e Salvador Cristo Jesus. Jesus é o nosso Salvador. Jesus é o nosso Deus. E ele é grande. Portanto, quando Cristo vier, essa grandeza será manifesta ao mundo como glória. Por isso, de tudo que Paulo poderia ter dito sobre o que torna a vinda de Cristo uma esperança feliz, ele focaliza a glória.

A primazia dessa glória se evidencia não somente em como ela tornará os cristãos felizes (μακάριος), mas também em como perder essa glória será destrutivo para os não crentes.

> Quando do céu se manifestar o Senhor Jesus com os anjos do seu poder, em chama de fogo, tomando vingança contra os que não conhecem a Deus e contra os que não obedecem ao evangelho de nosso Senhor Jesus. Estes sofrerão penalidade de eterna destruição, banidos da face do Senhor e *da glória do seu poder*, quando vier para ser glorificado nos seus santos e ser admirado em todos os que creram, naquele dia (porquanto foi crido entre vós o nosso testemunho) (2Ts 1:7-10).

Os seres humanos são criados à imagem de Deus (Gn 1.27). Isso significa, pelo menos, que somos criados para espelhar a glória de Deus: vê-la, amá-la, sermos transformados por ela e refleti-la. Essa verdade há de ser a mais profunda, mais elevada e mais interminável alegria da criação humana de Deus. Portanto, ser excluído da glória de Deus equivale a perder toda a maravilha e a alegria para as quais fomos planejados na Criação. Será a tristeza essencial de toda a "eterna destruição". Assim, Paulo destaca a glória como central à segunda vinda de Cristo tanto para os crentes, como a nossa "esperança feliz", quanto para os não crentes, como a sua maior perda.

PEDRO: PRIMEIRO, OS SOFRIMENTOS; DEPOIS, AS GLÓRIAS

O apóstolo Pedro mostrou a suprema importância da glória ao chamar nossa atenção para o plano eterno de Deus de levar Cristo, por meio de sofrimento (em sua primeira vinda), à glória (em sua segunda vinda).

> Foi a respeito desta salvação que os profetas indagaram e inquiriram, os quais profetizaram acerca da graça a vós outros destinada, investigando, atentamente, qual a ocasião ou quais as circunstâncias oportunas, indicadas pelo Espírito de Cristo, que neles estava, ao dar

de antemão testemunho *sobre os sofrimentos referentes a Cristo e sobre as glórias que os seguiriam* (1Pe 1.10-11).

Os profetas viam indistintamente como os sofrimentos e a glória do Messias estavam mutuamente relacionados. Eles "indagaram e inquiriram". Certamente teriam dito que a glória do Messias seguiria os seus sofrimentos. O Messias *será* triunfante no final. Seu reino será para sempre (Is 9.7). Todavia, os profetas não puderam ver claramente como os sofrimentos e as glórias estavam conectados ou quanto tempo haveria até que as glórias fossem reveladas após os sofrimentos. O que puderam ver e o que Pedro viu com bastante clareza é que a realidade central de nossa expectativa futura é a glória de Cristo.

Amados, não estranheis o fogo ardente que surge no meio de vós, destinado a provar-vos, como se alguma coisa extraordinária vos estivesse acontecendo; pelo contrário, alegrai-vos na medida em que sois coparticipantes dos sofrimentos de Cristo, para que também, *na revelação de sua glória,*[1] vos alegreis exultando (1Pe 4.12-13).

Assim como Paulo torna "a manifestação da glória" (Tt 2.13) central à segunda vinda, também Pedro a torna central à esperança do povo sofredor de Cristo. Da mesma forma como o próprio Jesus andou primeiramente em meio a sofrimentos no caminho para "as glórias que os seguiriam", assim também deve fazer o povo de Deus. "Alegrai-vos na medida em que sois coparticipantes dos *sofrimentos* de Cristo, para que também, na revelação de sua *glória*, vos alegreis exultando." Na verdade, Pedro afirma que a maneira como reagimos aos sofrimentos agora determina como experimentaremos a glória posteriormente. Regozije-se em seus sofrimentos "para que" você se regozije na glória.

---

1 "A revelação de sua glória" é, claramente, uma referência à segunda vinda, o que podemos ver no modo como Pedro usa a palavra "revelação", por exemplo, em 1 Pedro 1.7: "Para que, uma vez confirmado o valor da vossa fé, muito mais preciosa do que o ouro perecível, mesmo apurado por fogo, redunde em louvor, glória e honra *na revelação de Jesus Cristo*". Veja também 1 Pedro 1.13: "Por isso, cingindo o vosso entendimento, sede sóbrios e esperai inteiramente na graça que vos está sendo trazida *na revelação de Jesus Cristo*".

Depois, em terceiro lugar, Pedro fala de sua própria experiência de sofrer por Cristo e, mais uma vez, ressalta a centralidade da glória vindoura:

> Rogo, pois, aos presbíteros que há entre vós, eu, presbítero como eles, e testemunha dos sofrimentos de Cristo, e ainda coparticipante da *glória que há de ser revelada* (1Pe 5.1).

Assim, Pedro provê uma consolidação tripla ao foco de Paulo na centralidade da glória de Cristo em sua segunda vinda. (1) Pedro resume a mensagem dos profetas com estas palavras: "sofrimentos" para a primeira vinda do Messias; "glórias" para a sua segunda vinda (1Pe 1.11). (2) Ele sumariza a segunda vinda de Cristo com a expressão "a revelação de sua glória" (1Pe 4.13). (3) Quando Pedro descreve sua própria expectativa quanto à segunda vinda, resume-a com a realidade esperançosa de que ele mesmo será "coparticipante da glória" (1Pe 5.1). Os profetas prenunciaram glória. Cristãos que sofrem prenunciam glória. Pedro prenuncia glória. Glória — ou seja, Cristo em sua glória revelada — é a realidade central da segunda vinda.

A PREDIÇÃO DE JESUS SOBRE UMA GLÓRIA TRÍPLICE EM SUA VINDA

Esse foco unificado na primazia da glória divina na segunda vinda não é surpreendente, dado o modo como Jesus mesmo descreve seu retorno. Ele fala repetidas vezes a respeito da glória futura de sua vinda. No final de sua vida, em sua oração em favor dos discípulos (presentes e futuros — Jo 17.20), Jesus ora: "Pai, a minha vontade é que onde eu estou, estejam também comigo os que me deste, para que vejam *a minha glória*" (Jo 17.24).

Essa glória não é esgotada pela (mas certamente inclui) glória a ser revelada na segunda vinda do Senhor. Por exemplo, em Lucas 9.23-28, Jesus se refere a uma glória tríplice em sua vinda:

> Se alguém quer vir após mim, a si mesmo se negue, dia a dia tome a sua cruz e siga-me. Pois quem quiser salvar a sua vida perdê-la-á; quem perder a vida por minha causa, esse a salvará. Que aproveita ao

homem ganhar o mundo inteiro, se vier a perder-se ou a causar dano a si mesmo? Porque qualquer que de mim e das minhas palavras se envergonhar, dele se envergonhará o Filho do Homem, quando vier *na sua glória* e *na* do Pai e *dos* santos anjos. Verdadeiramente, vos digo: alguns há dos que aqui se encontram que, de maneira nenhuma, passarão pela morte até que vejam o reino de Deus.[2]

Por "glória tríplice", refiro-me a estas três glórias mencionadas no versículo 26: "Qualquer que de mim e das minhas palavras se envergonhar, dele se envergonhará o Filho do Homem, quando vier na [1] sua glória e [2] na do Pai e [3] dos santos anjos". Por que a escopeta de glória é de cano triplo? A razão está na função lógica da sentença, sinalizada pela palavra inicial "porque".

O versículo 26 é dado como a razão (*porque*, γὰρ) por que é totalmente fútil você tentar salvar a sua vida por recusar negar-se a si mesmo por causa de Cristo (Lc 9.23). Se você tentar salvar a sua vida (Lc 9.24) e ganhar o mundo inteiro (9.25), ao se envergonhar de Jesus neste mundo e amar a glória do homem, você está cometendo um erro terrível. Por quê? Responder a essa pergunta é o propósito do versículo 26: porque (γὰρ) a glória que você pensou em ganhar ao evitar a vergonha por Cristo e ao ganhar o mundo inteiro é ridiculamente insignificante se comparada com a glória tríplice que você veria, desfrutaria e da qual participaria na segunda vinda de Cristo.

Em outras palavras, a glória de Cristo, do Pai e dos anjos — destinada a exaltar a majestade de Cristo em sua vinda — é enfatizada por Jesus como a realidade primária em seu retorno. E ele enfatiza a sua glória de uma maneira que tem um efeito presente no que valorizamos nesta vida. Porventura valorizamos evitar a vergonha e obter a glória do mundo? Ou valorizamos a glória de Cristo e a perspectiva de fazermos parte daquela grande revelação em sua vinda?

---

2   No capítulo 13, procuro mostrar como o versículo 27 está relacionado à transfiguração, que ocorre em seguida, e à segunda vinda.

AS PREDIÇÕES DE CRISTO SOBRE A SUA VINDA COM GRANDE GLÓRIA

Outro exemplo de como Jesus focaliza a glória de sua vinda está em sua ilustração do Juízo Final em Mateus 25.31-46. Começa assim:

> Quando vier o Filho do Homem *em sua glória* e todos os anjos com ele, então se sentará *no trono de sua glória*. Diante dele serão reunidas todas as nações, e ele separará pessoas umas das outras, como o pastor separa dos bodes as ovelhas (Mt 25.31-32, tradução minha).

Quando Jesus vier no último dia e fizer uma divisão entre ovelhas e bodes, no julgamento, a sua vinda será "em sua *glória*", e o trono em que ele se sentará será um trono *de glória*. Glória é a realidade primária na descrição de Jesus sobre a sua segunda vinda.

Mencionarei apenas mais duas passagens em que encontramos falas de Jesus que mostram a primazia da glória na vinda do Senhor:

> Haverá sinais no sol, na lua e nas estrelas; sobre a terra, angústia entre as nações em perplexidade por causa do bramido do mar e das ondas; haverá homens que desmaiarão de terror e pela expectativa das coisas que sobrevirão ao mundo; pois os poderes dos céus serão abalados. Então, se verá o Filho do Homem vindo numa nuvem, com poder e *grande glória* (Lc 21.25-27).

> Então, aparecerá no céu o sinal do Filho do Homem; todos os povos da terra se lamentarão e verão o Filho do Homem vindo sobre as nuvens do céu, com poder e *muita glória* (Mt 24.30).[3]

Ambos os textos enfatizam que Cristo virá com "grande glória". Todo sofrimento e vergonha foram deixados para trás. A grande inversão — glória em lugar de sofrimento — se tornará pública para todo o mundo na

---

3 No capítulo 16, abordo o ponto de vista que busca limitar essas passagens a um cumprimento histórico na destruição de Jerusalém, em 70 d.C., sem qualquer referência a uma vinda final e global de Cristo, na consumação do século. Tento mostrar por que considero que esse ponto de vista é um esforço incorreto.

segunda vinda de Cristo. Não será uma glória temporária, arruinada por alguma reviravolta futura. Será uma "eterna glória" (2Tm 2.10; 1Pe 5.10).

Essa ênfase de Jesus sobre a *glória* de sua segunda vinda é uma justificativa clara para Paulo e Pedro tratarem a glória de Cristo como a realidade primária de sua vinda. E isso é, de fato, o que eles fazem. Nossa "esperança feliz" (μακαρίαν ἐλπίδα) é resumida por Paulo nas palavras "a manifestação da *glória* do nosso grande Deus e Salvador Cristo Jesus" (Tt 2.13). Para Pedro, o resumo da vinda de Cristo é a revelação de sua *glória* (1Pe 4.13).

FOCALIZANDO A EXPERIÊNCIA DA GLÓRIA DE CRISTO NA CONSUMAÇÃO DO SÉCULO

Observamos com base nas afirmações de Pedro, Paulo e Jesus um foco extraordinário na *glória* do Senhor em sua vinda. A realidade primária e objetiva da segunda vinda é a glória de Cristo — ou Cristo revelado em grande glória. Estamos agora em condição de focalizar a *experiência* dessa glória na vida dos crentes quando o Senhor vier. Isso nos prepara para o que considerei o cerne da questão: o relacionamento entre a glória de Cristo e a nossa experiência dessa glória. Compreender esse relacionamento nos ajudará a evitar um amor inautêntico à vinda de Cristo. Também nos ajudará a amar a vinda de Cristo como devemos. Voltamo-nos agora ao foco bíblico em nossa experiência da glória de Cristo em sua vinda.

CAPÍTULO 4

A EXPERIÊNCIA DA GLÓRIA DE CRISTO COM ADMIRAÇÃO JUBILOSA: O CERNE DA QUESTÃO (PARTE 2)

Este capítulo conclui o esforço para mostrar o cerne da questão referente à vinda de Cristo. Estou argumentando que o cerne se acha no relacionamento entre a *glória de Cristo* como a realidade primária da segunda vinda e a *experiência* dessa glória nos corações do povo de Deus. No capítulo 3, vimos que Paulo, Pedro e Jesus falaram, todos, da glória de Cristo como a realidade primária de sua vinda. A vinda de Cristo é a revelação de sua *glória* (1Pe 4.13). É a "manifestação da *glória* do nosso grande Deus e Salvador Cristo Jesus" (Tt 2.13). É a vinda de Cristo "em sua *glória*... [quando] ele sentará no trono de sua *glória*" (Mt 25.31 – tradução minha).

Neste capítulo, deixamos de focar na glória em si para nos concentrarmos na experiência do povo de Deus na vinda de Cristo, quando nos depararemos com essa glória. Como o povo de Deus responderá à revelação dessa glória? E como esse relacionamento entre revelação e resposta se revela como o cerne da questão?

"ADORE-ME, E EU LHE DAREI TODOS OS REINOS"

Surpreendentemente, a tentação de Satanás a Jesus, em Mateus 4.8-10, traz discernimento profundo sobre o relacionamento entre a glória de Cristo em sua vinda e a experiência dessa glória por aqueles que o veem:

> Levou-o ainda o diabo a um monte muito alto, mostrou-lhe todos os reinos do mundo e a glória deles e lhe disse: Tudo isto te darei se, prostrado, me adorares. Então, Jesus lhe ordenou: Retira-te, Satanás,

porque está escrito: Ao Senhor, teu Deus, adorarás, e só a ele darás culto. (Mt 4.8-10)

Para entendermos como a tentação de Satanás se relaciona com a glória de Cristo em sua vinda e a nossa experiência dessa glória, preciso deixar claro algo que está implícito nos textos que consideramos no capítulo 3. Por exemplo, quando Jesus diz que, em sua vinda, o Filho do Homem "se assentará no *trono* da sua glória" (Mt 25.31), ele deixa implícito que seu *reinado* como Rei e Juiz é parte de sua glória. Isso é o que *trono* significa. Implícito nisso, bem como em todas as referências à glória de Cristo, está seu reino sobre todos os reinos do mundo. Cristo não virá para compartilhar seu reino com governantes rivais. Sua glória é a glória daquele que se assenta no trono do universo — o "trono de sua glória".

Agora, considere como Satanás oferece a Jesus exatamente isto: domínio universal. "O diabo [...] mostrou-lhe todos os reinos do mundo e a glória deles e lhe disse: Tudo isto te darei se, prostrado, me adorares" (Mt 4.9-10). O diabo está tentando desviar Jesus do caminho de obediência e sofrimento que culminará nessa mesma realidade, ou seja, o domínio de Cristo sobre "todos os reinos do mundo e a glória deles". Esses reinos são legitimamente de Jesus, que é o perfeito e obediente Filho de Deus. É precisamente por causa de seu sofrimento que ele reinará. Jesus foi obediente até à morte; "*pelo que* também Deus o exaltou sobremaneira [...] para que ao nome de Jesus se dobre todo joelho" (Fp 2.8-10). Jesus sabia que teria o domínio. O que Satanás lhe oferece será dele se for obediente até à morte. Isso é óbvio para Jesus. E é por esse motivo que Cristo não vacila.

No entanto, menos óbvio é algo implícito em como Satanás argumenta. Em essência, ele diz: "Eu te darei o domínio sobre os reinos do mundo e sua glória se me adorares". Jesus não nega que Satanás poderia fazer isso. Não é uma proposta risível, como se Satanás não tivesse nenhum direito sobre os reinos. Três vezes, Jesus chama Satanás de "o príncipe do mundo" (Jo 12.31; 14.30; 16.11). Paulo o chama de "o deus deste século" (2Co 4.4) e de "o príncipe da potestade do ar" (Ef 2.2). E João escreve que "o mundo inteiro jaz no Maligno" (1Jo 5.19). Nenhuma dessas afirmações contradiz a providência divina, a qual está presente em tudo e governa tudo. Deus tem suas razões para dar tanta liberdade de ação a Satanás nesta época.[1] A maneira de Jesus responder a Satanás não se baseava em questionar o poder do diabo sobre os reinos do mundo.

POR QUE SATANÁS PREFERIU SER ADORADO A GOVERNAR TUDO

Surge, então, uma pergunta intrigante: por que Satanás estava disposto a dividir seu poder sobre os reinos do mundo? Por que estava disposto a dar esse poder e autoridade a Jesus? A primeira parte da resposta é esta: porque, em troca desse poder e autoridade, Satanás teria a adoração de Jesus. Em outras palavras, em vez de ter poder e autoridade sobre os reinos do mundo, Satanás teria a adoração daquele que tinha poder e autoridade sobre os reinos.

Sem dúvida, Satanás foi tolo em pensar que poderia fazer o Filho de Deus vacilar em seu caminho de obediência e sofrimento. Entretanto, será que ele foi tolo em propor essa troca de poder universal por adoração? Autoridade por adoração? Senhorio por adoração? Não, não foi. E entender por que isso é assim traz esclarecimento profundo sobre o relacionamento entre a glória de Cristo em sua vinda e a experiência dessa glória por aqueles que o veem.

O que Satanás vê corretamente é que quem é adorado acima de tudo é aquele para o qual tudo existe, independentemente de quem tenha o domínio imediato de tudo. Se eu adoro você por me dar as nações, reconheço que as nações existem por sua causa. Deixar que Jesus tivesse o domínio mundial não teria sido uma perda para Satanás, se Jesus governasse o mundo por causa de Satanás. E isso é o que adoração significa. Significa que Jesus reconheceria Satanás como sua maior lealdade e seu maior tesouro. E não somente o *reconheceria*, mas também o reverenciaria, admiraria, respeitaria e valorizaria. Isso é o que *adoração* significa. Sem isso, é hipocrisia, não adoração.

---

1 Veja os capítulos 18 e 19 ("Satanás e os Demônios" e "A Existência Contínua de Satanás") em John Piper, *Providência* (São José dos Campos: Editora Fiel: 2022), p. 295-331.

Eis a implicação crucial: autoridade ou poder absoluto sobre nações não é a honra suprema para Cristo. Satanás estava disposto a deixar Jesus ter essa autoridade, porque sabia que a honra suprema não é governar todas as coisas, mas ser admirado e valorizado por governar. A honra suprema não é possuir todas as coisas, mas ser admirado e valorizado pela posse. Por quê? Porque, embora, em um sentido, governar e possuir sejam atributos gloriosos, ser adorado — ser reverenciado, admirado e valorizado — é uma glória ainda maior. Alguém pode ser um governante poderoso, detentor de tudo, mas odiado por todos os seus súditos. Isso não seria glorioso.

Satanás teve consciência desse fato, provavelmente, desde o momento em que foi criado. O Filho de Deus demonstraria ser glorioso não somente por causa do caráter absoluto de seu senhorio e governo, mas também porque chegaria o dia em que milhões de criaturas o valorizariam acima de todas as coisas. Sua glória brilharia não somente porque ele seria reconhecido por possuir e governar todos os tesouros, mas também porque seria adorado como o tesouro supremo.

Aquilo que Satanás viu e de que nunca se esqueceu foi que o alvo supremo de Deus em criar o universo e colocar em andamento uma grande história mundial não era a glorificação parcial de seu Filho no caráter absoluto de seu senhorio, poder, sabedoria e graça, mas, antes, a glorificação plena de seu Filho, cercado por milhões de adoradores que não somente reconhecessem sua preeminência em todas as coisas (Cl 1.18), mas que também o admirassem, reverenciassem, amassem, valorizassem como sua maior porção na vida (Sl 73.26; Lm 3.24). Isso é o que Satanás queria para si mesmo. O senhorio e o domínio de reinos seriam nulos sem isso.

A REVELAÇÃO DA GLÓRIA É COMPLETADA NA ADORAÇÃO

O motivo de focarmos a tentação de Jesus por Satanás foi penetrarmos no cerne da questão concernente ao relacionamento entre a glória de Cristo em sua vinda e a experiência dessa glória pelos que o veem. A inferência é esta: é verdadeiro afirmar que a glória de Cristo é a realidade primária e *objetiva* revelada na segunda vinda (como observamos com base em muitos textos no capítulo 3), mas, sem a realidade *subjetiva* de como as pessoas experimentam essa glória, perdemos o cerne da questão. Se não houver adoração sincera, nenhum deleite e nenhuma valorização da glória, o alvo supremo de Deus não é atingido. Satanás sabia disso. Precisamos entender essa realidade. Absolutamente crucial para o supremo propósito de Deus na segunda vinda é não somente que a glória de Cristo seja revelada, mas também que seja amada. Amada corretamente.

VINDO PARA SER GLORIFICADO E ADMIRADO

Passamos agora ao texto bíblico que traz essas duas realidades lado a lado: a glória de Cristo em sua segunda vinda e a experiência dessa glória nos corações de seu povo. Paulo escreveu 2 Tessalonicenses principalmente para lidar com questões relacionadas à segunda vinda de Cristo. Ele queria ajudar a igreja a ver o propósito de Deus "em todas as vossas perseguições e nas tribulações que suportais" (2Ts 1.4), bem como levá-la a relacionar esse propósito à segunda vinda. Também queria ajudar a igreja a lidar com os que estavam largando seus trabalhos e tornando-se ociosos, evidentemente por pensarem que "o Dia do Senhor" já havia chegado (2Ts 2.2; 3.6).

A parte dessa epístola que nos interessa agora é 2 Tessalonicenses 1.10. Eis o contexto dos versículos 5 a 10:

> [A perseguição e aflição que suportais é] sinal evidente do reto juízo de Deus, para que sejais considerados dignos do reino de Deus, pelo qual, com efeito, estais sofrendo; se, de fato, é justo para com Deus que ele dê em paga tribulação aos que vos atribulam e a vós outros, que sois atribulados, alívio juntamente conosco, quando do céu se manifestar o Senhor Jesus com os anjos do seu poder, em chama de fogo, tomando vingança contra os que não conhecem a Deus e contra os que não obedecem ao evangelho de nosso Senhor Jesus. Estes sofrerão penalidade de eterna destruição, banidos da face do Senhor e da glória do seu poder, quando vier para ser glorificado nos seus santos e ser admirado em todos os que creram, naquele dia (porquanto foi crido entre vós o nosso testemunho).

Retornaremos a esse texto nos capítulos 8 e 9 para uma análise mais atenta em suas várias partes importantes. Agora, o foco está no versículo 10: "Quando [Cristo] vier *para ser glorificado* [ἐνδοξασθῆναι][2] nos seus santos e *ser admirado* [θαυμασθῆναι] em todos os que creram, naquele dia".

Essa é uma das mais claras afirmações de propósito para a segunda vinda em toda a Bíblia. É o propósito *de Cristo*. Ele virá, diz Paulo, para cumprir estes dois propósitos: ser glorificado e ser admirado. Esses propósitos, entre outros, designados por Deus para a segunda vinda nos levam ao propósito último — o propósito que não é um meio para qualquer outro propósito, mas um fim em si mesmo.

COMO O SER GLORIFICADO E O SER ADMIRADO SE RELACIONAM?

A razão pela qual esse texto é tão relevante à nossa consideração neste ponto é que as expressões "ser glorificado" e "ser admirado" revelam o que tenho chamado de "o cerne da questão", ou seja, o relacionamento entre a glória de Cristo em sua vinda e a experiência dessa glória nos corações do seu povo. Qual é a relação entre Cristo ser glorificado em sua vinda e Cristo ser admirado em sua vinda?

Glorificar é tornar a glória do Senhor manifesta. Exibi-la. Fazer com que seja vista em toda sua grandeza. Magnificá-la — como um telescópio, não um microscópio (não fazendo algo menor parecer maior do que é, mas fazendo algo inimaginavelmente grande parecer mais como realmente é). Isso pode ser feito com *palavras* de louvor ou por meio de *ações* que chamem a atenção para a grandeza, o valor e a beleza do Senhor.

Admirar é, por outro lado, um ato do coração e da mente humanos. É o despertamento do que chamamos de afeição: um sentimento de espanto, maravilhamento ou reverência no coração. A palavra, em si mesma, não precisa subentender uma emoção positiva. Pode ser simplesmente

---

2 Somente aqui e no versículo 12, Paulo usou a palavra composta ἐνδοξασθῆναι (*en-doxasthēnai*), em vez da palavra mais comum δοξάζω. Em ambos os casos, o verbo é seguido por uma frase preposicional com *en* (v. 10, ἐν τοῖς ἁγίοις αὐτοῦ, "em seus santos"; e v. 12, ἐν ὑμῖν, "em vós"). Portanto, parece que a intenção é chamar a atenção para o fato de que esse ato de glorificar está enraizado *dentro dos* santos. Não é exclusivamente interno, mas está enraizado lá. Não é simplesmente um ato de glorificar separado do coração humano, como se alguém pudesse dizer: "Até as rochas, as montanhas e as estrelas glorificam a Deus". Elas certamente fazem isso, na medida em que refletem a glória de Deus como seu Criador, mas Deus não é glorificado *nelas* como o é "em seus santos".

espanto sem qualquer senso de admiração jubilosa, como na ocasião em que Jesus "admirou-se [ἐθαύμαζεν] da incredulidade deles" (Mc 6.6). No entanto, em 2 Tessalonicenses 1.10, ela é positiva. Muito positiva. Jesus está voltando à terra por essa razão! A esperança da segunda vinda é uma "esperança *feliz*" (μακαρίαν ἐλπίδα — Tt 2.13). Nós nos alegramos e exultamos "na revelação de sua glória" (1Pe 4.13). A admiração que Jesus vem receber é uma admiração *jubilosa*.

Quando colocamos os dois juntos — ser glorificado e ser admirado —, o que vemos é que *glorificar* é o fruto exterior da exibição da glória do Senhor e *admirar* é a raiz interior da admiração maravilhada e do profundo temor diante dessa glória. Quando o admirar se soma ao glorificar, fica mais evidente que o glorificar envolve não somente reflexão exterior, mas também afeição interior. A glória de Cristo é refletida em seu povo não como a luz do sol é refletida na lua insensível, mas como a presença do amado é refletida na face radiante daquele que ama.

Chamei esse fenômeno de "o cerne da questão". Cristo voltará não somente para ser visto ou exibido como glorioso, mas também para ser admirado como glorioso. Ele está vindo para uma *apresentação* objetiva de sua pessoa gloriosa e ser *experimentado* como a pessoa gloriosa que é. Está vindo para ser *reconhecido* por sua glória e ser *admirado* por ela. O alvo de Cristo é que sua manifestação seja *conhecida* universalmente e *amada* intensamente.

Porém, não é como se esses dois objetivos fossem separados, permanecendo lado a lado como dois troféus na estante de Jesus. O cerne da questão é que a resposta de amor, admiração e maravilhamento à segunda vinda de Jesus é essencial para a autenticidade de nossa glorificação exterior de sua grandeza. Sem o admirar, o glorificar é vazio. Satanás percebeu isso. Mesmo que, como senhor e governador de todos os reinos do mundo, ele tivesse toda a glória, esta, sem adoração, seria absolutamente vazia. É a adoração, a admiração, o maravilhamento e o amor que dão substância à glória e a impedem de ser vazia.

HEDONISMO CRISTÃO — NOVAMENTE

Tenho dedicado os últimos 50 anos de minha vida a expor a verdade de que *Deus é mais glorificado em nós quando estamos mais satisfeitos nele*. Eu a chamei hedonismo cristão. Aqui, encontramos novamente essa verdade. E ela é o cerne da questão. Desde o começo até ao fim, Deus faz todas as coisas para a sua glória. Essa verdade permeia toda a Bíblia.[3]

> *Por amor do meu nome*, retardarei a minha ira e *por causa da minha honra* me conterei para contigo, para que te não venha a exterminar. Eis que te acrisolei, mas disso não resultou prata; provei-te na fornalha da aflição. *Por amor de mim, por amor de mim*, é que faço isto; porque *como seria profanado o meu nome? A minha glória, não a dou a outrem* (Is 48.9-11).

No princípio, Deus nos criou para a sua glória (Is 43.6-7). Deus enviou seu Filho ao mundo pela primeira vez para a sua glória (Lc 2.14; Jo 12.27-28). E, na segunda vinda de Cristo, a história, conforme a conhecemos, atingirá o seu clímax para a glória de Cristo (2Ts 1.10). A criação de Deus é um universo teocêntrico que exalta a Cristo. A história mundial é uma história teocêntrica que exalta a Cristo. "Tudo foi criado por meio dele [Cristo] e para ele [Cristo]" (Cl 1.16). Tudo que acontece — e tudo que existe — é, em última análise, designado por Deus para comunicar toda a gama de suas excelências.[4] Ele "faz todas as coisas conforme o conselho da sua vontade" (Ef 1.11).

No entanto, isso não é o cerne da questão. O cerne da questão é que o propósito supremo da glorificação de Deus em Jesus Cristo acontece mais plena e finalmente quando o povo de Deus *experimenta* sua glória como profundamente maravilhosa. Digo "profundamente" porque afeições moderadas refletem pobremente a pessoa amada. Deus não nos ordena amá-lo com metade ou dois terços de nosso coração, mas "*de todo* o [nosso] coração" (Mt 22.37). "Que [...] o sirvais de todo o vosso

---

3 Para uma coletânea de textos que provam esse argumento, veja John Piper, "Biblical Texts to Show God's Zeal for His Own Glory", Desiring God, 24 de novembro de 2007, https://www.desiringgod.org.

4 A sustentação e a explicação dessa afirmação são apresentadas em John Piper, *Providência*.

coração" (Js 22.5). "Confia no Senhor de todo o teu coração" (Pv 3.5). "Buscar-me-eis [...] de todo o vosso coração" (Jr 29.13). "Convertei-vos a mim de todo o vosso coração" (Jl 2.12). "Regozija-te e, de todo o coração, exulta" (Sf 3.14). Embora não alcancemos plenamente esse destino nesta vida, não falharemos naquele dia. Cristo não está vindo para receber uma admiração moderada.

Naquele dia, quando o virmos, seremos mudados de tal modo que seremos capazes de sentir o que deveríamos ter sentido desde o princípio (1Jo 3.2). E esse sentir do coração — essa admiração inspirada pela glória — será o propósito supremo de todas as coisas. Deus, em Cristo, será mais glorificado no fato de estarmos mais satisfeitos nele. O alvo divino não é somente a revelação da glória. Também não é somente o admirar jubiloso dos santos. O alvo é tanto uma coisa quanto a outra: a glória que evoca a admiração jubilosa e a admiração jubilosa que confirma o valor, a beleza e a grandeza da glória. Esse é o cerne da questão. É o propósito divino de todas as coisas.

EVITANDO OS RESULTADOS CATASTRÓFICOS DO AMOR DEFICIENTE

Estamos agora em condições de retornar ao objetivo prático e pessoal dos capítulos 3 e 4: evitar um tipo de amor pela segunda vinda que produza resultados catastróficos. Vimos esses resultados catastróficos em Mateus 7.21-23, e vimos resultados catastróficos na primeira vinda em João 5.38-44. Ambos envolviam amor deficiente pela vinda de Cristo. O amor dos judeus pela vinda do Messias não se harmonizava com os propósitos do Messias ao vir.

O problema era a glória. "Como podeis crer, vós os que aceitais glória uns dos outros e, contudo, não procurais a glória que vem do Deus único?" (Jo 5.44). Eles amavam a glória que vem do homem, e não a glória que vem de Deus. Cristo, todavia, não veio para confirmar seres humanos caídos em seu caso de amor com a glória humana. Ele veio para criar um povo que experimentaria a revolução copernicana de colocar Deus no centro do sistema solar de suas vidas, em lugar de si mesmos. Cristo veio pela primeira vez para morrer por pecadores, para que o amor suicida pela autoglorificação fosse substituído pela experiência totalmente satisfatória da glorificação de Deus. "E ele morreu por todos, para que os que vivem não vivam mais para si mesmos, mas para aquele que por eles morreu e ressuscitou" (2Co 5.15).

No entanto, nos dias de Cristo, muitos amavam a vinda do Messias de uma maneira que fazia o objetivo da vinda de Jesus parecer detestável. O propósito da vinda de Cristo contradizia o amor desses indivíduos pelo louvor dos homens. Contradizia a opinião deles sobre Deus como alguém que aprovava a maneira como eles se exaltavam em sua própria justiça (Lc 18.11-14). Esse amor equivocado impossibilitou a crença no Jesus verdadeiro (Jo 5.44). Seu amor pela vinda de Cristo os colocou em discordância com Cristo e se provou catastrófico.

O AMOR PELA VINDA DE CRISTO QUE HUMILHA O EGO E EXALTA A CRISTO

Uma vez exposto o cerne da questão, podemos nos pôr à prova agora. O nosso amor pela vinda de Cristo se harmoniza com o propósito de sua vinda? O cerne da questão é que Jesus está vindo para ser glorificado e admirado. O propósito de Cristo em vir é exaltar radicalmente a si mesmo. Ele quer que sua própria glória seja proeminente. Deseja que ela brilhe inconfundivelmente de horizonte a horizonte (Lc 17.24). Quer também que sua glória seja refletida mais brilhantemente no admirar jubiloso de seu povo. Não seremos o centro da atenção. Cristo o será. E a glória de sua centralidade será a nossa alegria. Nossa admiração de sua glória suprema completará sua glorificação e será o ápice de nosso júbilo.

As perguntas urgentes para nós são: isso nos ofende? Isso vai contra algum anelo remanescente em nosso coração por sermos o centro da atenção? Para nós, parece egocêntrico que o propósito de Cristo seja a sua própria exaltação? Ou já experimentamos aquilo pelo que Cristo morreu: a transformação radical que nos faz amar a vinda de Cristo para ser glorificado? Quando Paulo disse que o Senhor dará uma coroa de justiça a "todos quantos amam a sua vinda" (2Tm 4.8), esse era o amor que ele tinha em mente. Um amor que se maravilha jubilosamente com a vinda do todo-glorioso Cristo para receber a admiração cheia de júbilo do seu povo.

CAPÍTULO 5

A GRAÇA QUE SERÁ TRAZIDA NA REVELAÇÃO DE CRISTO

Quando Cristo vier novamente na glória de seu Pai e com milhões de anjos, haverá um grande acerto de contas global. "Todo olho o verá, até quantos o traspassaram. E todas as tribos da terra se lamentarão sobre ele" (Ap 1.7-8). Será tão terrivelmente diferente de todos os eventos na história do mundo que todos ficaremos pasmados e mal conseguiremos acreditar em nossos olhos. Um dos temores que poderiam surgir legitimamente em nosso coração agora mesmo é este: haverá graça nesse terror? O objetivo deste capítulo é apresentar uma resposta a essa pergunta que intensifique nosso amor pela vinda do Senhor.

ORDEM PARA ESPERAR NA GRAÇA

As duas epístolas de Pedro estão cheias de referências à segunda vinda de Cristo (1Pe 1.5, 7, 13; 2.12; 4.7, 12-13; 5.1, 4; 2Pe 1.16-19; 2.9; 3.1-13). Pedro a considerava um assunto de grande importância para os crentes de seus dias, embora levasse em conta a estranha possibilidade de que a segunda vinda poderia acontecer num futuro distante, visto que, "para o Senhor, um dia é como mil anos, e mil anos, como um dia" (2Pe 3.8). Uma de suas afirmações mais amplas e mais fomentadoras de esperança sobre a segunda vinda é 1 Pedro 1.13, que provê um dos mais profundos fundamentos para o nosso amor pela vinda de Cristo: "Esperai inteiramente na *graça* que vos está sendo trazida na revelação de Jesus Cristo."

CONTEXTO DE ESPERAR, NÃO VER E AMAR

A fim de que esse imperativo seja visto sob a ótica de seu contexto, vemos, em 1 Pedro 1.5, que os crentes são agora "guardados pelo poder de Deus, mediante a fé, para a salvação preparada para revelar-se no último tempo". O "último tempo" é o tempo da vinda de Jesus. Pedro deixa isso claro dois versículos depois, quando diz aos crentes que seus sofrimentos presentes são como fogo purificador, que os refinará para a vinda de Jesus. Os cristãos são provados para que a genuinidade de sua "fé, muito mais preciosa do que o ouro perecível, mesmo apurado por fogo, redunde em louvor, glória e honra *na revelação de Jesus Cristo*" (1Pe 1.7). Essa revelação é a vinda de Jesus Cristo, aquele que trará "a salvação preparada para revelar--se no último tempo".

Pedro ama descrever a vinda de Cristo como "a revelação de Jesus Cristo" (1Pe 1.5, 13; 4.13; 5.10). Com essa expressão, Pedro lembra seus leitores de que não podem "ver" Jesus agora, mas, no dia de sua vinda, ele será revelado. Eles o verão. O próprio Pedro tinha visto Jesus. Pedro faz questão de nos dizer isso. Ele era uma "testemunha dos sofrimentos de Cristo" (1Pe 5.1). No entanto, Pedro agora compartilha da paciência necessária de todos os cristãos, que têm de esperar por aquele a quem amam. "A quem, não havendo visto, amais; no qual, não vendo agora, mas crendo, exultais com alegria indizível e cheia de glória" (1Pe 1.8).

Em sua condição temporária de não ver a Jesus, Pedro pretende despertar a esperança dos crentes, de modo que o amor deles por Jesus seja também um amor pela manifestação de Cristo. Pedro aponta para os profetas, os quais "profetizaram acerca da graça" de Deus que viria ao povo de Deus por meio dos "sofrimentos" de Cristo e das "glórias que os seguiriam" (1Pe 1.10-11). A graça tinha vindo (nas glórias de Cristo). A graça viria (nas glórias de Cristo). Até os anjos anelam por prescrutar as grandes obras da graça de Deus (1Pe 1.12).

FUNDAMENTO PROFUNDO PARA O AMOR

Em seguida, Pedro diz isto: "Por isso, cingindo o vosso entendimento, sede sóbrios e esperai inteiramente na *graça* que vos está sendo trazida na revelação de Jesus Cristo" (1Pe 1.13). Essa afirmação provê um dos mais profundos fundamentos para o nosso amor pela vinda de Cristo. Esse fundamento profundo é a graça de Deus. Quando Cristo for revelado do céu, seu povo experimentará esse evento como graça. Tudo que lhes acontecerá naquele dia repousará sobre este fundamento: graça.

GLÓRIA DA GRAÇA

A palavra "graça" estava tão firmemente estabelecida no entendimento cristão, que Pedro não a definiu em suas epístolas. Porém, não é bom que analisemos seu significado superficialmente, como se a glória da graça fosse intuitivamente conhecida e sentida por todos. No Novo Testamento, o apóstolo Paulo torna-a clara e gloriosa. Das 124 ocorrências da palavra "graça" no Novo Testamento, 84 estão nos escritos de Paulo.

A graça de Deus é essencialmente a disposição e o ato de Deus em dar salvação a pessoas que merecem a condenação. Em outras palavras, a graça de Deus faz o bem não àqueles que não o merecem, e sim àqueles que merecem o oposto. Todos os seres humanos pecaram (Rm 3.9, 23). Nós, portanto, não apenas não merecemos o bem; merecemos a aflição. Merecemos a ira de Deus. Somos, "por natureza, filhos da ira, como também os demais" (Ef 2.3). Se o único atributo de Deus fosse a justiça, todos pereceríamos. Em nosso pecado e culpa, estamos sujeitos à punição eterna (Mt 25.46; 2Ts 1.9). Qualquer sofrimento que não seja o inferno é menos do que merecemos.

No entanto, a justiça de Deus não é o seu único atributo. A esperança da raça humana é que, "onde abundou o pecado, superabundou a graça, a fim de que, como o pecado reinou pela morte, assim também reinasse a graça pela justiça para a vida eterna, mediante Jesus Cristo, nosso Senhor" (Rm 5.20-21). "A graça de Deus se manifestou salvadora a todos os homens" (Tt 2.11). A graça propiciou que a justiça de Deus fosse mantida mesmo enquanto pecadores culpados são, admiravelmente, justificados, em vez de condenados. Somos "justificados *gratuitamente*, por sua graça, mediante a redenção que há em Cristo Jesus" (Rm 3.24). Ter uma posição justa diante de Deus é um dom gratuito. Isso é o que a graça faz.

Isso é possível porque Cristo se tornou maldição por nós (Gl 3.13). O registro de nossa dívida foi pregado em sua cruz (Cl 2.14). "Aquele que não conheceu pecado, ele [Deus] o fez pecado por nós; para que, nele, fôssemos feitos justiça de Deus" (2Co 5.21). "Os que recebem a abundância da graça e o dom da justiça reinarão em vida por meio de um só, a saber, Jesus Cristo" (Rm 5.17). Esse receber é chamado de *fé*. "Justificados, pois, *mediante a fé*, temos paz com Deus por meio de nosso Senhor Jesus Cristo" (Rm 5.1).

A graça de Deus é um fundamento tão profundo para a nossa esperança, que suas raízes se estendem até a eternidade. "[Deus] nos salvou e nos chamou com santa vocação; não segundo as nossas obras, mas conforme a sua própria determinação e *graça* que nos foi dada em Cristo Jesus, antes dos tempos eternos" (2Tm 1.9). A graça que nos salvou nos foi dada antes da Criação. Paulo descreve isso em Efésios: Deus "nos predestinou para ele, para a adoção de filhos, por meio de Jesus Cristo, segundo o beneplácito de sua vontade, para louvor da glória de sua *graça*" (1.5-6). Em outras palavras, o propósito eterno de Deus em predestinar seu povo para a adoção era que louvássemos a glória de sua graça. Este era o plano de Deus para os séculos antes mesmo de os séculos começarem: o louvor da glória da graça de Deus.

Uma vez que a graça tem seus fundamentos mais profundos na eternidade passada, podemos ter certeza de que ela nos levará alegremente à eternidade futura. "Deus [...] nos amou e nos deu eterna consolação e boa esperança, pela *graça*" (2Ts 2.16). Consolo eterno — por meio da graça. A graça garantirá que a nossa consolação e a nossa esperança nunca falhem. "A fim de que, justificados por *graça*, nos tornemos seus herdeiros, segundo a esperança da vida eterna" (Tt 3.7). Essa vida trará a manifestação interminável de novas e satisfatórias dimensões da graça. Deus mostrará, "nos séculos vindouros, a suprema riqueza da sua *graça*, em bondade para conosco, em Cristo Jesus" (Ef 2.7). Serão necessárias eras infindáveis para que nossa alegria seja completa, pois as riquezas da graça são *imensuráveis*. A eternidade dessa vida "jamais enjoativa" e "sempre revigorante", portanto, reside no dom inesgotável da graça de Deus: graça eterna. Graça desde a eternidade passada até a eternidade futura.

TENTE IMAGINAR

Retornemos a 1 Pedro 1.13: "Esperai inteiramente na *graça* que vos está sendo trazida na revelação de Jesus Cristo". De todas as dezenas de realidades que Pedro poderia ter dito que nos aguardam na revelação de Cristo, ele disse: "A graça que vos está sendo trazida". Isso é uma ótima notícia para pessoas ineptas, céticas e pessimistas como nós.

Permita-se imaginar um pouquinho como será aquele momento. Não sabemos com detalhes ou exatidão como será o momento da vinda do Senhor. Todavia, o menor esforço para imaginá-lo nos subjuga. De repente, toda dúvida sobre a realidade do Senhor desaparecerá. Certeza plena a substituirá. Não haverá nada, absolutamente nada, de imaginário nessa realidade: será realidade pura. Pela primeira vez em nossa vida, a visão substituirá a fé no invisível. A magnitude disso será tal que nosso coração sentirá como se estivesse explodindo. Em nós mesmos, não temos capacidades para compreender esse evento. Ele nos pasmará.

O abismo infinito entre a santidade e a perfeição de Deus, mescladas com seu poder universal, por um lado, e nossa fraqueza ridiculamente minúscula, maldade moral e vidas de trivialidade, por outro lado, ficará assustadoramente claro e atemorizante. Cristo se manifestará do céu "com os anjos do seu poder, em chama de fogo, tomando vingança contra os que não conhecem a Deus e contra os que não obedecem ao evangelho de nosso Senhor Jesus" (2Ts 1.7-8). Não há nada caloroso e agradável nesses momentos. Eles trarão terror e represália para todos os que estão fora de Cristo. Indicarão o fim de toda a paciência divina para com aqueles que rejeitaram o Evangelho.

SE HOUVER ALGUMA ESPERANÇA, SERÁ GRAÇA, GRAÇA PESSOAL

A essa altura, teremos uma esperança: a graça. Não teremos nenhum pensamento de mérito. Nenhum pensamento de merecermos ou de sermos um pouco melhor do que outros. Teremos apenas um sentimento de completa vulnerabilidade e total incapacidade de falar, à semelhança de quando somos finalmente apanhados em flagrante fazendo aquilo de cuja punição conseguimos escapar por muitos anos. Nenhum recurso. Nenhum escape. Nenhum apelo. Se houver alguma esperança, será *graça*. Por isso, Pedro expressa em uma única palavra o que está sendo trazido na revelação de Jesus Cristo: graça.

Vos. Quem são as pessoas referidas pelo "vos" no versículo 13? São aqueles que Deus "regenerou para uma viva esperança, mediante a ressurreição de Jesus Cristo dentre os mortos" (1Pe 1.3), os que estão sendo "guardados pelo poder de Deus, mediante a fé, para a salvação preparada para revelar-se no último tempo", cuja fé provada está sendo refinada por meio de sofrimento (1.7) e que amam o Cristo que não veem e nele creem (1.8).

Para eles, o Dia de Cristo não será destrutivo. Será gracioso. Pessoalmente gracioso. Digo "pessoalmente" por causa da expressão incomum de Pedro de que "a graça vos está *sendo trazida*". Pedro não diz que "a graça está vindo até vós", mas, em vez disso, "a graça vos está *sendo trazida*" (τὴν φερομένην ὑμῖν χάριν). Alguém está trazendo a graça. Ela não está aparecendo de maneira impessoal, como um tipo de atmosfera ou de ambiente. A graça vem nas mãos de Jesus. Ou talvez, melhor ainda, no *coração* de Jesus, que virá com uma graciosa disposição para com seu povo.

Aquele dia espetacular não será um evento impessoal de choque e pavor. Será intensamente pessoal. De maneiras que não podemos sondar, o Deus-Homem ressuscitado nos tratará de modo pessoal. Ele sabe o nosso nome. Seremos tratados como pessoas queridas. "Não vos deixarei órfãos, voltarei para vós outros" (Jo 14.18). Se cometemos o erro de pensar que Cristo virá com uma espada para nos destruir, a mensagem de Pedro tem o propósito de corrigir esse pensamento: não, para nós que esperamos ansiosamente, a graça está nas mãos e no coração do Senhor Jesus. A graça está sendo trazida para vocês.

"CINGINDO O VOSSO ENTENDIMENTO, SEDE SÓBRIOS"

De maneira pouco surpreendente, Pedro antecede a exortação "esperai inteiramente na graça" com dois particípios para nos mostrar o que será necessário para mantermos essa esperança vívida em nossas mentes. Em termos literais, Pedro diz: "Havendo cingido os quadris da vossa mente [ἀναζωσάμενοι τὰς ὀσφύας τῆς διανοίας ὑμῶν], permanecendo sóbrios",[1] esperai plenamente na graça. No primeiro particípio, Pedro os retrata vestindo roupões longos, de maneira que, para correrem sem embaraços, eles tinham de abaixar-se e puxar a parte de trás do roupão por entre as pernas e prendê-la em seu cinto na frente. O roupão, assim, formava um tipo de bombachas ao redor dos seus quadris.

Isso, diz Pedro, é o que vocês têm de fazer à sua mente. Em outras palavras, façam o que for necessário para manter a mente ágil, responsiva e ativa ao lidarem com a realidade espiritual — de fato, ao lidarem com toda a realidade espiritual. A mente precisará estar cingida, pronta para a ação, caso queiramos apropriar-se da realidade da graça, mantê-la em vista, saborear devidamente sua glória, sentir a plenitude de sua esperança e não vacilar quando sentirmos a proximidade do Filho do Homem.

O outro particípio deixa claro o mesmo ensino básico: "Sede sóbrios" (νήφοντες). A embriaguez entorpece os sentidos, de modo que a mente não percebe nem responde mais como deveria. Isso nos coloca em risco de não vermos com clareza e de não agirmos com sabedoria. O ensino é este: se há uma promessa gloriosa de que a graça nos está sendo trazida na vinda de Cristo, essa promessa não nos fará bem algum se a nossa mente estiver embriagada com o mundo. Não a veremos e não creremos nela.

Pedro deseja que os crentes tenham uma expectativa preparada, vívida e alerta da vinda do Senhor. O particípio "vos está sendo trazida" (φερομένην) está no presente, e não no futuro. O particípio diz: a graça "vos *está* sendo trazida", e não: a graça "vos *será* trazida". O efeito é nos lembrar de que a graça está a caminho. Se a graça vai chegar em meses ou séculos, isso pouco importa. Pedro está aberto a ambos (1Pe 4.7; 2Pe 3.8). Não somos chamados a especular sobre quão próxima está a vinda do Senhor. Somos chamados a usar a nossa mente com agilidade e sobriedade para esperar plenamente na graça da segunda vinda.

---

1 Esta é a tradução sugerida por Robert H. Gundry, *Commentary on the New Testament: Verse-by-Verse Explanations with a Literal Translation* (Peabody: Hendrickson, 2010), 939.

Em outras palavras, Pedro está bem ciente de que Deus chama seu povo a usar meios a fim de se preparar para a vinda de Cristo. Por "preparar", refiro-me, nesse caso, a manter sua esperança viva, forte e ativa, de modo que ela transforme sua vida. Por "meios", refiro-me aos dois mandamentos: "cingindo o vosso entendimento" e "sede sóbrios". Pergunto-me se, porventura, leitores perceptivos reconhecem as raízes desses dois meios nos ensinos de Jesus.

O CINGIR E A SOBRIEDADE NOS ENSINOS DE JESUS

Tanto o cingir quanto a sobriedade foram usados por Jesus como instruções a respeito de como ficar pronto para a vinda do Senhor. Em Lucas 12.40, Jesus diz: "Ficai também vós apercebidos, porque, à hora em que não cuidais, o Filho do Homem virá". A fim de colocar essa prontidão em perspectiva, Jesus compara sua vinda a um senhor que retorna ao lar depois de uma festa de casamento. Estariam seus servos prontos para lhe abrirem a porta? Por isso, ele diz aos discípulos:

> Cingi ao redor os vossos quadris [ὑμῶν αἱ ὀσφύες περιεζωσμέναι], e mantende acesas as vossas candeias, e sede semelhantes a homens que esperam seu senhor voltar da festa de casamento, para que abram imediatamente a porta quando ele vier e bater (Lc 12.35-36, tradução minha).

Traduzi a palavra grega por "cingi *ao redor*" (περιεζωσμέναι) e não como "cingi para cima" (ἀναζωσάμενοι), como em 1 Pedro 1.13, porque há uma preposição diferente prefixada à palavra *cingir* (ζώννυμι). Contudo, a palavra "quadris" (ou "lombos" — ὀσφῦς) é a mesma em ambos os versículos, e a ideia é claramente a mesma. Se devemos estar alertas, fazendo o que o nosso Senhor espera que façamos e prontos para a sua vinda, nossa mente e nosso coração precisam estar vestidos apropriadamente para a ação. Jesus enfatiza isso com uma parábola (um senhor retornando ao lar). Pedro o enfatiza com uma metáfora (a mente sempre ágil e alerta).

A graça que será trazida na revelação de Cristo

Semelhantemente, Jesus, assim como Pedro, usa a sobriedade como uma figura para estar preparado para sua vinda. Ele retrata a segunda vinda como um senhor que retorna à sua propriedade após um atraso (Lc 12.45) e acha seu mordomo cumprindo seu dever — ou não. Por que ele não estava cumprindo seu dever? Embriaguez. Veja:

> Disse o Senhor: Quem é, pois, o mordomo fiel e prudente, a quem o senhor confiará os seus conservos para dar-lhes o sustento a seu tempo? Bem-aventurado aquele servo a quem seu senhor, quando vier, achar fazendo assim. Verdadeiramente, vos digo que lhe confiará todos os seus bens. Mas, se aquele servo disser consigo mesmo: Meu senhor tarda em vir, e passar a espancar os criados e as criadas, a comer, a beber e a *embriagar-se*, virá o senhor daquele servo, em dia em que não o espera e em hora que não sabe, e castigá-lo-á, lançando-lhe a sorte com os infiéis (Lc 12.42-46).

O significado implícito é este: usar a demora de Jesus como desculpa para nos tornarmos descuidados com a nossa mente é estupidez completa. Se o mordomo não estivesse embriagado, não teria sido pego desprevenido pela chegada do senhor. Ser sóbrio é uma figura de vitalidade mental no serviço do Senhor. Dessa maneira, um crente está sempre pronto para a vinda do Senhor e, com efeito, anela por ela. O Senhor "lhe confiará todos os seus bens" (Lc 12.44). Compartilharemos do senhorio e governo de Jesus sobre todas as coisas.

Jesus soa de novo o alarme contra a embriaguez em relação à segunda vinda. Após dizer a seus discípulos que "o Filho do Homem" virá "numa nuvem, com poder e grande glória" (Lc 21.27), Jesus os adverte:

> Acautelai-vos por vós mesmos, para que nunca vos suceda que o vosso coração fique sobrecarregado com as consequências da orgia, da *embriaguez* e das preocupações deste mundo, e para que aquele dia não venha sobre vós repentinamente, como um laço. Pois há de sobrevir a todos os que vivem sobre a face de toda a terra. Vigiai, pois,

a todo tempo, orando, para que possais escapar de todas estas coisas que têm de suceder e estar em pé na presença do Filho do Homem (Lc 21.34-36).

Aqui ouvimos novamente o que tenho chamado de "meios" que Jesus e Pedro nos exortam a usar a fim de nos prepararmos para a vinda do Senhor. "Acautelai-vos [...] Vigiai, pois, a todo tempo, orando..." Isso é o oposto de ficar "sobrecarregado com as consequências da orgia, da *embriaguez* e das preocupações deste mundo". Acautelar-se com vistas à sobriedade é quase idêntico ao que Pedro quis dizer com a exortação "cingi a vossa mente e sede sóbrios". Somos chamados à vigilância mental e espiritual enquanto esperamos pelo Senhor.

CINGI-VOS E SEDE SÓBRIOS PARA ESCAPARDES

Esses *meios* têm o propósito de nos ajudar a viver um tipo de vida que escapa da destruição e permanece firme na presença do Senhor. "Vigiai, pois, a todo tempo, orando, para que possais *escapar* de todas estas coisas que têm de suceder e *estar em pé* na presença do Filho do Homem" (Lc 21.36). A palavra "escapar" não significa que não experimentaremos os julgamentos de Deus que sobrevirão ao mundo no fim do século. Em vez disso, significa que, mesmo dentro dos julgamentos, seremos resgatados de seus efeitos destrutivos. A palavra "escapar", presente em Lucas 21.36 (ἐκφυγεῖν), é usada duas outras vezes nos escritos de Lucas e, em ambas as ocasiões, significa "escapar *de* uma crise", e não "ser impedido de entrar na crise" (At 16.27; 19.16).

Pedro expressa o mesmo ensino em 1 Pedro 4.17-19:

> Porque a ocasião de começar o juízo pela casa de Deus é chegada; ora, se primeiro vem por nós, qual será o fim daqueles que não obedecem ao evangelho de Deus? E, se é com dificuldade que o justo é salvo, onde vai comparecer o ímpio, sim, o pecador? Por isso, também os que sofrem segundo a vontade de Deus encomendem a sua alma ao fiel Criador, na prática do bem.

Os cristãos não escapam dos julgamentos de Deus do final dos tempos no sentido de nunca entrarem em sofrimento. Em vez disso, escapamos dos efeitos destrutivos dos sofrimentos por experimentá-los como purificação, e não como punição. Esse é o ensino de Pedro quando se refere a esses sofrimentos no capítulo 1:

> Nisso exultais, embora, no presente, por breve tempo, se necessário, sejais contristados por várias provações, para que, uma vez confirmado o valor da vossa fé, muito mais preciosa do que o ouro perecível, mesmo apurado por fogo, redunde em louvor, glória e honra na revelação de Jesus Cristo (1Pe 1.6-7).

Semelhantemente, no capítulo 5, Pedro conforta os crentes não os livrando de entrarem no sofrimento, mas, em vez disso, mostrando-lhes como escapar dos efeitos destrutivos do sofrimento:

> Ora, o Deus de toda a graça, que em Cristo vos chamou à sua eterna glória, depois de terdes sofrido por um pouco, ele mesmo vos há de aperfeiçoar, firmar, fortificar e fundamentar. A ele seja o domínio, pelos séculos dos séculos. Amém! (1Pe 5.10-11)

DIANTE DA PRESENÇA DO FILHO DO HOMEM — PELA GRAÇA

Por conseguinte, tanto Jesus quanto Pedro ensinam que os cristãos são chamados a usar os meios (atividade mental alerta, diligente e ágil) com o propósito de esperarem inteiramente na graça de Deus e, assim, serem capazes de se postar diante da presença do Filho do Homem. O oposto de se estar diante do Filho do Homem é ser separado dos justos e expulso para sempre da presença do Senhor:

> Assim será na consumação do século: sairão os anjos, e separarão os maus dentre os justos, e os lançarão na fornalha acesa; ali haverá choro e ranger de dentes (Mt 13.49-50; cf. 25.31-46).

Essa advertência é preocupante — a até amedrontadora — caso sejamos abandonados a nós mesmos e aos nossos próprios recursos. Abandonados a nós mesmos, a vinda do Cristo todo-santo será um evento aterrorizante. A nossa mente cogita todas as imperfeições possíveis que sentiremos naquele dia. Isso pode arruinar facilmente o nosso amor pela vinda do Senhor. A resposta de Pedro a esse perigo é um precioso lembrete na forma de uma ordem misericordiosa: "esperai inteiramente na *graça* que vos está sendo trazida na revelação de Jesus Cristo" (1Pe 1.13). Sim, levaremos as nossas imperfeições para aquele dia final, quando estaremos face a face com Cristo. Mas a perfeição nos espera em nossa transformação final naquele encontro face a face com Cristo (1Co 13.9-12; 1Jo 3.2). Até então, precisamos de perdão todos os dias (Mt 6.12; Fp 3.12; 1Jo 1.8-10).

Portanto, a preciosa mensagem de Pedro que nos ajuda a amar a vinda do Senhor é que Jesus está nos trazendo graça, não condenação. O perdão que ele comprou decisivamente na cruz será tão aplicável a nós naquele dia quanto em todo dia de nosso viver. A graça triunfará sobre o nosso pecado naquele dia. É por isso que amamos a sua vinda.

CAPÍTULO 6

SEREMOS IRREPREENSÍVEIS NA VINDA DE CRISTO?

No capítulo anterior, Pedro prometeu que a graça será trazida ao povo de Cristo na segunda vinda (1Pe 1.13). O próprio Cristo a administrará. Seremos salvos da ira naquele dia (1Ts 1.10), não por causa de nosso mérito, mas em virtude da graça de Deus, especificamente a graça necessária naquele dia. Apesar disso, Pedro nos orienta a usarmos meios para que sejamos cheios de esperança e estejamos preparados para aquele dia — em especial, os meios que nos ajudam a permanecer mentalmente vivos e despertos para Cristo e a preciosidade de suas promessas.

O apóstolo Paulo afirma ainda mais claramente que os cristãos devem usar meios a fim de se prepararem para a segunda vinda. Na verdade, ele faz isso de um modo que pode ser preocupante. Suas palavras talvez até pareçam enfraquecer a salvação final pela graça por meio da fé. Paulo fala sobre a nossa preparação para aquele dia de uma maneira que, para alguns, faz seu amor pela segunda vinda vacilar com incerteza.

PUROS E IRREPREENSÍVEIS PARA O DIA DE CRISTO

Tenho em mente especificamente estas três passagens:

> E também faço esta oração: que o vosso amor aumente mais e mais em pleno conhecimento e toda a percepção, para aprovardes as coisas excelentes e *serdes sinceros e inculpáveis* [εἰλικρινεῖς καὶ ἀπρόσκοποι] *para o Dia de Cristo*, cheios do fruto de justiça, o qual é mediante Jesus Cristo, para a glória e louvor de Deus (Fp 1.9-11).

O Senhor vos faça crescer e aumentar no amor uns para com os outros e para com todos, como também nós para convosco, *a fim de que seja o vosso coração confirmado em santidade* [ἀμέμπτους ἐν ἁγιωσύνῃ], *isento de culpa, na presença de nosso Deus e Pai, na vinda de nosso Senhor Jesus*, com todos os seus santos (1Ts 3.12-13).

O mesmo Deus da paz vos santifique em tudo; e o vosso espírito, alma e corpo sejam *conservados íntegros e irrepreensíveis* [ἀμέμπτως] na vinda de nosso Senhor Jesus Cristo (1Ts 5.23).

Todos estamos profundamente conscientes de que levaremos imperfeições e falhas ao Dia de Cristo, mas, apesar disso, Paulo trata a nossa inculpabilidade naquele dia como, em um sentido, dependente de uma mudança concreta em nossa vida aqui e agora. Essas três passagens tornam a nossa inculpabilidade na presença de Cristo o alvo da obra *santificadora* de Deus em nossa vida por meio do aumento de nosso amor pelo seu povo. Paulo ora que Deus opere uma transformação real em nossa vida até ao fim, para que sejamos encontrados sem culpa na vinda de Cristo. Isso parece abalar a nossa paz e segurança, visto que, conforme parece, nenhum de nós será transformado de tal modo a sermos chamados de *irrepreensíveis* naquele dia.

Observe comigo, atentamente, cada um desses textos.

Filipenses 1.9-11

Em Filipenses 1.9-11, Paulo faz uma oração. Isso significa que Paulo vê a Deus como aquele que fará o que ele pede, ou seja, tornar-nos "sinceros e inculpáveis para o Dia de Cristo". Esses textos tornam nossa irrepreensibilidade, em certo sentido, dependente da obra santificadora *de Deus* em nossa vida. Consequentemente, por mais que *nós* estejamos envolvidos no realizar, *Deus* é o realizador decisivo nesses textos. Paulo está rogando a Deus que aja. A oração é um dos meios de preparação para a segunda vinda.

No entanto, a fim de nos preparar para o Dia de Cristo, Deus faz o nosso amor aumentar mais e mais em toda percepção (1.9). Em seguida, no versículo 10, vêm as importantíssimas palavras que conectam as mudanças práticas em nosso viver com a nossa pureza e a nossa irrepreensibilidade no Dia de Cristo. Essas palavras-chave conectoras são "para... e..." Que Deus faça o vosso amor aumentar mais e mais em discernimento, Paulo ora, "*para* aprovardes [εἰς τὸ δοκιμάζειν] as coisas excelentes *e* [ἵνα] serdes sinceros e inculpáveis para o Dia de Cristo". Esses dois conectores ("para", "e") mostram que a nossa irrepreensibilidade no Dia de Cristo é o propósito de Deus para as mudanças práticas que ele opera em nossa vida, ou seja, que aumentemos mais e mais em amor com discernimento e, assim, aprovemos o que é excelente.

Como nossa irrepreensibilidade no Dia de Cristo se relaciona com a realidade de nossa justificação pela fé? O Novo Testamento ensina que, por causa de nossa união com Cristo pela fé, temos uma irrepreensibilidade ou justiça imputada (Rm 4.4-12; 2Co 5.21; Fp 3.8-9). Todavia, o que Paulo focaliza aqui parece conflitar com a irrepreensibilidade *imputada*. Paulo diz que os cristãos serão achados sinceros e inculpáveis no Dia de Cristo porque Deus operou um amor genuíno e transformador em nossa mente e coração. Paulo conecta a nossa irrepreensibilidade na presença de Cristo com o aumento de nosso amor. Como isso se relaciona com a nossa justificação?

1 Tessalonicenses 3.11-13

O segundo texto que devemos considerar mais atentamente é 1 Tessalonicenses 3.11-13. O pensamento é quase idêntico ao de Filipenses 1.9-11. De novo, Paulo ora. É uma oração bidirecional. Paulo se refere aos cristãos ("vós"), mas pede a Deus que aja ("O *Senhor vos faça crescer...*"). E o que ele pede a Deus é que os faça "crescer e aumentar no amor uns para com os outros e para com todos" (1Ts 3.12). Em seguida, vêm aquelas palavras sobremodo importantes, as quais mostram claramente a conexão lógica entre o amor dos crentes por outras pessoas e a irrepreensibilidade deles na vinda de Cristo: "a fim de que". Que o Senhor vos faça aumentar em amor pelos outros, Paulo ora, "*a fim de que* seja o vosso coração confirmado em santidade, isento de culpa, na presença de nosso Deus e Pai, na vinda de nosso Senhor Jesus".

Essa isenção de culpa em santidade é o propósito da obra santificadora de Deus para nos fazer amar genuinamente outras pessoas. Esse amor é, de alguma forma, usado por Deus para estabelecer-nos irrepreensíveis em santidade na segunda vinda de Cristo. Mais uma vez, precisaremos responder à pergunta referente à forma como essa conexão entre corações transformados pelo amor e a irrepreensibilidade final se relaciona com a justificação pela fé.

1 Tessalonicenses 5.23

O terceiro texto a considerar é 1 Tessalonicenses 5.23. Pela terceira vez, trata-se de uma oração, e novamente uma oração bidirecional. "O mesmo *Deus* da paz *vos* santifique." Paulo roga a Deus que aja de maneira transformadora nos crentes. Dessa vez, o amor não é mencionado. Paulo vai diretamente do ato de Deus para a nossa irrepreensibilidade. "O mesmo Deus da paz vos *santifique* em tudo; e o vosso espírito, alma e corpo sejam *conservados* íntegros e irrepreensíveis na vinda de nosso Senhor Jesus Cristo." Dois fatos são significativos para os nossos propósitos. O primeiro é que o ato de Deus é um ato de *santificação,* e não de *justificação*: "O mesmo Deus da paz vos *santifique* em tudo". O segundo é que Paulo se refere a sermos "*conservados* [τηρηθείη] [...] irrepreensíveis na vinda de nosso Senhor Jesus Cristo." Parece-me que esses dois verbos, *santificar* e *ser conservado,* são correlatos na mente de Paulo (mesmo tempo, aoristo; mesmo modo, optativo), bem como que o processo de santificar (*tornar* irrepreensível) e o de *ser conservado* irrepreensível estão ocorrendo simultaneamente, ou seja, agora. Isso significa que, em algum sentido, já somos irrepreensíveis e que o agir de Deus em nos tornar irrepreensíveis nos conserva (em outro sentido) assim para o Dia de Cristo?

PERPLEXOS

A menos que eu esteja equivocado, muitos cristãos sérios ficam perplexos com o tipo de ensino bíblico que vimos nessas três passagens (Fp 1.9-11; 1Ts 3.11-13; 1Ts 5.23). Como Paulo pode ensinar que não atingimos a perfeição nesta vida e, ao mesmo tempo, que, *em decorrência do* fato de Deus estar nos tornando pessoas que amam genuinamente, seremos irrepreensíveis em pureza e santidade na segunda vinda de Cristo? Como ele pode dizer: "Não que eu o tenha já recebido [a ressurreição] ou tenha já obtido a perfeição; mas prossigo para conquistar aquilo para o que também fui conquistado" (Fp 3.12), enquanto também afirma que a maneira como vivemos aqui e agora nos levará a ser achados irrepreensíveis no Dia de Cristo?

Há uma solução para essa perplexidade, e essa solução envolve a relação entre a justificação pela fé e o fruto da fé que a confirma: o amor. Espero, como Pedro, que você cinja os quadris de sua mente e me siga numa linha de pensamento um tanto exigente.

Reconciliados para a inculpabilidade

Um texto que me ajuda a dar o primeiro passo para sair da perplexidade é Colossenses 1.21-23:

> E a vós outros também que, outrora, éreis estranhos e inimigos no entendimento pelas vossas obras malignas, agora, porém, vos reconciliou no corpo da sua carne, mediante a sua morte, para apresentar-vos perante ele *santos, inculpáveis e irrepreensíveis* [ἁγίους καὶ ἀμώμους καὶ ἀνεγκλήτους], se é que permaneceis na fé, alicerçados e firmes, não vos deixando afastar da esperança do evangelho.

Temos aqui a mesma expectativa de irrepreensibilidade que vimos anteriormente. É verdade que a segunda vinda, ou o Dia de Cristo, não é citada explicitamente. Entretanto, as palavras "apresentar-vos perante ele" e o fato de Paulo abordar o mesmo assunto da inculpabilidade nos deixam relativamente seguros de que ele tem a mesma ideia em mente, como o fez nos três versículos que consideramos — ou seja, inculpáveis no dia da vinda do Senhor.

No entanto, há aqui uma diferença patente. A palavra de conexão lógica ("*para* apresentar-vos perante ele santos, inculpáveis" — um infinitivo de propósito, παραστῆσαι) não conecta a nossa inculpabilidade com a obra *santificadora* que Deus realiza ao nos tornar mais amorosos, e sim com a obra *reconciliadora* de Cristo na cruz. O fluxo do pensamento segue assim: Cristo nos reconciliou com Deus na cruz, e o efeito que Cristo tenciona produzir com essa reconciliação é apresentar-nos santos, inculpáveis e irrepreensíveis no Dia de Cristo. Portanto, a nossa irrepreensibilidade naquele Dia se deve à obra reconciliadora de Cristo na cruz. Ou, poderíamos dizer, se deve à obra *justificadora* de Deus, porque é assim que pecadores são reconciliados com Deus: sendo *considerados* justos, ou seja, justificados.

Em outras palavras, o foco de Colossenses 1.21-23 não é principalmente que Deus opera *em* nós para nos tornar irrepreensíveis no Dia de Cristo.[1] O foco é principalmente que Deus agiu *por* nós na morte de Cristo para nos tornar inculpáveis no Dia de Cristo. Nossa inculpabilidade na vinda de Cristo, seja lá o que isso signifique, resultará do fato de que *Cristo nos reconciliou com Deus por meio de sua morte*. Isso está feito. Consumado. A reconciliação, ao contrário da santificação, não é um processo. Aconteceu na cruz. Em sua morte, Jesus absorveu a ira de Deus por nós, e agora não há condenação, mas, em vez disso, reconciliação, aceitação, perdão e adoção — para sempre (cf. Rm 5.8-10; 8.1-3). Se alguém permanecer irrepreensível diante de Cristo em sua vinda, será por causa da morte de Jesus que nos reconcilia com Deus.

Reconciliados pela fé que persevera

O argumento prossegue. Observe que há uma condição atrelada à promessa em Colossenses 1.23. Você comparecerá inculpável diante de Cristo em sua vinda se permanecer na fé, alicerçado e firme, não se afastando "da esperança do evangelho".

Isto é o que Paulo e todos os apóstolos ensinaram: a genuína fé reconciliadora — a fé salvadora e justificadora — não é um esforço repentino e efêmero no momento da conversão. É uma fé perseverante. "Aquele,

---

[1] A razão para "principalmente" é que não excluo o pensamento de que a obra reconciliadora (e justificadora) de Deus na cruz inclui a intenção de Deus de que, por causa da reconciliação, ele cumprirá a promessa da Nova Aliança de produzir em nós a inculpabilidade da inculpabilidade experiencial (Jr 31.33; Ez 36.27; Lc 22.20).

porém, que perseverar até ao fim, esse será salvo" (Mt 10.22). "Porque nos temos tornado participantes de Cristo, se, de fato, guardarmos firme, até ao fim, a confiança que, desde o princípio, tivemos" (Hb 3.14). Se o que, a princípio, parece ser a fé salvadora for abandonado, podemos concluir que a fé era falsa, e não uma evidência do novo nascimento.

Vemos isso no que João falou sobre aqueles que pareciam ser cristãos, mas abandonaram a fé: "Eles saíram de nosso meio; entretanto, não eram dos nossos; porque, se tivessem sido dos nossos, teriam permanecido conosco; todavia, eles se foram para que ficasse manifesto que nenhum deles é dos nossos" (1Jo 2.19). Não ser "dos nossos" significa não ser verdadeiramente nascido de novo, porque "todo aquele que crê que Jesus é o Cristo é nascido de Deus" (1Jo 5.1).

Por conseguinte, quando Paulo diz em Colossenses 1.22-23 que todos os reconciliados com Deus estarão diante de Cristo inculpáveis *se* permanecerem "na fé", ele não está sugerindo que alguém pode ter a verdadeira fé salvadora e perdê-la. Em vez disso, Paulo está afirmando que a fé perseverante é realmente necessária para a salvação final, e os que abandonam a fé nunca foram verdadeiramente nascidos de novo — nunca foram verdadeiramente reconciliados com Deus.

A fé salvadora produz o fruto de amor que a confirma

Ora, o que relaciona a necessidade de fé perseverante a sermos inculpáveis no Dia de Cristo? A relação está no fato de a fé salvadora ser o tipo de fé que produz amor pelos amigos e pelos inimigos. E o amor, Paulo mostrou, é o meio pelo qual Deus nos torna inculpáveis no Dia de Cristo: "O Senhor vos faça crescer e aumentar no amor [...] *a fim de que* seja o vosso coração confirmado em santidade, isento de culpa [...] na vinda de nosso Senhor Jesus" (1Ts 3.12-13).

Se a fé salvadora é genuína, ela nos muda. Esse é o ensino de todo o Novo Testamento. E essa mudança é fundamentalmente a transformação de um coração orgulhoso e egoísta em um coração humilde e amoroso. Paulo descreve a fé como a raiz do amor no cristão: "Porque, em Cristo Jesus, nem a circuncisão, nem a incircuncisão têm valor algum, mas *a fé que atua pelo amor*" (Gl 5.6). A fé que nos une a Cristo, que é a nossa justiça, mostra sua realidade ao operar "pelo amor". O fruto de amar as pessoas não é a árvore da fé em Cristo. Mas o fruto mostra que a árvore é viva e real.

O grande objetivo comportamental de Paulo para os crentes é o amor que se origina num coração de fé. "Ora, o intuito da presente admoestação visa ao amor que procede de coração puro, e de consciência boa, e de fé sem hipocrisia" (1Tm 1.5). Tiago expressou a mesma ideia ao dizer: "Assim, também a fé, se não tiver obras [de amor], por si só está morta" (Tg 2.17). E o apóstolo João enfatizou o mesmo pensamento ao dizer: "Sabemos que já passamos da morte para a vida, porque amamos os irmãos" (1Jo 3.14).

Portanto, o amor na vida de um crente é uma evidência inegociável da fé salvadora. Logo, quando Paulo ora (em Fp 1.9-11 e 1Ts 3.11-13), pedindo a Deus que produza esse amor na vida dos crentes, está apenas rogando que Deus confirme os crentes em sua fé verdadeira. Sem esse amor que confirma a fé, qualquer "fé" que tivermos não é a fé salvadora. "Ainda que eu tenha tamanha fé, a ponto de transportar montes, se não tiver amor, nada serei" (1Co 13.2).

O amor confirma que a nossa fé é verdadeira e salvadora. O amor nos une verdadeiramente a Cristo, que é a nossa justiça perfeita. Pedro expressa claramente essa ideia de "confirmação" em 2 Pedro 1.10: "Por isso, irmãos, procurai, com diligência cada vez maior, *confirmar* a vossa vocação e eleição; porquanto, procedendo assim, não tropeçareis em tempo algum". As virtudes mencionadas por Pedro atingem o clímax no versículo 7, com o amor. O amor é o fruto da fé (Gl 5.6; 1Tm 1.5) e, por conseguinte, a confirmação da fé — e, por detrás disso, a confirmação de nossa vocação e eleição.

O amor, porém, não é perfeição. A própria epístola que exige mais explicitamente o amor como a prova de nosso novo nascimento é também a epístola que insiste mais explicitamente em que os crentes não estão sem pecado. Em sua primeira epístola, João diz: "Sabemos que já passamos da morte para a vida, porque amamos os irmãos; aquele que não ama permanece na morte [...] Aquele que não ama não conhece a Deus" (1Jo 3.14; 4.8). Todavia, nessa mesma epístola, João também diz: "Se dissermos que não temos pecado nenhum, a nós mesmos nos enganamos, e a verdade não está em nós. Se confessarmos os nossos pecados, ele é fiel e justo para nos perdoar os pecados e nos purificar de toda injustiça" (1Jo 1.8-9). Portanto, a evidência inegociável da fé pela qual Paulo ora não é um amor impecável. É um amor autêntico que revela a genuinidade da fé salvadora: amor imperfeito que confirma a fé em um Salvador perfeito, cuja impecabilidade é considerada como nossa.

Inculpabilidade perfeita confirmada por amor imperfeito

Agora podemos retornar aos três textos preocupantes (Fp 1.9-11; 1Ts 3.11-13; 5.23) e sugerir uma solução para a perplexidade. Minha sugestão é que a inculpabilidade dos crentes no Dia de Cristo pela qual Paulo ora se refere à perfeição isenta de pecado que temos por causa da justificação pela fé. Por causa de nossa união com Cristo pela fé, temos uma inculpabilidade imputada de perfeição isenta de pecado. Essa inculpabilidade isenta de pecado, porém, é real somente se for confirmada na vida do crente por meio de uma transformação genuína do egoísmo orgulhoso em amor humilde. Isso significa que Paulo está orando por amor no coração dos crentes, já que isso confirma sua fé salvadora. Confirma que estão unidos a Cristo e, por isso, são considerados irrepreensíveis pela imputação da perfeição de Cristo.

E quanto àquelas palavras conectivas cruciais que enfatizamos antes? Amai *para* serdes sinceros e inculpáveis no Dia de Cristo (Fp 1.9-10). Amai *a fim de que* o vosso coração seja confirmado em santidade na vinda do Senhor (1Ts 3.12-13). Que Deus vos santifique *para que* (implícito) sejais conservados irrepreensíveis na vinda de Cristo (1Ts 5.23).

Eis a minha sugestão: essas palavras conectivas mostram que o amor prático, concreto e vivenciado é uma necessidade inegociável, caso queiramos ser achados inculpáveis no Dia de Cristo. Todavia, a inculpabilidade naquele Dia *não consiste n*esse amor. O nosso amor não é a nossa inculpabilidade. O nosso amor confirma a inculpabilidade que temos, na medida em que a nossa fé nos une a Cristo, o qual nos reconcilia com Deus e é inculpável. A verdadeira fé atua pelo amor (Gl 5.6). Portanto, o amor é a confirmação necessária da fé. E a fé nos une a Cristo, nossa justiça perfeita. Consequentemente, o amor confirma a nossa inculpabilidade. Não há inculpabilidade sem o amor. Logo, Paulo não está orando por algo opcional ou secundário. Está orando pelo que é necessário, se quisermos comparecer diante do Filho do Homem. Tem de haver em nós um amor real, embora imperfeito, que confirme a inculpabilidade real e perfeita em Cristo.

Ilustração da confirmação na história do rei Salomão

Para os leitores que podem ter dificuldade em assimilar a diferença entre uma salvação confirmada e uma salvação causada, deixe-me trazer uma ilustração da vida do rei Salomão. Lembre-se da história em que duas prostitutas levaram um bebê até Salomão, cada uma delas afirmando que o bebê era seu (1Rs 3.16-27). Pediram ao rei que agisse como juiz entre elas. Salomão ordenou que trouxessem uma espada, dividissem o bebê ao meio e dessem metade do bebê a uma mulher e metade à outra. A mãe verdadeira clamou: "Ah! Senhor meu, dai-lhe o menino vivo e por modo nenhum o mateis" (1Rs 3.26). Salomão disse: "Dai à primeira o menino vivo [...] esta é sua mãe" (1Rs 3.27).

O que Salomão pretendia nesse "dia de julgamento"? Ele não buscava quaisquer obras que *criassem* ou *causassem* a maternidade. Salomão buscava obras que *confirmassem* a maternidade. Quando as mulheres se apresentaram diante dele, a maternidade já estava estabelecida. Não havia dúvida sobre isso. O julgamento não criou a maternidade. Nem qualquer ato praticado por qualquer das mulheres poderia criar a maternidade.

No dia em que os cristãos serão julgados, Deus não escrutinará seu tribunal em busca de obras que compraram nosso perdão. Deus procurará obras que provavam que já estávamos desfrutando de nosso perdão. A compra de nosso perdão foi o sangue de Jesus, que é suficiente de uma vez por todas para cobrir todos os nossos pecados. E o meio pelo qual o possuímos é a fé — somente a fé. As obras que serão apresentadas confirmarão a fé porque "a fé sem obras é morta" (Tg 2.26).

POR QUE NÃO *IRREPREENSÍVEIS* DA MANEIRA COMO PRESBÍTEROS O SÃO?

Uma pergunta crucial que deveria ser feita é: por que você torna isso tão complicado? Não percebe que as palavras que denotam irrepreensibilidade são todas usadas no Novo Testamento em referência a pessoas imperfeitas neste mundo, mesmo antes da segunda vinda? Por que não deixar que a *irrepreensibilidade* na segunda vinda se refira simplesmente aos cristãos da mesma maneira como, em outras passagens, se refere a cristãos (imperfeitos) agora? Por que você insiste no fato de que sermos apresentados *irrepreensíveis* diante de Cristo, em sua vinda, se refere à inculpabilidade imputada que temos em nossa união com Cristo?

Essa é uma pergunta muito boa, visto que a premissa é verdadeira. "Irrepreensibilidade" e as palavras relacionadas *são* atribuídas a cristãos imperfeitos nesta vida. Por exemplo, santidade é algo que devemos ter agora, pois, do contrário, não veremos o Senhor (Hb 12.14). Os cristãos devem ser "irrepreensíveis e sinceros [ἄμεμπτοι καὶ ἀκέραιοι], filhos de Deus inculpáveis [ἄμωμα] no meio de uma geração pervertida e corrupta" (Fp 2.15). Pessoas devem servir como diáconos somente "se se mostrarem irrepreensíveis [ἀνέγκλητοι]" (1Tm 3.10). Um presbítero tem de ser "irrepreensível como despenseiro de Deus" [ἀνέγκλητον] (Tt 1.7).[2] Paulo sempre se esforçou para manter sua consciência limpa (ou "pura" [ἀπρόσκοπον] diante de Deus — Atos 24.16). Zacarias e Isabel andavam irrepreensivelmente (ἄμεμπτοι) nos mandamentos (Lc 1.6). Paulo disse aos tessalonicenses: "Vós e Deus sois testemunhas do modo por que [...] irrepreensivelmente procedemos em relação a vós outros, que credes" (1Ts 2.10).

---

2 A palavra traduzida por "irrepreensível" é a mesma que se acha em 1 Timóteo 3.10. Ela é traduzida por "irrepreensíveis" em 1 Coríntios 1.8 e usada em conjunto com ἄμωμος, "inculpáveis", em Colossenses 1.22.

Então, a pergunta a ser feita é esta: por que você não pensa que sermos *inculpáveis* na vinda de Cristo se refere a esse tipo de irrepreensibilidade *imperfeita*, mas, em vez disso, a uma irrepreensibilidade perfeita que temos na união com Cristo? Evidentemente, a *irrepreensibilidade* referida nos parágrafos anteriores não contém a ideia de perfeição, e sim de algo como "ser livre de reprovação flagrante no mundo, com um hábito mais ou menos maduro de manter as contas em dia por meio da confissão de pecados e de uma vida de vitória significativa sobre a tentação". Por que não admitir que é *isso* que Paulo está rogando quando ora que sejamos "inculpáveis" no Dia de Cristo (Fp 1.10; 1Ts 3.13; 5.23)?

A resposta tem duas partes. Primeiro, nem todos os cristãos são, de fato, "imperfeitamente irrepreensíveis" no sentido que é exigido, digamos, dos presbíteros e diáconos. Segundo, Paulo promete que Deus cuidará para que todos, não apenas alguns, sejam irrepreensíveis diante de Cristo em sua vinda.

1. Quando Cristo vier, nem todos os cristãos terão a qualificação de irrepreensibilidade dos presbíteros

É improvável que Paulo diria que diáconos (1Tm 3.10) e presbíteros (Tt 1.7) têm de ser "irrepreensíveis" a fim de se qualificarem como oficiais se *todos* os crentes fossem irrepreensíveis. Além disso, Paulo diz que alguns mestres cristãos chegarão ao dia do julgamento de Cristo e sofrerão dano por haverem edificado sobre o fundamento de Cristo com invenções e doutrinas humanas que não criaram verdadeiramente uma igreja santa e saudável. Paulo diz que esses cristãos serão salvos "como que através do fogo", mas o que eles edificaram será totalmente queimado. Eles sofrerão dano:

> Contudo, se o que alguém edifica sobre o fundamento [de Cristo] é ouro, prata, pedras preciosas, madeira, feno, palha, manifesta se tornará a obra de cada um; pois o Dia [da vinda de Cristo] a demonstrará, porque está sendo revelada pelo fogo; e qual seja a obra de cada um o próprio fogo o provará. Se permanecer a obra de alguém que sobre o

fundamento edificou, esse receberá galardão; se a obra de alguém se queimar, sofrerá ele dano; mas esse mesmo será salvo, todavia, como que através do fogo (1Co 3.12-15).

Falaremos mais sobre esse texto no capítulo 11, mas o ponto agora é que não acho que Paulo descreveria esses mestres como "irrepreensíveis" no Dia de Cristo *no sentido de serem presbíteros qualificados e andarem em maturidade*. Mas, visto que são "salvos", sabemos que estarão diante de Cristo "inculpáveis", no sentido de serem considerados justos por causa de Cristo. Experimentaram um verdadeiro novo nascimento. Tiveram uma fé autêntica. O amor pelas pessoas marcou suas vidas no serviço. Porém, os ministérios deles eram significativamente defeituosos, e aspectos de seus corações imperfeitos os cegaram para não verem a insensatez de se edificar com madeira, feno e palha.

2. Promessas gloriosas que nos ajudam a amar a vinda do Senhor

Eis a outra parte de minha resposta à pergunta: "Por que acho que a 'inculpabilidade' no Dia de Cristo se refere à perfeita irrepreensibilidade de Cristo, confirmada em nós pelo amor imperfeito que demonstramos?" Paulo promete que Deus realizará essa inculpabilidade para todos os cristãos. A própria fidelidade de Deus o garante. Isso é um grande encorajamento ao amor à vinda do Senhor.

Depois de rogar que Deus santifique os crentes e os guarde inculpáveis em cada detalhe e cada aspecto de seu ser (espírito, alma e corpo), Paulo diz, com encorajamento tremendo para nós, que a fidelidade de Deus cuidará em fazer isso:

O mesmo Deus da paz vos santifique em tudo; e o vosso espírito, alma e corpo sejam conservados íntegros e irrepreensíveis na vinda de nosso Senhor Jesus Cristo. *Fiel é o que vos chama, o qual também o fará* (1Ts 5.23-24).

Essa é uma promessa gloriosa destinada a ajudar-nos a amar a vinda do Senhor. Deus nos conservará irrepreensivelmente![3] Isso *acontecerá*. Seremos conservados. Compareceremos diante de Cristo sem culpa ou falha. Não porque somos perfeitos em nós mesmos ou em nossos ministérios, mas porque somos conservados em Jesus Cristo, cujas perfeições são tidas como nossas. A nossa santificação confirma a nossa fé. E a nossa fé é o instrumento pelo qual estamos em Cristo. Isso é seguro. Deus o fará.

CONFIANÇA DOS QUE FORAM CHAMADOS NA VINDA DE CRISTO

Paulo nos dá a mesma promessa inabalável, com mais assertividade, em 1 Coríntios 1.7-9:

> Aguardando vós a revelação de nosso Senhor Jesus Cristo, o qual também vos confirmará até ao fim, para serdes irrepreensíveis no Dia de nosso Senhor Jesus Cristo. *Fiel é Deus, pelo qual fostes chamados à comunhão de seu Filho Jesus Cristo, nosso Senhor.*

Em outras palavras, as orações de Paulo para que nosso amor aumente, a fim de que sejamos achados inculpáveis no Dia de Cristo (Fp 1.10; 1Ts 3.13), serão respondidas! Deus nos levará irrepreensíveis para o Dia de Cristo! Essa é uma promessa para todos os verdadeiros cristãos, não somente para alguns (como os maduros ou os presbíteros qualificados). Essa promessa é ainda mais poderosa do que a promessa feita em 1 Tessalonicenses 5.24, uma vez que Paulo não somente a arraiga na fidelidade de

---

3 Sim, a palavra grega é um advérbio (*irrepreensivelmente*), não um adjetivo (*irrepreensível*). A maioria das versões bíblicas traduzem-na como um adjetivo — como a ARA, citada nesta obra — porque o significado adverbial parece estranho. Como advérbio, a palavra modificaria um adjetivo ou um verbo. O adjetivo que ela poderia modificar é "todo" ("todo o vosso espírito, alma e corpo"), e o verbo que ela poderia modificar é "sejam conservados". Ambas as possibilidades parecem inconvenientes: "irrepreensivelmente todo" ou "irrepreensivelmente conservados". Esta última opção sugere que Deus age irrepreensivelmente. A primeira opção sugere que a totalidade do espírito, alma e corpo deve ser vista em referência à sua irrepreensibilidade — uma irrepreensibilidade da totalidade. Não tenho certeza de como o advérbio (irrepreensivelmente) funciona aqui. Um dos detalhes que fazem esse texto parecer um tanto estranho é a referência ao "corpo" sendo considerado "irrepreensível". Contudo, o fato de que ἀμέμπτως (irrepreensivelmente) é um advérbio pode nos ajudar a não ficarmos embaraçados com essa inconveniência. Paulo não está aplicando "irrepreensível" como um adjetivo referente ao "corpo", como a maioria das versões sugerem. Concluo que, em geral, o ensino é que Deus agirá de tal modo que, da maneira mais plena possível (λόκληρον), nenhuma repreensão será vinculada a nós, de qualquer maneira.

Deus, mas também a conecta ao nosso chamado. Sabemos como a mente de Paulo opera: "E aos que [Deus] predestinou, a esses também chamou; e aos que chamou, a esses também justificou; e aos que justificou, a esses também glorificou" (Rm 8.30). Em outras palavras, por conectar essa promessa com o nosso chamado, Paulo diz que ela é totalmente certa. Podemos fazer este acréscimo à corrente de certeza: "Aos que chamou, a esses ele também sustentou irrepreensíveis no Dia de Cristo".

DEUS TERMINARÁ O QUE COMEÇOU

Mais uma vez, Paulo faz a mesma promessa em Filipenses 1.6: "Estou plenamente certo de que aquele que começou boa obra em vós há de completá-la até ao Dia de Cristo Jesus". A obra que Deus começou em todo crente verdadeiro é a obra de fé, amor e santidade. Deus a continuará infalivelmente em todos os seus eleitos. Completará a obra de santificação a ponto de todos os crentes darem evidência, no Dia de Cristo, de que sua fé é real e de que em Cristo Jesus eles estão completos.

MAJESTADE DAQUELE QUE NOS GUARDA

Acrescentarei mais uma promessa, do livro de Judas, a essas promessas de Deus que fortalecem a esperança:

> Ora, àquele que é poderoso para vos guardar de tropeços e *para vos apresentar com exultação, imaculados* [ἀμώμους] *diante da sua glória*, ao único Deus, nosso Salvador, mediante Jesus Cristo, Senhor nosso, glória, majestade, império e soberania, antes de todas as eras, e agora, e por todos os séculos. Amém! (Jd 24-25)

Embora essa passagem seja uma doxologia, e não uma promessa direta, ela tem a força de uma promessa. Judas celebra a glória de Deus em guardar-nos e apresentar-nos imaculados, que é a maneira pela qual ele identifica os cristãos no começo de sua epístola: "Judas, servo de Jesus Cristo e irmão de Tiago, aos chamados, amados em Deus Pai e *guardados em Jesus Cristo*" (Jd 1). Ou seja, guardados *por Deus*. Esta é a nossa identidade: chamados e guardados. Aqueles que Deus chama ele guarda.

A doxologia final de Judas se eleva com a "glória, majestade, império e soberania" de Deus, na medida em que celebra o seu duplo ato explícito: *guardar*-nos de tropeços e *apresentar*-nos imaculados diante da presença de sua glória, com grande alegria. Deus realizará esse ato. Paulo arraiga a promessa na fidelidade de Deus. Judas a arraiga na glória, majestade, domínio e império de Deus. A glória de Deus garante que os seus chamados serão guardados. Para quê? Para a inculpabilidade e alegria na vinda de Cristo.

CONSCIÊNCIA TRANQUILA, AMOR INTENSIFICADO — PELA VINDA DE CRISTO

Minha resposta à pergunta sobre por que eu acho que a inculpabilidade que Paulo pede a Deus que tenhamos na vinda de Cristo se refere à perfeição de Cristo considerada como nossa, e não ao tipo de irrepreensibilidade imperfeita exigida, por exemplo, de presbíteros e diáconos, é que (1) nem todos os verdadeiros cristãos terão esse tipo de irrepreensibilidade quando Cristo vier, mas (2) todos os verdadeiros crentes têm a promessa de que Deus os apresentará inculpáveis naquele Dia.

Portanto, as passagens que chamei de preocupantes e causadoras de perplexidade (Fp 1.9-11; 1Ts 3.11-13; 5.23) não devem nos preocupar ou nos deixar perplexos, mas, em vez disso, devem intensificar o nosso amor pela vinda de Cristo. Elas nos mostram como devemos orar (como Paulo) pela obra divina de aumentar, em nosso coração, o amor que confirmará o fato de Cristo ter-nos chamado para fazer parte de seu reino; também nos mostram as múltiplas promessas de que Deus confirmará infalivelmente seus chamados como irrepreensíveis no Dia de Cristo.

"Fiel é o que vos chama, o qual também o fará" (1Ts 5.24). "Aquele que começou boa obra em vós há de completá-la até ao Dia de Cristo Jesus" (Fp 1.6). A glória, a majestade, o domínio e a autoridade de Deus garantem que os seus chamados serão guardados de tropeçar e cair em incredulidade e que serão apesentados inculpáveis na presença da glória de Cristo, com grande alegria (Jd 24).

Meu desejo é que creiamos nessas promessas, anelemos pela perspectiva dessa alegria e amemos a vinda do Senhor.

CAPÍTULO 7

SEREMOS APERFEIÇOADOS NA MENTE, NO CORAÇÃO E NO CORPO?

Nos capítulos 3 e 4, argumentei que o elemento mais importante da segunda vinda será a glória de Cristo magnificada na admiração de seu povo. "Quando vier para ser glorificado nos seus santos e ser admirado em todos os que creram, naquele dia (porquanto foi crido entre vós o nosso testemunho)" (2Ts 1.10). Em outras palavras, a glória de Cristo é a realidade suprema e objetiva daquele grande evento, mas, sem a reação de admiração, amor, adoração e deslumbre do povo de Deus, o propósito final de Deus na história e na redenção seria incompleto.

A razão para se buscar essa reação é que o propósito final de Deus é que a glória de Cristo seja exaltada mais plenamente, e essa exaltação ocorre quando seu povo é mais plenamente satisfeito nele. O propósito de Deus não é apenas que a glorificação de seu Filho aconteça *juntamente com* a felicidade de seu povo, mas que a felicidade de seu povo esteja *na* glória de Cristo, de modo que a glorificação de Cristo resplandeça mais brilhantemente na felicidade de seu povo nele. Deus planejou a redenção de tal modo que a felicidade do homem e a glorificação de Cristo atinjam sua plenitude precisamente porque a felicidade do homem está *na* glória de Cristo. Cristo será mais glorificado em seu povo porque seu povo estará mais satisfeito nele.

COMO SANTOS EMOCIONALMENTE ABATIDOS PODEM ADMIRAR DEVIDAMENTE?

Entretanto, ainda não abordamos o fato de que a reação de admiração, adoração e amor do povo de Cristo jamais pode ser o que deveria ser, caso tenhamos de nos encontrar com o Senhor, naquele Dia, com capacidades

VEM, SENHOR JESUS!

emocionais frágeis, contaminadas pelo pecado e caídas, mesmo na nossa presente condição redimida, justificada e parcialmente santificada. Devido à obscuridade de nossa visão espiritual e à condição deteriorada de nossas capacidades emocionais, bem como à corrupção remanescente em nosso coração caído, não há nenhuma maneira de oferecermos a Cristo, em sua vinda, uma saudação adequada de admiração, adoração e amor. Esse é o problema que abordarei neste capítulo.

Contudo, antes de abordar esse problema, devemos compreender que o mesmo problema existe na incompletude dos capítulos 5 e 6. O argumento desses capítulos era que haveria graça para os verdadeiros cristãos na segunda vinda. "Esperai inteiramente na graça que vos está sendo trazida na revelação de Jesus Cristo" (1Pe 1.13). Os verdadeiros cristãos serão encontrados inculpáveis naquele Dia. A obra santificadora de Deus em nossa vida — obra que transforma pessoas orgulhosas e egoístas em pessoas humildes e amorosas (embora imperfeitas) — confirmará a veracidade de nossa fé em Cristo e de nossa união com ele. Essa união será o fundamento gracioso da inculpabilidade em sua vinda.

Entretanto, o problema, assim como nos capítulos 3 e 4, é que nenhum de nós, seguidores de Cristo, jamais ficará satisfeito com uma inculpabilidade que é *considerada* como nossa por causa de Cristo, a menos que também sejamos *transformados* no coração, na mente e no corpo, para sermos impecavelmente irrepreensíveis, livres de todo defeito e daquilo que impede a nossa adoração. Sem dúvida, a irrepreensibilidade imputada por causa da justificação pela fé é gloriosa e preciosa. Não há nenhuma esperança sem ela. O alvo de Deus é que evoluamos de pecadores perdoados para perdoados e impecáveis. Se isso não acontecer, jamais seremos capazes de desfrutar, adorar e glorificar a Deus devidamente; pois a própria essência do pecado é preferir outras coisas a Deus. Se havemos de desfrutar e glorificar a Deus como deveríamos e como desejamos, não temos apenas de ser *considerados* perfeitos em Cristo, mas também *tornados* perfeitos — mente, coração e corpo — por Cristo.

MISTÉRIOS ENTRELAÇADOS DE ALMA E CORPO SERÃO REDIMIDOS

Uma das razões incompreensíveis pela qual amamos a vinda de Cristo é que todos os cristãos que já morreram serão ressuscitados dentre os mortos com seus novos corpos ressurretos (1Co 15.23, 43), e todos os cristãos que estiverem vivos na vinda de Cristo serão transformados para terem corpos semelhantes ao corpo glorioso de Cristo após a ressurreição (Fp 3.21). Além dessa maravilha física envolvendo a transformação e ressurreição do corpo, haverá também uma transformação moral e espiritual para aqueles que estiverem vivos por ocasião da vinda de Cristo (1Jo 3.2), de modo que nunca mais pecaremos. Para os crentes que tiverem morrido antes da segunda vinda de Cristo (incluindo os santos do Antigo Testamento), essa transformação espiritual acontecerá na presença de Cristo, antes que o Senhor retorne (Hb 12.23).

Tanto a ressurreição física quanto a transformação espiritual são essenciais aos propósitos finais de Deus. Seu povo tem de passar por um aperfeiçoamento moral e físico. Se, na segunda vinda, a glória de Cristo há de ser magnificada adequadamente na admiração de seu povo (2Ts 1.10), essa admiração tem de ser liberta de suas corrupções e limitações pecaminosas. É necessário que essa admiração seja transformada e aperfeiçoada. Cristo é digno de tudo isso. Sem dúvida, a glória da graça de Deus resplandece belamente na justificação de crentes imperfeitos. Há, no entanto, mais graça em Cristo do que a graça justificadora. Também há o extraordinário poder da graça santificadora e purificadora (1Co 15.10; 2Co 9.8; 2Ts 1.11-12). Para que Cristo seja magnificado em nossa admiração em sua vinda, essa graça deve ser triunfante em nossa transformação completa. Do contrário, a nossa admiração será maculada pelo pecado.

Não somente isso, mas, se Cristo há de ser glorificado adequadamente em seu povo na segunda vinda, seus corpos devem ser glorificados de modo a refletir a glória de Cristo. Corpos que carregam as imperfeições vãs e corruptas da Queda (Rm 8.20-21) nunca poderão magnificar a Cristo como deveriam. Isso ocorre não apenas porque a ressurreição e o aperfeiçoamento de nosso corpo glorificarão o "poder que ele tem de até subordinar a si todas as coisas" (Fp 3.21). Outro motivo é que o nosso corpo é o instrumento da nossa mente e do nosso coração que Deus designou para tornar audível o nosso louvor e visível a obediência do nosso amor. O entrelaçamento que Deus criou entre a alma e o corpo (cujos mistérios a ciência moderna não pode sondar) exige tanto um corpo redimido quanto uma alma redimida, a fim de que o louvor e a obediência de nossa alma encontrem a expressão corporal da qual Cristo é digno.

Sempre houve falsos mestres que denegriram a existência no corpo como inerentemente defeituosa e prejudicial para o espírito humano. A visão bíblica do corpo é muito diferente. O corpo não somente é parte do que Deus criou e descreveu como "muito bom" antes da Queda (Gn 1.31), mas também está destinado a ser ressuscitado, aperfeiçoado e tornado uma parte eterna de nossa adoração e nossa obediência. À semelhança de Cristo, o povo de Deus terá um corpo físico transformado para sempre. Se a nossa ideia de eternidade é a de um futuro em que seremos espíritos sem corpos no céu, deveríamos testar essa visão sob o crivo do ensino bíblico de que os céus descem a uma nova terra em que pessoas corporificadas adoram um Cristo corporificado (Ap 21.1-2, 10). Portanto, a transformação física e espiritual que acontece na segunda vinda é essencial para a conclusão do propósito final de Deus para a criação.

Lidemos primeiro com a ressurreição do corpo e, depois, com a transformação moral de nosso coração e de nossa mente, pois ambas são consumadas na segunda vinda de Cristo.[1]

CRISTO RESSUSCITOU SEU PRÓPRIO CORPO E RESSUSCITARÁ O NOSSO

Jesus confrontou os saduceus, que não acreditavam na ressurreição. "Os saduceus, que dizem não haver ressurreição, aproximaram-se dele" (Mc 12.18). A resposta de Jesus aos saduceus foi clara e franca: "Não provém o vosso erro de não conhecerdes as Escrituras, nem o poder de Deus?" (Mc 12.24). Jesus não somente acreditava na ressurreição dos mortos, mas

---

1 No final deste capítulo, ficará evidente o que pretendo dizer ao me referir à *consumação* de nossa transformação moral na segunda vida, embora os espíritos dos que falecem no Senhor sejam "aperfeiçoados" no céu (Hb 12.23).

também sabia que Deus, o Pai, lhe dera autoridade para fazê-la acontecer. "Porque assim como o Pai tem vida em si mesmo, também concedeu ao Filho ter vida em si mesmo. E lhe deu autoridade para julgar, porque é o Filho do Homem" (Jo 5.26-27). Por isso, Jesus podia dizer: "Eu sou a ressurreição" (Jo 11.25). E promete que ressuscitará seu povo dentre os mortos no último dia:

> Todo aquele que o Pai me dá, esse virá a mim; e o que vem a mim, de modo nenhum o lançarei fora. Porque eu desci do céu, não para fazer a minha própria vontade, e sim a vontade daquele que me enviou. E a vontade de quem me enviou é esta: que nenhum eu perca de todos os que me deu; pelo contrário, *eu o ressuscitarei no último dia*. De fato, a vontade de meu Pai é que todo homem que vir o Filho e nele crer tenha a vida eterna; e *eu o ressuscitarei no último dia* (Jo 6.37-40; cf. v. 54).

Jesus disse que ele mesmo será aquele que ressuscitará seu povo dos mortos, assim como disse que ressuscitaria seu próprio corpo do sepulcro. "Ninguém a [minha vida] tira de mim; pelo contrário, eu espontaneamente a dou. Tenho autoridade para a entregar e também para reavê-la" (Jo 10.18). "Destruí este santuário, e em três dias o reconstruirei" (Jo 2.19). Isso não contradiz a afirmação frequente de que ele seria "ressuscitado [por Deus]" (Mt 16.21; 17.23; 20.19). Toda a Trindade esteve engajada na ressurreição de Jesus, incluindo o Espírito Santo: "Se habita em vós o Espírito daquele que ressuscitou a Jesus dentre os mortos, esse mesmo que ressuscitou a Cristo Jesus dentre os mortos vivificará também o vosso corpo mortal, por meio do seu Espírito, que em vós habita" (Rm 8.11). A implicação natural nessa passagem é que Deus nos ressuscitará "por meio do seu Espírito", como ressuscitou Jesus "por meio do seu Espírito".

RESSUSCITADOS PELA TRINDADE PARA TER UM CORPO SEMELHANTE AO DO FILHO

Portanto, o que aprendemos é que os cristãos serão ressuscitados dentre os mortos não somente pelo Espírito (Rm 8.11), mas também por Deus (o Pai) e por Cristo (o Filho):

> O corpo não é para a impureza, mas, para o Senhor, e o Senhor, para o corpo. *Deus ressuscitou o Senhor e também nos ressuscitará a nós pelo seu poder* (1Co 6.13-14).

> A nossa pátria está nos céus, de onde também aguardamos *o Salvador, o Senhor Jesus Cristo, o qual transformará o nosso corpo de humilhação, para ser igual ao corpo da sua glória*, segundo a eficácia do poder que ele tem de até subordinar a si todas as coisas (Fp 3.20-21).

Em ambas as passagens, a ressurreição de *Cristo* e a *nossa* ressurreição estão conectadas. Estão ligadas em 1 Coríntios 6.14 porque Deus realiza ambas as ressurreições. Estão ligadas em Filipenses 3.20-21 para deixar claro que o nosso corpo ressurreto será semelhante ao corpo ressurreto de Cristo. A *causa* de ambas as ressurreições será a mesma: Deus. E o *efeito* de ambas as ressurreições será o mesmo: um corpo semelhante "ao corpo da sua glória" (σύμμορφον τῷ σώματι τῆς δόξης αὐτοῦ). A nossa ressurreição e a de Cristo, diz Paulo, são parte de uma grande colheita. "Cristo ressuscitou dentre os mortos, *sendo ele as primícias dos que dormem*" (1Co 15.20). As primícias definem e garantem toda a colheita.

O corpo ressurreto de Cristo era um corpo físico real e tão semelhante ao seu corpo pré-ressurreição que ele pôde ser reconhecido, tocado e até comer peixe. "Vede as minhas mãos e os meus pés, que sou eu mesmo; apalpai-me e verificai, porque um espírito não tem carne nem ossos, como vedes que eu tenho [...] Então, lhe apresentaram um pedaço de peixe assado [e um favo de mel]. E ele comeu na presença deles" (Lc 24.39, 42-43). Nosso corpo ressurreto será assim.

SEREMOS RESSUSCITADOS NA VINDA DO SENHOR

Quando essa ressurreição acontecerá? Ocorrerá na segunda vinda de Cristo. Podemos ver esse fato em três passagens. Em 1 Coríntios 15.22-23, Paulo diz: "Assim como, em Adão, todos morrem, assim também todos serão vivificados em Cristo. Cada um, porém, por sua própria ordem: Cristo, as primícias; *depois, os que são de Cristo, na sua vinda*". "Na sua vinda." Essa será a ocasião em que aqueles que pertencem a Cristo serão ressuscitados. Essa não é a ressurreição geral de todos os humanos, mas apenas dos cristãos.[2]

Um segundo texto que estabelece a nossa ressurreição na segunda vinda é Filipenses 3.20-21: "A nossa pátria está nos céus, de onde também aguardamos o Salvador, o Senhor Jesus Cristo, o qual transformará o nosso corpo de humilhação, para ser igual ao corpo da sua glória, segundo a eficácia do poder que ele tem de até subordinar a si todas as coisas". Quando o Salvador vier, os corpos dos cristãos serão transformados. Aqui, Paulo não faz distinção entre os corpos de cristãos que estarão vivos por ocasião da vinda do Senhor e os corpos de cristãos que já tiverem morrido. Ambos receberão corpos novos semelhantes ao corpo glorioso de Cristo.

A terceira passagem que estabelece a nossa ressureição na segunda vinda mostra o interesse especial de Paulo pelos cristãos que haviam morrido:

> Ora, ainda vos declaramos, por palavra do Senhor, isto: nós, os vivos,
> os que ficarmos até à *vinda do Senhor*,[3] de modo algum precederemos

---

2 Às vezes, fala-se da ressurreição nas Escrituras sem que se façam distinções temporais explícitas entre quando crentes e incrédulos serão ressuscitados e quando todos serão julgados. Por exemplo, Jesus diz em João 5.28-29: "Não vos maravilheis disto, porque vem a hora em que todos os que se acham nos túmulos ouvirão a sua voz e sairão: os que tiverem feito o bem, para a ressurreição da vida; e os que tiverem praticado o mal, para a ressurreição do juízo". Penso que esse texto, como muitos outros, condensa eventos futuros que estão separados por tempo, da mesma maneira que cadeias montanhosas parecem uma única montanha quando vistas de uma perspectiva distante. Essa perspectiva profética é comum nas Escrituras e nos ajuda a explicar como eventos distantes e próximos são tratados, às vezes, como uma única visão. Veja Capítulo 8, nota 1.

3 Quando Paulo diz: "*Nós*, os vivos, os que ficarmos", ele não ensina que sabe que a segunda vinda acontecerá durante o tempo de sua vida. Sabemos isso porque, no capítulo seguinte, ele diz: "[Cristo] morreu por nós para que, quer *vigiemos* [ou seja, estejamos vivos], quer *durmamos* [ou seja, estejamos mortos], vivamos em união com ele" (1Ts 5.10). Em ambos os textos, Paulo retrata a si mesmo como estando possivelmente entre o número dos vivos. Ele sabe, contudo, que pode não estar, como diz em 5.10.

os que dormem. Porquanto *o Senhor mesmo*, dada a sua palavra de ordem, ouvida a voz do arcanjo, e ressoada a trombeta de Deus, *descerá dos céus*, e os mortos em Cristo ressuscitarão primeiro; depois, nós, os vivos, os que ficarmos, seremos arrebatados juntamente com eles, entre nuvens, *para o encontro do Senhor nos ares*, e, assim, estaremos para sempre com o Senhor (1Ts 4.15-17).

O objetivo pastoral imediato de Paulo nessa passagem era animar aqueles que haviam perdido familiares cristãos na morte. A perspectiva e a alegria da segunda vinda eram uma esperança tão proeminente para os crentes que surgiu a pergunta: os crentes mortos ficarão de fora do glorioso aparecimento de Cristo no dia de sua vinda? É significativo o fato de Paulo não ter escolhido consolá-los com a verdade de Filipenses 1.23, a verdade de que "partir e estar com Cristo [...] é incomparavelmente melhor". Também não os consolou com a verdade de 2 Coríntios 5.8, a verdade de que preferimos "deixar o corpo e habitar com o Senhor". Não era isso que os familiares sobreviventes estavam se perguntando.

Eles se perguntavam: "E quanto à segunda vinda? E quanto ao glorioso aparecimento do Senhor — sua maravilhosa descida nas nuvens, a palavra de ordem, a voz do arcanjo, a trombeta de Deus, o próprio Senhor, pessoal, visível, presente, vindicando, num instante, todo ato de fé que tenha sido atacado? O que dizer sobre isso? Nossos familiares que morreram participarão totalmente daquele Dia?" Um dos meus motivos para escrever este livro é que muitos cristãos de nossos dias achariam o ensino pastoral de Paulo nessa passagem estranho à maneira como pensam. Não teriam a preocupação dos tessalonicenses quanto à participação na vinda do Senhor. Eles se contentariam em saber que deixar o corpo significa "habitar com o Senhor" (2Co 5.8).

No entanto, Paulo se esforça para explicar que os mortos não terão nenhuma desvantagem na experimentação de toda a glória daquele Dia. Ele nega que os que estiverem vivos na vinda de Cristo terão alguma vantagem sobre os mortos. Para deixar isso claro, Paulo focaliza a ressurreição do corpo dos que morreram. A segunda vinda de Cristo será a ocasião em que isso ocorrerá:

> Ora, ainda vos declaramos, por palavra do Senhor, isto: nós, os vivos, os que ficarmos até à *vinda do Senhor*, de modo algum precederemos os que dormem [...] os mortos em Cristo ressuscitarão primeiro; depois, nós, os vivos, os que ficarmos, seremos arrebatados juntamente com eles, entre nuvens, para o encontro do Senhor nos ares (1Ts 4.15-17).

Essa recepção espetacular por milhões do povo de Deus de todos os séculos será plenamente compartilhada por todo crente. É com vistas a essa recepção que todos os mortos serão ressuscitados na vinda do Senhor.

COMPLETANDO O PROGRESSO TERRENO E AS PERFEIÇÕES CELESTIAIS

O nosso foco neste capítulo, entretanto, não está nos *eventos* da vinda do Senhor, mas nos *efeitos* dos eventos na transformação dos crentes. Nosso interesse é que Cristo seja glorificado por nós em sua vinda de uma maneira digna de sua grandeza, beleza e valor. Isso não pode acontecer se nosso corpo e nossa alma não forem transformados. A obscuridade de nossa visão espiritual, a fraqueza de nossas afeições e a corrupção remanescente em nosso coração caído têm de ser mudados a fim de que Cristo seja glorificado apropriadamente em nossa admiração (1Ts 2.10). Corpo e alma foram arruinados na Queda, de modo que precisam ser redimidos. A Redenção começa nesta vida por meio da morte e ressurreição de Jesus. Começa em nós com o novo nascimento, o perdão dos pecados e a justificação; segue com a santificação; e chega à consumação na vinda de Cristo.

Até as alegrias de crentes falecidos na presença de Cristo, embora maiores do que qualquer coisa conhecida nesta vida (Fp 1.12), são incompletas. Essas alegrias destinam-se a transbordar em expressão física por meio de corpos gloriosos, com louvor intenso e obediência jubilosa. Embora a essência de nosso louvor e obediência seja *interior*, sua consumação é *exterior*. Embora as excelências *espirituais* de Cristo sejam a fonte suprema de nossa alegria, as manifestações físicas dessas excelências por meio da criação material, incluindo seu corpo glorioso e um novo mundo, fazem parte do plano de Deus para a glorificação plena de seu Filho.

Sem dúvida, o aperfeiçoamento do nosso espírito no céu, depois da morte e antes da segunda vinda, é uma experiência importante, gloriosa e cheia de alegria, muito acima de qualquer alegria no mundo presente. O livro de Hebreus descreve os santos no céu como "os espíritos dos justos *aperfeiçoados*" (Hb 12.23). Crentes em Jesus nunca pecarão novamente depois da morte. Seremos aperfeiçoados moral e espiritualmente. Por isso, Paulo não foi insensato ao dizer: "[tenho] o desejo de partir e estar com Cristo" (Fp 1.23), nem ao afirmar: "Estamos em plena confiança, preferindo deixar o corpo e habitar com o Senhor" (2Co 5.8).

Entretanto, ser um espírito sem corpo e sem pecado no céu com Cristo não era o maior desejo de Paulo. Essa experiência de nunca pecar e estar com Cristo no céu será tremendamente melhor do que qualquer experiência na terra. Gloriosamente melhor. Porém, esse não é o alvo. Não é o melhor de Deus. Não é a consumação da Redenção. Quando Paulo gemia com as misérias desta era caída, não sonhava principalmente em *escapar* de um corpo sofredor. Sonhava com um corpo redimido: "E não somente ela [a criação], mas também nós, que temos as primícias do Espírito, igualmente gememos em nosso íntimo, *aguardando a adoção de filhos, a redenção do nosso corpo*" (Rm 8.23). Essa ansiosa esperança dizia respeito à segunda vinda.

PREDESTINADOS PARA SEREM SEMELHANTES AO FILHO DE DEUS — CORPORALMENTE

Desde toda a eternidade, o plano de Deus tem sido que a glória de sua graça seja louvada (Ef 1.4-6) pelo coração e corpo de um povo redimido. Deus planejou que esse louvor genuíno, encarnado, seja digno da grandeza de seu Filho. Ele assegurou esse louvor digno ao predestinar seu povo para ser conformado a Cristo — refletir e compartilhar a glória de seu Filho. "Aos que de antemão [Deus] conheceu, também os predestinou para *serem conformes à imagem de seu Filho*, a fim de que ele seja o primogênito entre muitos irmãos" (Rm 8.29). Essa conformação à imagem de seu Filho torna possível os cristãos refletirem e louvarem a glória de Cristo como devem.

A palavra "conformes" (συμμόρφους) é usada em apenas mais um texto do Novo Testamento. "Aguardamos um Salvador, o Senhor Jesus Cristo, que transformará o nosso corpo humilde para *ser conformado* [σύμμορφον] ao corpo de sua glória, pelo poder que o capacita até a sujeitar a si todas as coisas" (Fp 3.20-21, tradução minha). Isso significa que a conformação predestinada à imagem do Filho em Romanos 8.29 inclui a conformação ao *corpo* de Cristo. Isso fazia parte do grande plano eterno; uma vez que, sem corpos gloriosos semelhantes ao de Cristo, não poderíamos refletir ou expressar adequadamente a glória de Cristo.

Brilharemos como o sol na vinda de Cristo

Na manifestação de Cristo, o corpo do crente mais humilde, mais modesto, mais desfigurado, mais incapacitado, mais desprezado e mais rejeitado será semelhante ao glorioso corpo de Cristo. Como será isso? Eis um quadro do Cristo ressurreto, pintado para nós com as palavras do apóstolo João:

> Vi [...] um semelhante a filho de homem, com vestes talares e cingido, à altura do peito, com uma cinta de ouro. A sua cabeça e cabelos eram brancos como alva lã, como neve; os olhos, como chama de fogo; os pés, semelhantes ao bronze polido, como que refinado numa fornalha; a voz, como voz de muitas águas. Tinha na mão direita sete estrelas, e da boca saía-lhe uma afiada espada de dois gumes. O seu rosto brilhava como o sol na sua força (Ap 1.12-16).

Quando Paulo diz que seremos conformados à imagem do Filho (Rm 8.29) e que seremos transformados para que tenhamos um corpo semelhante ao corpo glorioso de Cristo (Fp 3.21), ele quer comunicar, pelo menos, o mesmo pensamento que Jesus comunicou quando disse: "Os justos resplandecerão como o sol, no reino de seu Pai" (Mt 13.43).

Pense nos cristãos normais que você conhece e imagine-os resplandecendo como o sol — tão brilhantes que você não consegue olhar para eles sem os novos olhos da ressurreição. C. S. Lewis nos pede para imaginarmos essa cena, tanto em relação aos crentes quanto em relação aos incrédulos, e qual efeito isso teria em nossa vida:

> É algo sério [...] lembrar que a pessoa mais sem graça e desinteressante com quem você possa conversar talvez venha a ser, um dia, uma criatura que, se você a visse agora, se sentiria fortemente tentado a adorar ou, então, um horror e uma corrupção tal como algo que você conhece agora apenas em pesadelos. Durante todo o dia, em algum grau, estamos ajudando uns aos outros a chegar a um desses destinos. É à luz dessas possibilidades impressionantes, é com a reverência e a circunspeção apropriadas a elas que devemos conduzir todos os nossos relacionamentos, todas as amizades, todos os amores, toda a diversão, toda a política. Não há pessoas *ordinárias*. Você nunca conversou com um mero mortal. Nações, culturas, artes, civilizações — essas são mortais, e a vida delas é como a vida de um mosquito se comparada à nossa. Todavia, as pessoas com quem rimos, trabalhamos, casamo-nos, que humilhamos e exploramos são imortais — horrores imortais ou esplendores imortais.[4]

Semelhantes a Cristo — para sempre

O nosso novo corpo não apenas será inimaginavelmente glorioso, como também imortal, pois Cristo é imortal. "Estive morto, mas eis que estou vivo pelos séculos dos séculos" (Ap 1.18). "Sabedores de que, havendo Cristo ressuscitado dentre os mortos, já não morre; a morte já não tem domínio sobre ele" (Rm 6.9). E estamos destinados a ser semelhantes a ele. Por isso, Jesus disse: "Todo o que vive e crê em mim não morrerá,

---

4 C. S. Lewis, "The Weight of Glory", em *C. S. Lewis: Essay collection and other short pieces* (Londres: HarperCollins, 2000), p. 105 [edição em português: *O Peso da Glória* (Rio de Janeiro: Thomas Nelson, 2017)].

eternamente" (Jo 11.26). "Deus nos deu a vida eterna; e esta vida está no seu Filho" (1Jo 5.11).

O corpo dos que estiverem vivos precisa ser mudado radicalmente

Esse novo corpo imortal e ressurreto será radicalmente diferente do corpo que é colocado no túmulo ou do corpo que estiver vivo quando Jesus vier. Se estivermos vivos ou mortos na segunda vinda de Cristo, passaremos por uma mudança profunda. Paulo assegura prontamente aos que estiverem vivos na vinda do Senhor que eles experimentarão a mesma transformação que os mortos. É por isso que Paulo diz: "Eis que vos digo um mistério: *nem todos dormiremos* [morreremos], *mas transformados seremos todos*" (1Co 15.51). Em outras palavras, até os vivos serão mudados. Não são somente os mortos que precisam dessa mudança (por causa da decomposição óbvia pela qual passam), mas todos os crentes precisam de uma mudança radical.

O corpo que temos agora não é um corpo glorificado. Mas ele o será. Tem de ser; pois, do contrário, não seremos adequados à glória dos novos céus e da nova terra. Paulo expõe a novidade radical do corpo "mudado" — o corpo da ressurreição que, segundo ele, até os vivos receberão:

> Pois assim também é a ressurreição dos mortos. Semeia-se o corpo na corrupção, ressuscita na incorrupção. Semeia-se em desonra, ressuscita em glória. Semeia-se em fraqueza, ressuscita em poder. Semeia-se corpo natural, ressuscita corpo espiritual. Se há corpo natural, há também corpo espiritual (1Co 15.42-44).

Incorruptível. Glorioso. Poderoso. Espiritual. A expressão "corpo espiritual" não é um oxímoro. Jesus havia dito claramente que ele não era um mero "espírito" quando ressuscitou dos mortos. "Um espírito não tem carne nem ossos, como vedes que eu tenho" (Lc 24.39). *Espiritual* não significa etéreo e sem corpo. Significa misteriosamente ajustado a um novo nível de existência em que o Espírito Santo transforma toda a fisicalidade para ser seu habitat perfeito, com poderes que não podemos imaginar agora. Depois de sua ressurreição, Jesus parecia ir e vir de maneiras que desafiam explicações (Lc 24.31; Jo 20.26). Assim também será o nosso "corpo espiritual", ou seja, inexplicável para a nossa mente presente.

Ser conformado a Cristo é tanto moral quanto físico

Embora Filipenses 3.20-21 e 1 Coríntios 15.50-53 focalizem a transformação de nosso corpo por ocasião da vinda de Cristo, essa transformação também incluirá *coração* e *mente*. Isso estava, certamente, implícito em Romanos 8.29: "Aos que de antemão conheceu, também os predestinou para serem conformes à imagem de seu Filho, a fim de que ele seja o primogênito entre muitos irmãos". O objetivo de Deus não é semelhança física. Seu alvo são visões compartilhadas da realidade e avaliações comuns da verdade, beleza e valor — em especial, uma visão e amor de Deus compartilhados. Em outras palavras, o propósito de Deus em mudar-nos e fazer-nos estar numa conformidade isenta de pecado com Cristo é tanto físico quanto espiritual.

Essa transformação espiritual atinge o clímax na segunda vinda, quando seremos totalmente aperfeiçoados. A mudança começa nesta vida. "Todos nós, com o rosto desvendado, contemplando, como por espelho, a glória do Senhor, somos transformados, de glória em glória, na sua própria imagem, como pelo Senhor, o Espírito" (2Co 3.18). Depois, se morrermos, o nosso espírito é aperfeiçoado no céu, na presença de Cristo (Hb 12.23). Por fim, na segunda vinda de Cristo, a transformação é completada. Cristo aperfeiçoa o nosso corpo e restaura o nosso espírito aperfeiçoado a esse corpo ressurreto, no qual ele acha seu propósito pleno de expressão visível, audível, palpável.

Vemos a consumação de nossa alma transformada em 1 João 3.1-3 e Colossenses 3.3-5.

Quando Cristo se manifestar, seremos semelhantes a ele

Primeiramente, considere 1 João 3.1-3:

> Vede que grande amor nos tem concedido o Pai, a ponto de sermos chamados filhos de Deus; e, de fato, somos filhos de Deus. Por essa razão, o mundo não nos conhece, porquanto não o conheceu a ele mesmo. Amados, agora, somos filhos de Deus, e ainda não se manifestou o que haveremos de ser. Sabemos que, *quando ele se manifestar, seremos semelhantes a ele*, porque haveremos de vê-lo como ele é. E a si mesmo se purifica todo o que nele tem esta esperança, assim como ele é puro.

Notoriamente, assim como a transformação *progressiva* acontece nesta vida ao contemplarmos "a glória do Senhor" (em especial, em seu Evangelho — 2Co 3.18; 4.4-6), a transformação *instantânea* acontecerá quando contemplarmos a Deus na vinda de seu Filho, Jesus Cristo. É verdade que "quando ele *se manifestar*" refere-se mais naturalmente a "Deus" nesse parágrafo, e não primeiramente a Cristo. João, entretanto, nos relatou o que Jesus disse: "Quem me vê a mim vê o Pai" (Jo 14.9). E sabemos que João se referia à segunda vinda de Cristo em 1 João 2.28 com as mesmas palavras que usa para se referir à manifestação *de Deus* em 1 João 3.2 ("quando ele se manifestar" — ἐὰν φανερωθῇ). Portanto, é provável que, em 1 João 3.2, o apóstolo esteja se referindo à segunda vinda como uma manifestação do Cristo ressurreto e de Deus nele.

Quando o virmos face a face, "seremos semelhantes a ele". A transformação será completa quando a visão da glória de Cristo for completa. A razão pela qual acredito que essa transformação inclui a transformação moral e espiritual de nosso coração e de nossa mente é a forma como João conecta os versículos 2 e 3. Depois de se referir à nossa esperança de ver Cristo em sua vinda e sermos mudados em sua semelhança, João diz: "E a si mesmo se purifica todo o que nele tem esta esperança, assim como ele é puro" (1Jo 3.3). A lógica é esta: se esperamos ser mudados para sermos semelhantes a ele em sua vinda, nós nos engajaremos nessa mudança agora mesmo. A mudança que João menciona é a *pureza*. Deduzo, portanto, que a mudança a ser consumada na segunda vinda é tanto moral quanto física. Seremos tornados livres de todo defeito moral e espiritual.

Seremos manifestados com Cristo em glória

Paulo expressa a mesma lógica em Colossenses 3.3-5:

> Porque morrestes, e a vossa vida está oculta juntamente com Cristo, em Deus. Quando Cristo, que é a nossa vida, se manifestar, então, vós também sereis manifestados com ele, em glória. Fazei, pois, morrer a vossa natureza terrena: prostituição, impureza, paixão lasciva, desejo maligno e a avareza, que é idolatria.

Quando Cristo vier, a verdadeira forma dos crentes será exposta. Paulo diz, em Romanos 8.19, que toda a criação está esperando por isso: "A ardente expectativa da criação aguarda a revelação dos filhos de Deus". Naquele Dia, seremos glorificados como Cristo é glorioso. Então, na conexão entre os versículos 4 e 5 de Colossenses 3, temos a mesma lógica de 1 João 3.2-3: *portanto*, visto que vocês serão glorificados perfeitamente na vinda de Cristo, mortifiquem a impureza (Cl 3.5). Em outras palavras, porque vocês estão destinados a ser aperfeiçoados em pureza na vinda de Cristo, procurem acabar com toda impureza agora. Isso significa que o aparecimento de Cristo em glória realizará não somente a perfeição física, mas também a perfeição moral de seu povo. O que tem sido progressivo nesta vida será consumado na vinda do Senhor.

TODO OBSTÁCULO À ADMIRAÇÃO SERÁ REMOVIDO

Em conclusão, retorno à preocupação levantada no início deste capítulo. Se o principal elemento da vinda de Cristo é a glória de Cristo magnificada na admiração de seu povo (2Ts 1.10), como essa admiração será digna da grandeza de Cristo, uma vez que as nossas capacidades para admirar estão danificadas pela obscuridade de nossa visão espiritual, pela fraqueza de nossas afeições e a corrupção remanescente em nosso coração caído? E como admiraremos a glória da graça justificadora *e santificadora*, se o nosso pecado é apenas perdoado, mas não extinto?

A resposta é que "*transformados seremos todos*, num momento, num abrir e fechar de olhos, ao ressoar da última trombeta. A trombeta soará, os mortos ressuscitarão incorruptíveis, e nós seremos transformados" (1Co 15.51-52). Seremos conformados plenamente a Cristo. Isso incluirá corações imaculados e corpos perfeitos. Nenhuma de nossas capacidades de admirar será inibida por obscuridade, fraqueza, pecado ou impedimentos físicos. Nada restringirá a alegria da adoração. Não existirá nenhuma restrição na expressão corporal dessa adoração. A glória de Cristo será a realidade suprema daquele Dia, e ele será glorificado na alegria irrestrita de nossa admiração.

Portanto, não precisamos nos preocupar com as imperfeições que nos incomodam agora, como se fossem capazes de frustrar nossa alegria e o nosso louvor naquele Dia. Não frustrarão. Essa é uma promessa gloriosa e constitui mais uma razão para amarmos a vinda do Senhor.

CAPÍTULO 8

JESUS NOS LIVRARÁ DA IRA DE JESUS?

O Novo Testamento não trata o Dia vindouro de Juízo como se os cristãos não precisassem de livramento naquele Dia. Em vez disso, o Novo Testamento promete ira aterrorizante e proteção preciosa. A segunda vinda de Cristo trará tanto o julgamento quanto o livramento. Por mais terrível que aquele Dia seja, não destruirá os que estão em Cristo. Os cristãos são aqueles que, "deixando os ídolos, [...] se converteram a Deus, para servir o Deus vivo e verdadeiro e para aguardar dos céus o seu Filho, a quem ele ressuscitou dentre os mortos, a saber, *Jesus, que nos livra da ira vindoura*" (1Ts 1.9-10, NAA). Servimos ao Deus vivo, vemos a ira se aproximando, aguardamos ansiosamente nosso Libertador, Jesus Cristo, e, com tremor, amamos a sua vinda.

DIA DE JUÍZO

Muito frequentemente, quando o Novo Testamento se refere a um "Dia de Juízo", alude a um período não especificado em que Deus realizará e completará seu justo acerto de contas com os que têm suprimido a verdade de sua glória e rejeitado suas ofertas de misericórdia. A palavra "dia" não limita o tempo de julgamento a um dia de 24 horas. Podemos ver isso mais claramente na memorável expressão da doxologia em 2 Pedro 3.18: "A ele seja a glória, tanto agora como no *dia eterno*". Pedro pode ter sido influenciado a usar essa expressão ("dia eterno") porque, alguns versículos antes, ele havia dito: "Para o Senhor, um dia é como mil anos, e mil anos, como um dia" (2Pe 3.8). Logo, esse "dia" parece eterno ou atemporal.

Portanto, quando falo de nosso livramento "da ira vindoura" ou de nossa salvação no "dia de julgamento", deixo espaço nesse tempo de ira e nesse "dia" de julgamento para todos os atos bíblicos de Deus que se enquadram na categoria de julgamentos finais, independentemente do tempo que os separe. Comumente, os autores bíblicos falam de vários eventos futuros separados como se fossem um único bloco, sem qualquer tempo específico entre os eventos — como se víssemos várias cadeias de montanhas indistintamente como uma única cordilheira.[1] Não estou tentando distinguir todos esses diferentes atos de julgamento, já que o Novo Testamento fala muito frequentemente em termos gerais sobre o julgamento vindouro, em vez de pausar para distinguir os aspectos do julgamento que podem estar separados por algum tempo.

Considere, por exemplo, os vários eventos associados ao Dia de Juízo no Novo Testamento:

> Se alguém não vos receber, nem ouvir as vossas palavras, ao sairdes daquela casa ou daquela cidade, sacudi o pó dos vossos pés. Em verdade vos digo que menos rigor haverá para Sodoma e Gomorra, no *Dia do Juízo*, do que para aquela cidade (Mt 10.14-15).

> Ai de ti, Corazim! Ai de ti, Betsaida! Porque, se em Tiro e em Sidom se tivessem operado os milagres que em vós se fizeram, há muito que elas se teriam arrependido com pano de saco e cinza. E, contudo, vos digo: no *Dia do Juízo*, haverá menos rigor para Tiro e Sidom do que para vós outras (Mt 11.21-22).

---

1 Por exemplo, quando Isaías vocalizou as palavras do Messias, citadas por Jesus em Lucas 4.18-19, não fez distinção entre o "o ano aceitável do SENHOR" e "o dia da vingança do nosso Deus". Isaías escreveu: "O Espírito do SENHOR Deus está sobre mim, porque o SENHOR me ungiu para pregar boas-novas aos quebrantados, enviou-me a curar os quebrantados de coração, a proclamar libertação aos cativos e a pôr em liberdade os algemados; *a apregoar o ano aceitável do SENHOR e o dia da vingança do nosso Deus*" (Is 61.1-2). Quando Jesus citou isso como se cumprindo em seu ministério, parou exatamente antes das palavras "e o dia da vingança do nosso Deus". Esse "dia da vingança" era parte da vinda do Messias, mas não em sua primeira vinda. O que Isaías viu como um único bloco de eventos envolvia séculos de separação. Semelhantemente, quando Isaías profetizou a vinda de Cristo, ele viu o nascimento e o governo do Rei em um vislumbre único: "Porque um menino nos nasceu, um filho se nos deu; o governo está sobre os seus ombros; e o seu nome será: Maravilhoso Conselheiro, Deus Forte, Pai da Eternidade, Príncipe da Paz; para que se aumente o seu governo, e venha paz sem fim sobre o trono de Davi e sobre o seu reino, para o estabelecer e o firmar mediante o juízo e a justiça, desde agora e para sempre. O zelo do SENHOR dos Exércitos fará isto" (Is 9.6-7). Essa "perspectiva profética", como Ladd a chamou, é útil para entendermos como os escritores do Novo Testamento viam a relação entre eventos próximos e distantes no futuro (George Eldon Ladd, *A Theology of the New Testament* [Grand Rapids: Eerdmans, 1974], p. 198 [edição em português: *Teologia do Novo Testamento*, ed. rev. (São Paulo: Hagnos, 2003]). Para mais considerações sobre a "perspectiva profética", veja o capítulo 7, nota 2.

Dissertando ele acerca da justiça, do domínio próprio e do *Juízo vindouro*, ficou Félix amedrontado e disse: Por agora, podes retirar-te, e, quando eu tiver vagar, chamar-te-ei (At 24.25).

Ou desprezas a riqueza da sua bondade, e tolerância, e longanimidade, ignorando que a bondade de Deus é que te conduz ao arrependimento? Mas, segundo a tua dureza e coração impenitente, acumulas contra ti mesmo ira para *o dia da ira e da revelação do justo juízo de Deus* (Rm 2.4-5).

É porque o Senhor sabe livrar da provação os piedosos e reservar, sob castigo, os injustos para o *Dia de Juízo* (2Pe 2.9).

Ora, os céus que agora existem e a terra, pela mesma palavra, têm sido entesourados para fogo, estando reservados para o *Dia do Juízo* e destruição dos homens ímpios (2Pe 3.7).

Nisto é em nós aperfeiçoado o amor, para que, no Dia do Juízo, mantenhamos confiança; pois, segundo ele é, também nós somos neste mundo (1Jo 4.17).

E disseram aos montes e aos rochedos: Caí sobre nós e escondei-nos da face daquele que se assenta no trono e da ira do Cordeiro, porque *chegou o grande Dia da ira deles*; e quem é que pode suster-se? (Ap 6.16-17)

ELE NOS LIVRARÁ DA IRA VINDOURA

Sob o prisma desse contexto de julgamento vindouro, a segunda vinda de Cristo é retratada como um resgate de seu povo. Ele está vindo para nos salvar da ira de Deus. Nós aguardamos "dos céus o seu Filho, a quem ele ressuscitou dentre os mortos, Jesus, *que nos livra da ira vindoura*" (1Ts 1.10). As predições do Dia de Juízo prenunciam um perigo iminente. Paulo diz que se trata da ira de Deus e que Cristo está vindo para nos resgatar desse perigo. Pedro afirma que o povo de Deus está sendo guardado "pelo poder de Deus, mediante a fé, *para a salvação* preparada para revelar-se no último tempo" (1Pe 1.5). Hebreus 9.8 diz: "Cristo, tendo-se oferecido uma vez para sempre para tirar os pecados de muitos, aparecerá segunda vez, sem pecado, *aos que o aguardam para a salvação*". Romanos 5.9-10 descreve a morte de Cristo não somente como a realização de nossa justificação passada, mas também como a garantia desse futuro livramento da ira de Deus:

> Logo, muito mais agora, sendo justificados pelo seu sangue, *seremos por ele salvos da ira*. Porque, se nós, quando inimigos, fomos reconciliados com Deus mediante a morte do seu Filho, muito mais, estando já reconciliados, *seremos salvos pela sua vida*.

Em 1 Tessalonicenses 5, Paulo deixa claro que esse perigo da ira de Deus vem no "dia do Senhor" — a vinda de Cristo:

> Vós mesmos estais inteirados com precisão de que *o Dia do Senhor* vem como ladrão de noite. Quando andarem dizendo: Paz e segurança, *eis que lhes sobrevirá repentina destruição*, como vêm as dores de parto à que está para dar à luz; e de nenhum modo escaparão. Mas vós, irmãos, não estais em trevas, para que esse Dia como ladrão vos apanhe de surpresa; porquanto vós todos sois filhos da luz [...] *porque Deus não nos destinou para a ira*, mas para alcançar a salvação mediante nosso Senhor Jesus Cristo, que morreu por nós para que, quer vigiemos, quer durmamos, vivamos em união com ele. (5.2-5, 9-10).

O versículo 9 esclarece que a "repentina destruição" mencionada no versículo 3 é a ira divina, a qual, porém, não sobrevirá aos "filhos da luz" destrutivamente (como um ladrão). "Porque Deus não nos destinou para a ira." Ansiosamente, aguardamos "dos céus o seu Filho [...] que nos livra da ira vindoura" (1Ts 1.10).

Jesus livra da ira de Jesus

Mas, se não formos cuidadosos, podemos conceber nosso livramento da ira na segunda vinda de uma maneira que distorce gravemente a realidade. Seria uma distorção se pensássemos em Deus derramando sua ira e em seu Filho nos guardando misericordiosamente da ira do Pai. Seria um erro sério contrapor a misericórdia do Filho à ira do Pai, como se Deus fosse o punidor justo e Cristo o resgatador misericordioso.

Na verdade, a realidade é totalmente diferente. Não é como se o julgamento divino estivesse em andamento e Jesus aparecesse para intervir. Jesus mesmo desencadeia o julgamento e o realiza. Jesus é o juiz. Ele traz julgamento. Ao afirmar que "Jesus [...] nos livra da ira vindoura" (1Ts 1.10), a implicação surpreendente é que Paulo quer dizer: "Jesus nos livra da ira de Jesus". Isso se tornará óbvio quando examinarmos várias passagens bíblicas.

A "ira deles"

No livro de Apocalipse, João fala não somente da ira de Deus na vinda de Cristo, mas também da ira do Cordeiro:

> Os reis da terra, os grandes, os comandantes, os ricos, os poderosos e todo escravo e todo livre se esconderam nas cavernas e nos penhascos dos montes e disseram aos montes e aos rochedos: Caí sobre nós e escondei-nos da face daquele que se assenta no trono e da *ira do Cordeiro*, porque chegou o grande Dia da *ira deles*; e quem é que pode suster-se? (6.15-17)

Não faz sentido Deus ser furioso e o Cordeiro ser fraco. Certamente, esse Cordeiro foi morto, mas agora ele tem "sete chifres" (Ap 5.6). Não se deve brincar com ele. Sua vinda será aterrorizante para todos os que não aceitaram a sua primeira obra sacrificial, enquanto Cordeiro (Ap 5.9-10). A ira é a "ira *deles*" (Ap 6.17).

O Pai confiou o julgamento ao Filho

É a "ira deles" e o julgamento *deles* porque o Filho encarnado — o Filho do Homem — está agindo com a autoridade do Pai:

> O Pai a ninguém julga, mas ao Filho confiou todo julgamento, a fim de que todos honrem o Filho do modo por que honram o Pai... Porque assim como o Pai tem vida em si mesmo, também concedeu ao Filho ter vida em si mesmo. E lhe deu autoridade para julgar, porque é o Filho do Homem (Jo 5.22-23, 26-27).

Há uma conveniência especial em Jesus ser o juiz do mundo. Jesus é aquele que veio ao mundo, amou o mundo e se entregou pela salvação do mundo. Há uma conveniência especial no fato de aquele que foi julgado pelo mundo e executado pelo mundo ser o juiz do mundo.

O mundo será julgado por um homem

Parece que Paulo tem essa mesma conveniência em mente quando diz que um homem foi constituído como o juiz do mundo por haver ressuscitado dos mortos:

> Ora, não levou Deus em conta os tempos da ignorância; agora, porém, notifica aos homens que todos, em toda parte, se arrependam; porquanto estabeleceu um dia em que há de julgar o mundo com justiça, por meio de um varão que destinou e acreditou diante de todos, ressuscitando-o dentre os mortos (At 17.30-31).

Ao pregar na casa de Cornélio, Pedro diz o mesmo: "[Cristo] nos mandou pregar ao povo e testificar que *ele é quem foi constituído por Deus Juiz de vivos e de mortos*" (At 10.42). Paulo ecoa a mesma convicção em 2 Timóteo 4.1-2: "Conjuro-te, perante Deus e Cristo Jesus, *que há de julgar vivos e mortos*, pela sua manifestação e pelo seu reino: prega a palavra, insta, quer seja oportuno, quer não, corrige, repreende, exorta com toda a longanimidade e doutrina". Tiago viu também o Cristo vindouro como o juiz vindouro: "Fortalecei o vosso coração, pois a vinda do Senhor está próxima [...] Eis que o juiz está às portas" (Tg 5.8-9).

Jesus, o Senhor, o cortará ao meio

Talvez as mais impressionantes ilustrações da vinda de Cristo em ira, como juiz, são as que ele mesmo pintou em suas parábolas. Por exemplo, ele retrata a si mesmo como um "senhor" que coloca os seus servos na administração de sua casa. Em seguida, Jesus retrata o senhor retornando, depois de se ausentar por algum tempo:

> Mas, se aquele servo, sendo mau, disser no seu coração: Meu senhor demora-se, e começar a espancar os seus companheiros, e a comer, e beber com os ébrios, virá o senhor daquele servo no dia em que este o não espera e na hora que não sabe, e *cortá-lo-á pelo meio, e pô-lo-á com os ímpios*; ali haverá o choro e o ranger de dentes. (Mt 24.48-51, TB).

É uma parábola. Todavia, o retrato parabólico de Jesus cortando ao meio um servo infiel é uma cena terrível de julgamento. E o próprio Jesus é o juiz.

Jesus ordena a execução

Semelhantemente, na parábola das dez minas Jesus se retrata como um homem nobre que retorna de um país distante, depois de haver recebido um reino (Lc 19.12-15). Antes de partir, uma delegação de "seus conci-dadãos" dissera: "Não queremos que este reine sobre nós" (Lc 19.14). Quando o homem retorna e recebe prestação de contas de todos os seus administradores, ele se volta para a delegação rebelde e diz: "Quanto, porém, a esses meus inimigos, que não quiseram que eu reinasse sobre eles, trazei-os aqui e executai-os na minha presença" (Lc 19.27). Essa é a ira do Cordeiro.

Jesus envia os anjos de destruição

Eis mais uma parábola que mostra Jesus como juiz e como Cordeiro irado. A parábola das sementes descreve um homem semeando boa semente em seu campo, mas um inimigo semeia, à noite, o joio. Trigo e joio, portanto, são cultivados juntos. O Senhor da colheita diz: "Deixai-os crescer juntos até à colheita, e, no tempo da colheita, direi aos ceifeiros: ajuntai primeiro o joio, atai-o em feixes para ser queimado; mas o trigo, recolhei-o no meu celeiro" (Mt 13.30).

Em seguida, Jesus dá a interpretação (Mt 13.36-43). A boa semente foi semeada pelo Filho do Homem. O joio foi semeado pelo diabo. Jesus descreve assim a colheita:

> Mandará o Filho do Homem os seus anjos, que ajuntarão do seu reino todos os escândalos e os que praticam a iniquidade e os lançarão na fornalha acesa; ali haverá choro e ranger de dentes. Então, os justos resplandecerão como o sol, no reino de seu Pai. Quem tem ouvidos, ouça (Mt 13.41-43).

O Filho do Homem envia os anjos em julgamento e ira. Contudo, ele faz os justos resplandecerem como o sol.

Perplexidade de uma vinda misericordiosa e de uma vinda irada

Nenhuma dessas parábolas ou ilustrações surpreendeu os discípulos. Era esperado que o Messias fizesse essas coisas aos inimigos de Israel. João Batista expressou a expectativa comum dos judeus da qual todos os discípulos compartilhavam a princípio:

> Disse João a todos: Eu, na verdade, vos batizo com água, mas vem o que é mais poderoso do que eu, do qual não sou digno de desatar-lhe as correias das sandálias; ele vos batizará com o Espírito Santo e com fogo. A sua pá, ele a tem na mão, para limpar completamente a sua eira e recolher o trigo no seu celeiro; porém queimará a palha em fogo inextinguível (Lc 3.16-17).

Essa ilustração da salvação (no seu celeiro) e do julgamento (em fogo) realizados pelo Messias não era diferente do que Jesus descreveu. O que era surpreendente e, a princípio, incompreensível para João e os discípulos era que essa ira e julgamento empreendidos pelo Messias não aconteceriam aqui e agora. O fato de que haveria um intervalo significativo entre a primeira e a segunda vinda não era o que eles esperavam e era quase incompreensível, até que começaram a assimilar que Jesus lhes dera indicativos importantes.

Quais indicativos? Jesus retrata o servo perverso justificando seus maus-tratos aos conservos, dizendo: "Meu senhor *demora-se*" (Mt 24.48). Na parábola das dez virgens, Jesus diz: "*Tardando* o noivo..." (Mt 25.5). Na parábola dos talentos, Jesus diz: "*Depois de muito tempo*, voltou o senhor daqueles servos e ajustou contas com eles" (Mt 25.19). Na parábola das dez minas, Jesus diz que o homem nobre "partiu para uma terra *distante*, com o fim de tomar posse de um reino" (Lc 19.12). Ele disse isso porque parecia aos discípulos que "o reino de Deus havia de manifestar-se imediatamente" (Lc 19.11). E, quando Jesus descreve alguns eventos que ocorrerão antes de sua segunda vinda, ele diz: "Certamente, ouvireis falar de guerras e rumores de guerras; vede, não vos assusteis, porque é necessário assim acontecer, *mas ainda não é o fim*" (Mt 24.6).

ELUCIDANDO A PERSPECTIVA PROFÉTICA DA VINDA DE JESUS

Jesus havia dado indicativos significativos de que o que João Batista e os discípulos esperavam acontecer em uma única vinda do Messias aconteceria, de fato, em duas. E a segunda vinda seria indefinidamente "atrasada" para que ninguém soubesse o dia nem a hora, exceto Deus, o Pai (Mt 24.36). Jesus estava elucidando para eles, em algum grau, a "perspectiva profética" que mencionei antes, que fala de vários eventos futuros e separados como um único bloco, não havendo nenhum tempo especificado entre eles — como se víssemos diversas cadeias de montanhas indistintamente como uma única cordilheira.[2]

---

2 Veja capítulo 8, nota 1.

Jesus, o juiz e o libertador do julgamento

O que temos visto é que o "Dia do Juízo" ou "Dia da Ira" será o Dia do Juízo e da Ira *de Jesus*, que agirá por designação de Deus, o Pai. Portanto, quando Paulo diz que Jesus "nos livra da ira vindoura" (1Ts 1.10), não devemos pensar no Filho nos resgatando da ira do Pai, mas em Jesus nos resgatando de sua própria ira, que é também a do Pai. Ele e o Pai são um (Jo 10.30). A ira vindoura é a "ira deles" (Ap 6.17). E Jesus, agindo em nome do Pai, será o libertador em sua segunda vinda.

Amando a vinda do Senhor — como juiz

Talvez alguém pergunte: "Devemos amar a vinda do Senhor Jesus como libertador *e* como juiz?" O fato de que seremos libertos da ira é um pensamento precioso. Sabemos que merecemos a ira. Éramos "filhos da ira, como também os demais" (Ef 2.3). Isto é graça maravilhosa: quando a ira de Deus vier, não seremos consumidos. Contudo, ao pensarmos em Deus julgando "os que não conhecem a Deus e [...] não obedecem ao evangelho de nosso Senhor Jesus" (2Ts 1.8), o que devemos sentir?

Devemos obedecer às convocações de Davi no Salmo 31 e deixar nosso coração ser guiado pelas suas palavras:

> Amai o Senhor, vós todos os seus santos. O Senhor preserva os
> fiéis, mas retribui com largueza ao soberbo (31.23).

Não nos deleitamos propriamente no sofrimento dos punidos. Nós nos deleitamos na justiça de Deus e na retidão de Cristo. Também nos deleitamos no fato de que este não é um universo onde o mal triunfa, mas onde todo erro será corrigido, ou por condenação na cruz de Cristo, ou por justa recompensa no inferno.

Animemo-nos agora mesmo e regozijemo-nos por não termos de carregar a preocupação final de precisarmos nos vingar. Alegremo-nos por podermos transferir o impossível peso de acertar todas as contas. O vindouro e justo julgamento de Deus livra a alma, aqui e agora, de guardar rancor e do venenoso fardo da vingança. Eis como Paulo descreve o efeito jubiloso do futuro julgamento de Deus:

> Não vos vingueis a vós mesmos, amados, mas dai lugar à ira; porque está escrito: A mim me pertence a vingança; eu é que retribuirei, diz o Senhor. Pelo contrário, se o teu inimigo tiver fome, dá-lhe de comer; se tiver sede, dá-lhe de beber; porque, fazendo isto, amontoarás brasas vivas sobre a sua cabeça. Não te deixes vencer do mal, mas vence o mal com o bem (Rm 12.19-21).

Sim, devemos amar a vinda do Senhor, mesmo quando pensamos nele vindo como um juiz. A certeza plena de que ele conhece tudo que precisa ser conhecido e não mostrará parcialidade em favor dos ímpios nos liberta para amar nossos inimigos e deixar a retribuição com o Senhor.

Como será a vinda de Jesus em ira e em livramento da ira? Essa é a pergunta para qual nos voltamos no capítulo seguinte.

CAPÍTULO 9

EM CHAMA DE FOGO, COM VINGANÇA E ALÍVIO

Como Jesus é tanto o juiz quanto o libertador? Como ele é tanto resgatador quanto punidor? A descrição mais clara desse papel duplo de Jesus em sua vinda se acha em 2 Tessalonicenses 1.5-10. Paulo elogia a igreja por causa da "constância e fé, em todas as vossas perseguições e nas tribulações que suportais". E, no versículo 5, ele interpreta essas tribulações como uma maneira de Deus tornar os crentes "dignos do reino de Deus". Em seguida, nos versículos 6 a 10, Paulo justifica essa estratégia divina ao mostrar a inversão que Deus causará no destino deles na segunda vinda:

> Isso é evidência do justo juízo de Deus, para que sejais considerados dignos do reino de Deus, pelo qual também estais sofrendo — visto que, de fato, Deus considera justo retribuir com tribulação os que vos atribulam e dar alívio a vós outros, que sois atribulados, bem como a nós, na revelação de nosso Senhor Jesus, vindo do céu, com seus anjos de poder, em chama de fogo, infligindo vingança sobre os que não conhecem a Deus e contra os que não obedecem ao evangelho de nosso Senhor Jesus. Estes sofrerão a penalidade de eterna destruição, banidos da presença do Senhor e da glória do seu poder, quando ele vier naquele dia para ser glorificado nos seus santos e ser admirado entre todos os que creram, porque o nosso testemunho foi crido entre vós. (2Ts 1.5-10, tradução minha.)

Paulo não sabe quando acontecerá a "revelação de nosso Senhor Jesus, vindo do céu" (2Ts 1.7). Não sabe se acontecerá durante o seu tempo de vida. Ele já indicou, em 1 Tessalonicenses 5.10, que pode morrer ou não: "[Cristo] morreu por nós para que, *quer vigiemos, quer durmamos,* vivamos em união com ele". Portanto, quando Paulo descreve a vinda do Senhor Jesus, possivelmente durante o tempo de vida dos próprios crentes de Tessalônica, inclui com alegria a si mesmo entre eles. Deus considera justo "dar alívio a vós outros, que sois atribulados, *bem como a nós*".

IRA E RESGATE JUNTOS

Paulo mostra, em 2 Tessalonicenses 1.6-10, que julgamento e livramento acontecem juntos na segunda vinda de Cristo. Acontecem "na revelação de nosso Senhor Jesus, vindo do céu, com os anjos do seu poder, em chama de fogo" (2Ts 1.7-8). Ou, em outras palavras, acontecem "quando ele vier naquele dia para ser glorificado nos seus santos e ser admirado entre todos os que creram" (2Ts 1.10).

Primeiramente, considere que o julgamento referido nesses versículos procede tanto de Deus quanto de Jesus. O versículo 6 diz que "*Deus* considera justo retribuir com tribulação os que vos atribulam". Foi isso que Deus decidiu. Essa é a ira de Deus. Mas a experiência real dessa ira divina acontece "*na revelação de nosso Senhor Jesus*, vindo do céu [...] em chama de fogo, infligindo vingança" (2Ts 1.7-8). Jesus é aquele que inflige "vingança". Deus é retratado como "retribuindo com tribulação" por meio da vingança infligida por Jesus. Depois, no versículo 9, esse "retribuir com tribulação" e esse infligir "vingança" são descritos como "eterna destruição, banidos da presença do Senhor e da glória do seu poder". Isso é uma descrição da "ira vindoura", da qual aguardamos livramento da parte de Jesus (2Ts 1.10). Trata-se da ira de Jesus e da ira de Deus.

Depois, considere o livramento nesses versículos. Simultâneo à ira, há o resgate da ira. Esse resgate é descrito primeiramente no versículo 7. Após afirmar que Deus considera justo retribuir os perseguidores com tribulação, Paulo diz que Deus também considera justo "dar alívio a vós outros, que sois atribulados, bem como a nós". Assim como a ira, isso também acontece na revelação do Senhor Jesus, descendo do céu, com seus anjos poderosos, em chama de fogo. É crucial percebermos isto: *tanto* a retribuição divina com tribulação *quanto* o resgate divino com alívio acontecem no mesmo evento, ou seja, "na revelação de nosso Senhor Jesus, vindo do céu [...] em chama de fogo".

Como o arrebatamento se encaixa aqui

É crucial percebermos essa vingança e alívio simultâneos para que não caiamos no erro de pensar numa *segunda* vinda em duas etapas: uma etapa (às vezes chamada de arrebatamento) para levar a igreja ao céu durante um tempo de tribulação, e a outra etapa para trazer julgamento sobre o mundo.[1] Esse texto retrata o resgate e o julgamento como inconfundivelmente simultâneos. Há realmente um arrebatamento, mas se refere a ser levado para o encontro com o Senhor nos ares, quando ele vier em julgamento (1Ts 4.17). É uma grande chegada do Senhor Jesus à Terra para o estabelecimento do seu reino. Ele não retorna para o céu, enquanto o mundo prossegue. O "alívio" que 2 Tessalonicenses 1.7 promete "na revelação de nosso Senhor Jesus" inclui esse arrebatamento. Robert Gundry destaca o que estou argumentando:

> A passagem de 2 Tessalonicenses 1.3-10 coloca o "alívio" dos cristãos em relação à perseguição na mesma vinda de Cristo em que os ímpios são julgados "em chama de fogo". Em Apocalipse 19.1-21, a vinda de Cristo estimula um quádruplo "aleluia" na própria ocasião em que ele fere "as nações" com a "espada" que "sai da sua boca". O que é bem-aventurança para alguns é julgamento para outros. Não há necessidade de separar diferentes vindas de Jesus.[2]

Em uma única vinda, retribuição e alívio

Portanto, o argumento até aqui é que, na segunda vinda, Jesus será tanto um executor de ira quanto um resgatador da ira. Há retribuição judicial e alívio misericordioso em uma única vinda gloriosa — "Quando do céu se manifestar o Senhor Jesus com os anjos do seu poder, em chama de fogo" (2Ts 1.7-8). Jesus inflige vingança, e o resultado é que os incrédulos sofrem "penalidade de eterna destruição" (2Ts 1.8-9). Ademais, Jesus dá

---

1 Para saber mais por que entendo que um arrebatamento pré-tibulacional é incorreto, veja John Piper, "Definitions and Observations of the Second Coming of Christ". Desiring God, 30 de agosto de 1987. Disponível em: https://www.desiringgod.org.

2 Bob Gundry, *First the Antichrist: Why Christ Won't Come before the Antichrist Does* (Grand Rapids: Baker, 1996), loc. 1719-24, Kindle.

alívio, e o resultado disso é que os crentes admiram a glória de Cristo em sua vinda (2Ts 1.7, 10). Há muito do que precisamos ser libertos e muito para o que precisamos ser libertos.

SERÁ QUE AS GERAÇÕES QUE JÁ MORRERAM PERDERAM A OPORTUNIDADE DE SE ADMIRAR?

Inevitavelmente surge a pergunta: uma vez que Paulo e seus contemporâneos em Tessalônica já morreram, bem como muitas outras gerações de crentes depois deles, 2 Tessalonicenses 1.5-10 é relevante para eles? A resposta é sim. Sem dúvida, essa passagem sempre se aplicará mais imediata e plenamente a cada geração de crentes vivos, enchendo-nos de amor e anelo pela vinda do Senhor Jesus. Mas é também uma passagem profundamente relevante para os que já morreram. Digo isso porque Paulo lida com essa pergunta, e sua resposta é inconfundível: sim, a ira de Jesus e o resgate de Jesus na segunda vinda são relevantes para "os que dormem" (1Ts 4.15).

Em 1 Tessalonicenses 4.13-18, Paulo explica por que esses eventos são relevantes para eles. A questão nessa passagem lida diretamente com o assunto de crentes que já morreram. "Não queremos, porém, irmãos, que sejais ignorantes com respeito aos que dormem, para não vos entristecerdes como os demais, que não têm esperança" (1Ts 4.13). Lidamos brevemente com esse texto no capítulo 7. Uma coisa surpreendente sobre essa passagem é que Paulo não consola os sobreviventes dos santos falecidos dizendo que eles estão agora com o Senhor, como poderia ter feito se repetisse as palavras de Filipenses 1.23 e 2 Coríntios 5.8.

Evidentemente, essa não era a preocupação dos cristãos sobreviventes. A preocupação deles era: "O que você diz sobre a participação de nossos amados na segunda vinda? Você nos ensinou que será o evento mais glorioso que podemos imaginar e que experimentá-lo será estupendo: o Senhor descendo, uma palavra de ordem, a voz de um arcanjo, a trombeta de Deus, anjos poderosos, chama de fogo, alívio da miséria, vingança sobre os adversários, a majestade do Senhor e corações cheios de admiração diante da glória do Senhor. Você o descreveu como um evento para os vivos, mas agora os nossos familiares estão mortos". Essa era a preocupação. Os que morreram foram excluídos da segunda vinda?

Paulo respondeu: "Não, eles não apenas não foram excluídos, mas receberão, por assim dizer, os assentos da primeira fileira e aparecerão primeiro com os seus corpos ressurretos." Isso é uma paráfrase não literal de 1 Tessalonicenses 4.16-17: "Os mortos em Cristo ressuscitarão primeiro; depois, nós, os vivos, os que ficarmos, seremos arrebatados juntamente com eles, entre nuvens, para o encontro do Senhor nos ares". Essa maneira da falar subentende o seguinte: "Não! Eles *não* serão excluídos. Eles não estão em nenhuma desvantagem".

Esse ensino tem implicações para cada geração de crentes que morrem no Senhor sem experimentar a sua vinda. Nenhum crente deveria encarar sua própria morte pensando: "Eu esperava tanto contemplar a vinda do Senhor durante meu tempo de vida; agora, eu perderei aquele grande Dia. Receberei o meu corpo ressurreto depois daqueles que estiverem vivos e admirando a gloriosa vinda do Senhor". Isso não é verdade. A experiência de admirar e glorificar a Cristo em sua vinda (2Ts 1.10) será desfrutada tão plenamente pelos que morreram quanto pelos que estiverem vivos quando esse evento acontecer. Portanto, o nosso amor pela vinda do Senhor deve nos fazer atravessar a morte e ir à presença de Cristo tanto quanto nos conduz de hoje em diante com anelo pela sua vinda. Mesmo no céu, depois da morte, antes da segunda vinda, oraremos: "Maranata", isto é, "nosso Senhor, vem!" (1Co16.22). Naquele Dia, enquanto estivermos com Cristo no céu, amaremos a vinda do Senhor mais do que já a amamos antes.

O DIA DO SENHOR AINDA NÃO CHEGOU

O que Paulo faz em seguida, no segundo capítulo de 2 Tessalonicenses, é tão incomum que podemos facilmente deixar passar a forma radicalmente pessoal como sua descrição dos últimos dias tem a intenção de intensificar nosso amor pela vinda do Senhor. Paulo faz mais do que tentar convencer as pessoas de que o Dia do Senhor ainda não chegou, a fim de que parem de abandonar seus empregos e voltem a trabalhar. Sem dúvida alguma, o apóstolo tenta convencê-las do contrário, mas, como veremos, ele faz algo mais profundo em prol do nosso amor pela vinda de Jesus.

> Irmãos, no que diz respeito à vinda de nosso Senhor Jesus Cristo e à nossa reunião com ele, nós vos exortamos a que não vos demovais da vossa mente, com facilidade, nem vos perturbeis, quer por espírito, quer por palavra, quer por epístola, como se procedesse de nós, supondo tenha chegado o Dia do Senhor. Ninguém, de nenhum modo, vos engane, porque isto não acontecerá sem que primeiro venha a apostasia e seja revelado o homem da iniquidade, o filho da perdição (2Ts 2.1-3).

O erro que Paulo tenta corrigir é a ideia de que o Dia já chegou. Todavia, ele argumenta, esse ainda não é o caso.

VOLTEM A TRABALHAR

Em 2 Tessalonicenses 3, vemos o efeito prático do erro que Paulo tenta corrigir: pessoas abandonando seus empregos e vivendo em ociosidade. Por isso, além de corrigir o engano sobre a vinda do Senhor, o apóstolo ensina à igreja como reagir aos ociosos: "Nós lhes ordenamos que se afastem de todo irmão que vive ociosamente" (2Ts 3.6, NVI). Em vez disso, "convém imitar-nos" (2Ts 3.7) — Paulo, Silvano e Timóteo (2Ts 1.1). "Nunca nos portamos desordenadamente entre vós" (2Ts 3.7). "Jamais comemos pão à custa de outrem" (2Ts 3.8). "Em labor e fadiga, de noite e de dia, trabalhamos, a fim de não sermos pesados a nenhum de vós" (2Ts 3.8). Embora pudéssemos exigir um direito apostólico (o trabalhador é digno de seu salário), escolhemos guiar pelo exemplo, não por exigências (2Ts 3.9).

Em seguida, Paulo se torna firme e específico: "Se alguém não quer trabalhar, também não coma" (2Ts 3.10). "Determinamos [...] que, trabalhando tranquilamente, comam o seu próprio pão" (2Ts 3.12). Não importa por quanto tempo a aflição perdure, e a vinda do Senhor demore, "não vos canseis de fazer o bem" (2Ts 3.13). Preencham a vida de vocês, seja ela breve ou longa, com empregos remunerados ou voluntários. Não fiquem ociosos.

Uma escatologia incorreta resultou em comportamentos inadequados. Os crentes de Tessalônica estavam errados a respeito da segunda vinda e se equivocaram na prática dos deveres comuns da vida. Um tipo de histeria se apoderara de alguns da igreja, de tal modo que Paulo precisou dizer: "Não vos demovais da vossa mente, com facilidade" (2Ts 2.2). Não sejam irracionais, perdendo a conexão com a realidade.

ENTENDENDO POR QUE PESSOAS SÃO ENGANADAS

O que chama a atenção no que Paulo faz em seguida, no entanto, é a quantidade de espaço e detalhes dedicados à "apostasia" e ao "homem da iniquidade". Se o propósito do apóstolo fosse simplesmente dizer-lhes que o Dia do Senhor ainda não havia chegado, ele poderia ter parado efetivamente em 2 Tessalonicenses 2.3: "Ninguém, de nenhum modo, vos engane, porque isto não acontecerá sem que primeiro venha a apostasia e seja revelado o homem da iniquidade" (2Ts 2.3). Ensino estabelecido. Caso encerrado. Então, voltem a trabalhar! Isso é especialmente verdadeiro à luz do versículo 5: "Não vos recordais de que, ainda convosco, eu costumava dizer-vos estas coisas?" Em outras palavras, Paulo não precisa repetir o assunto da "apostasia" e do "homem da iniquidade". Os crentes de Tessalônica sabiam dessas coisas. Ora, se Paulo já lhes recordou o fato crucial no versículo 3, por que isso não é suficiente? Qual é o alvo dos versículos 4 a 12?

Minha resposta é que o apóstolo quer chegar ao âmago de como cristãos podem evitar serem seduzidos pelo "mistério da iniquidade" (2Ts 2.7), pelo "engano de injustiça" (2Ts 2.10) e pela "eficácia de Satanás, com todo poder, e sinais, e prodígios da mentira" (2Ts 2.9). Paulo quer deixar claro que o problema fundamental é o fracasso em "acolher o amor da verdade" (2Ts 2.10). Ou, dizendo de outra maneira, o problema fundamental é substituir o amor à verdade por "deleite na injustiça" (2Ts 2.12).

Em outras palavras, esses versículos acerca da "apostasia" e "o homem da iniquidade" focalizam a insidiosa capacidade de engano desses atores e a maneira como não ser apanhado por ela. Acontece que o fator decisivo não é apenas o que *conhecemos*, mas o que *amamos*. Pessoas são atraídas pelo engano dos tempos finais não somente porque não *têm* a verdade, mas também porque não *amam* a verdade (2Ts 2.10). Isso, como veremos, se relaciona diretamente com o nosso *amor* pela vinda do Senhor.

UMA ÚNICA VINDA DE CRISTO EM 1 E 2 TESSALONICENSES

O argumento de Paulo começa em 2 Tessalonicenses 2 com uma referência "à vinda [παρουσίας] de nosso Senhor Jesus Cristo" (2.1). Paulo usa essa palavra grega traduzida aqui por "vinda" (παρουσίας) seis vezes nas epístolas aos Tessalonicenses, referindo-se à segunda vinda de Cristo (1Ts 2.19; 3.13; 4.15; 5.23; 2Ts 2.1, 8). Essa é a palavra comum do Novo Testamento para o retorno de Cristo. Nas cartas de Paulo, o termo não se refere a Cristo vir de uma maneira espiritual durante o curso regular da história. É a vinda que resulta na ressurreição dos mortos. "Nós, os vivos, os que ficarmos até à vinda [παρουσίας] do Senhor, de modo algum precederemos os que dormem [...] nós [...] seremos arrebatados juntamente com eles, entre nuvens, para o encontro do Senhor nos ares, e, assim, estaremos para sempre com o Senhor" (1Ts 4.15-17).

Essa referência a sermos "arrebatados juntamente com eles" é o que estava na mente de Paulo quando escreveu as palavras "à nossa reunião com ele" (2Ts 2.1). Portanto, a "vinda" de 2 Tessalonicenses 2.1 e a "vinda" de 1 Tessalonicenses 4.13-18 são o mesmo evento. Outra conexão entre a reunião com Cristo em 2 Tessalonicenses 2.1 e a vinda de Cristo em 1 Tessalonicenses 4.15-17 é que a palavra traduzida por "reunião com" (ἐπισυναγωγῆς) é uma forma da palavra que Jesus usou para falar de sua segunda vinda em Mateus 24.31, quando disse que o Filho do Homem "enviará os seus anjos, com grande clangor de trombeta, os quais *reunirão* [ἐπισυνάξουσιν] os seus escolhidos, dos quatro ventos, de uma a outra extremidade dos céus". Esse "reunir", anunciado por um grande clangor de trombeta, é semelhante ao ressoar da "trombeta de Deus" em 1 Tessalonicenses 4.16, que ressuscita os mortos e reúne os vivos e os mortos para se encontrarem com Cristo.

Portanto, a "vinda de nosso Senhor Jesus" mencionada por Paulo acontecerá no "Dia do Senhor" (2Ts 2.1-2). Essa é a única vinda que está na mente de Paulo em todo o texto de 1 e 2 Tessalonicenses. Então, quando o apóstolo diz em 2 Tessalonicenses 2.8: "Será, de fato, revelado o iníquo, a quem o Senhor Jesus matará com o sopro de sua boca e o destruirá pela manifestação de sua vinda [παρουσίας]", isso é uma referência à mesma vinda que ressuscita os mortos (1Ts 4.17) e traz a manifestação do Senhor Jesus, descendo do céu, "com os anjos do seu poder, em chama de fogo" (2Ts 1.7).

O QUE É A APOSTASIA?

Antes de qualquer desses eventos se realizar, Paulo diz que duais coisas têm de ocorrer: é preciso que "primeiro venha a apostasia e seja revelado o homem da iniquidade" (2Ts 2.3). O que é "apostasia" (ἀποστασία)? A palavra se refere a um afastar-se de algo anteriormente crido. É usada outra vez no Novo Testamento e se refere a judeus sendo ensinados a "apostatarem de Moisés" (ἀποστασίαν διδάσκεις ἀπὸ Μωϋσέως — At 21.21). A apostasia que Paulo tem em mente diz respeito, portanto, a cristãos professos que se afastaram de Cristo.

Paulo alude a algo que atinge um ponto culminante: algo decisivo e impactante, reconhecível como totalmente abrangente e catastrófico na igreja e no mundo. Digo isso porque a apostasia já fazia parte da experiência cristã comum. Jesus dissera que seria assim. A apostasia foi retratada por Jesus como uma parte normal da propagação do Evangelho:

> São estes os semeados em solo rochoso, os quais, ouvindo a palavra, logo a recebem com alegria. Mas eles não têm raiz em si mesmos, sendo, antes, de pouca duração; em lhes chegando a angústia ou a perseguição por causa da palavra, logo se escandalizam (Mc 4.16-17).

Se essa experiência ordinária de apostasia fosse tudo que Paulo tinha em mente, seu argumento não funcionaria. Para que seu argumento fizesse sentido, a "apostasia" tinha de referir-se a algo culminante, reconhecível como historicamente incomum.

A PREDIÇÃO DE JESUS DE QUE MUITOS APOSTATARIAM

O ensino de Jesus nos dá um vislumbre dessa apostasia. Já vimos conexões íntimas entre a linguagem de Paulo sobre a segunda vinda e a linguagem de

VEM, SENHOR JESUS!

Jesus (παρουσία — Mt 24.3, 27, 37, 39; 2Ts 2.1; 1Ts 4.15; ἐπισυναγωγῆς — 2Ts 2.1; cf. Mt 24.31). Há outras conexões ao redor da ideia de apostasia e impiedade. Considere Mateus 24.9-13:

> Então [depois do princípio das dores de parto globais que permeiam toda a história, v. 8; Rm 8.22], sereis atribulados, e vos matarão. Sereis odiados de todas as nações, por causa do meu nome. Nesse tempo, *muitos hão de se escandalizar*, trair e odiar uns aos outros;[3] levantar-se-ão muitos falsos profetas e enganarão a muitos. E, por se multiplicar a *iniquidade*, o amor se esfriará de quase todos. Aquele, porém, que perseverar até o fim, esse será salvo.

Não precisamos negar que essas coisas (tribulação, martírio, ódio aos crentes, falsos profetas, impiedade, esfriamento de amor) acontecem ao longo da história, mas é difícil escaparmos da impressão de que Jesus está apontando para uma situação em que elas atingem seu clímax.[4] A palavra "então" e a expressão "nesse tempo", nos versículos 9 e 10, indicam uma escalada incessante. Semelhantemente, a referência à impiedade sendo multiplicada parece não fazer sentido se for uma simples referência

---

3 É claro que isso acontece durante toda a história, mas a expressão "nesse tempo" parece indicar que Jesus tem em mente uma tormenta em formação que está chegando ao clímax.

4 Acho que é um erro limitar o foco de Mateus 24 aos eventos históricos que levam à destruição de Jerusalém em 70 d.C. e a incluem. O problema não é ver referências a esses eventos do século I. O problema é limitar os pensamentos de Jesus a esses eventos. Concordo com Ladd, quando ele escreve:

> Da totalidade de seu ensino [de Jesus], uma coisa fica evidente: Jesus falou tanto da queda de Jerusalém quanto de sua parousia escatológica. Cranfield sugeriu que, na opinião de Jesus, o histórico e o escatológico estão misturados e que o evento escatológico final é visto por meio da "transparência" do evento histórico imediato. O presente autor aplicou essa tese aos profetas do Antigo Testamento e descobriu que essa visão encurtada do futuro é um dos elementos essenciais da perspectiva profética. Em Amós, o Dia do Senhor é tanto um evento histórico (Am 5.18-20) quanto um evento escatológico (Am 7.4; 8.8-9; 9.5). Isaías descreve o dia histórico de visitação à Babilônia como se fosse o escatológico Dia do Senhor (Is 13). Sofonias descreve o Dia do Senhor (Sf 1.7, 14) como um desastre histórico nas mãos de um inimigo não citado (Sf 1.10-12, 16-17; 2.5-15); mas também o descreve como uma catástrofe mundial na qual as criaturas são varridas da face da terra (Sf 1.2-3), de modo que nada permanece (Sf 1.18). Essa maneira de ver o futuro expressa o ponto de vista de que, "nas crises da história, o escatológico é prenunciado. Os julgamentos divinos na história são, por assim dizer, ensaios do julgamento final, e as encarnações sucessivas do anticristo são prenúncios da última e suprema concentração da iniquidade do mal antes do fim" (C. E. B. Cranfield, *The Gospel according to St Mark: an Introduction and Commentary* [Cambridge: Cambridge University Press, 1959], p. 404). Ver George Eldon Ladd, *A Theology of the New Testament*, ed. rev., ed. D. A. Hagner (Grand Rapids: Eerdmans,1993), p. 198-99 [edição em português: *Teologia do Novo Testamento*, ed. rev. (São Paulo: Hagnos, 2003)].

a aumento e diminuição de impiedade na história. Portanto, a referência a "muitos" que "se escandalizarão" (Mt 24.20 — σκανδαλισθήσονται; cf. Mt 13.21) parece uma majoração de apostasia e rebelião, como aquela mencionada por Paulo em 2 Tessalonicenses 2.3.

Essa escalada é confirmada pela notória conexão entre as referências à "iniquidade" em 2 Tessalonicenses 2.3, 7, 8, 9 e em Mateus 24.12. Jesus diz que, "por se multiplicar a iniquidade, o amor se esfriará de quase todos". Essa referência aos "muitos" infectados pela iniquidade está correlacionada, sem dúvida, aos "muitos" que se escandalizam (Mt 24.10) e aos "muitos" que são enganados (24.11; cf. 24.5). Isso é um quadro de significativa apostasia. Paulo retoma essa ideia de iniquidade e se refere a um "mistério da iniquidade" que "já opera" (2Ts 2.7), preparando o ambiente para o final "homem da iniquidade" (2.3; cf. "o iníquo" — 2.8, 9). Ligando Jesus e Paulo ainda mais intimamente, ambos atribuem a "apostasia" ou o "escandalizar-se" aos "sinais e prodígios" enganadores (Mt 24.24; 2Ts 2.9).

Por isso, concluo que, quando Paulo diz que "a apostasia" vem primeiro, antes da vinda de Cristo, ele se refere a uma apostasia culminante, decisiva, marcante e catastrófica contra Deus, contra Cristo e contra seu povo, procedente de dentro e de fora da igreja visível: todas as nações odiando a igreja do lado de fora (Mt 24.9), e o amor esfriando do lado de dentro (24.12). Na mente de Paulo, essa será uma época discernível e limitada de apostasia dramática, um período que ainda não aconteceu.

O HOMEM DA INIQUIDADE

O outro evento que, segundo Paulo, tem de acontecer antes da vinda de Cristo é este: o homem da iniquidade deve ser revelado. "Isto não acontecerá sem que primeiro venha a apostasia *e seja revelado o homem da iniquidade*" (2Ts 2.3). Paulo nos informa pelo menos sete verdades sobre esse homem:

1) O homem de iniquidade é um "homem", um ser humano (2Ts 2.3). Não um anjo. Não um demônio.
2) Ele é quintessencialmente iníquo. É chamado "o homem da iniquidade". Esse homem se considera acima de qualquer lei.

3) Uma vez que há apenas um ser acima de toda lei — ou seja, Deus —, o que o homem da iniquidade reivindica é que ele é Deus. "O qual se opõe e se levanta contra tudo que se chama Deus ou é objeto de culto, a ponto de assentar-se no santuário de Deus, *ostentando-se como se fosse o próprio Deus*" (2Ts 2.4). Esse homem é o anticristo culminante e final, ou seja, o cristo substituto que é contra Cristo. Paulo nunca usa a palavra *anticristo*. Apenas João a usa (1Jo 2.18, 22; 4.3; 2Jo 7). Contudo, a concepção que Paulo tem do homem da iniquidade é a mesma de João a respeito do anticristo.

Quando João diz que, na última hora, "vem o anticristo" (1Jo 2.18), ele está ciente de que, em seus próprios dias, já haviam surgido muitos que tinham "o espírito do anticristo" (4.3). Nesse sentido, pode-se dizer que "muitos anticristos têm surgido" (1Jo 2.18). Semelhantemente, Paulo diz que, embora o "homem da iniquidade" esteja vindo, "o mistério da iniquidade" já está em operação (2Ts 7). Paulo pretende que entendamos que, embora as características do tempo final estejam em operação antes, a crise final, com a apostasia e o homem da iniquidade, será identificável. Haverá um momento, como Jesus diz, em que deveremos exultar e erguer a cabeça, "porque a vossa redenção se aproxima" (Lc 21.28).

4) O homem da iniquidade está destinado à perdição. Paulo o chama de "o filho da perdição" (2Ts 2.3). Seu DNA espiritual, por assim dizer, destina-o para a ruína. Ele não tem nenhum futuro, pois é quintessencialmente ímpio e já está condenado. Por conseguinte, não há nenhum pensamento de ameaça grave a Cristo e a seu reino. O homem da iniquidade perdeu a batalha antes de começá-la.

5) Embora seja um homem, ele virá no poder de Satanás. "O aparecimento do iníquo é segundo a eficácia de Satanás" (2Ts 2.9). Orquestrando esse conflito entre o homem da iniquidade e Cristo, está o arqui-inimigo de Deus.

6) Portanto, mesmo sendo um homem, ele terá poder sobrenatural. Paulo diz que esse homem terá "todo tipo de poder" (2Ts 2.9, NVI).

Com tamanho poder, ele operará sinais e maravilhas. Quando o texto bíblico chama esses poderes de "sinais e prodígios da mentira", não devemos pensar que esses sinais e prodígios não aconteçam realmente, mas que aconteçam a serviço da mentira. São milagres reais que têm o alvo de enganar (cf. Dt 13.1-3; Mt 24.24).

7) Portanto, o homem da iniquidade será incomparável em sua capacidade de enganar. "O aparecimento do iníquo é [...] com todo engano de injustiça aos que perecem" (2Ts 2.9-10). Ou, mais literalmente, "em todo engano de impiedade", porque, como veremos em seguida, ele engana ao fazer a impiedade parecer prazerosa (2Ts 2.11).

AS COISAS FICARÃO MAIS CLARAS À MEDIDA QUE ESTIVEREM MAIS PERTO DE NÓS

Não precisamos saber exatamente o que Paulo quer dizer quando diz, em 2 Tessalonicenses 2.4, que o homem da iniquidade se assenta "no santuário de Deus". Podemos ter certeza de que não se trata de uma referência limitada à destruição do templo dos judeus em 70 d.C. Podemos ter certeza disso por causa do que Paulo diz no versículo 8: "Então [quando ele não mais for restringido], será, de fato, revelado o iníquo, a quem o Senhor Jesus matará com o sopro de sua boca e o destruirá *pela manifestação de sua vinda*". Essa vinda (παρουσίας) é a vinda mencionada no versículo 1, quando Cristo reúne seus eleitos dos quatro ventos (ver 24.31). É a vinda descrita em 2 Tessalonicenses 1.7-8, quando ele vem "com os anjos do seu poder, em chama de fogo". É a vinda mencionada em 1 Tessalonicenses 2.19, 3.13 e 4.15, quando os santos serão ressuscitados, e nós seremos arrebatados para nos encontrarmos com ele nos ares. Essa apostasia e esse homem da iniquidade estão no final da era. Serão aniquilados e destruídos (ἀνελεῖ [...] καὶ καταργήσει) pela gloriosa manifestação da vinda Senhor (τῇ ἐπιφανείᾳ τῆς παρουσίας αὐτοῦ).

O lugar onde o homem da iniquidade se assentará — em Jerusalém, ou no Vaticano, ou em Genebra, ou em Salt Lake City, ou em Colorado

Springs — não é crucialmente relevante. Será no lugar onde a falsa adoração estiver mais concentrada em âmbito global. E será com a reivindicação de estar acima de toda lei — de ser Deus. Para aqueles que têm olhos para ver, os sinais serão mais claros naquele dia do que agora. "Vós, irmãos, não estais em trevas, para que esse Dia como ladrão vos apanhe de surpresa; porquanto vós todos sois filhos da luz e filhos do dia; nós não somos da noite, nem das trevas" (1Ts 5.4-5).

ADVERTÊNCIAS E ENCORAJAMENTOS

O que observamos é que, tanto no capítulo 1 quanto no capítulo 2 de 2 Tessalonicenses, Paulo adverte e encoraja. A advertência do capítulo 1 é que o Senhor Jesus está vindo "com os anjos do seu poder, em chama de fogo, tomando vingança contra os que não conhecem a Deus e contra os que não obedecem ao evangelho de nosso Senhor Jesus" (2Ts 1.7-8). Atente a essa advertência. Você certamente não quer estar no lado dos que sofrerão aquele fogo. O encorajamento do capítulo 1 é que, por meio dessa vinda em chama de fogo, o Senhor dará "alívio" àqueles que sofrem por causa de sua fidelidade a Cristo (2Ts 1.7) e, para a admiração de todos os que creram, manifestará sua glória (2Ts 1.10).

A advertência do capítulo 2 é que as sementes da apostasia do fim dos tempos já estão sendo plantadas pelo "mistério da iniquidade" (2Ts 2.7). Essa apostasia virá pela atividade de Satanás, com poder tremendo ("todo poder" — 2Ts 2.9); e Deus mesmo entregará à "operação do erro" aqueles que não têm "o amor da verdade" (2Ts 2.10-11). Por todos os meios possíveis, prepare-se não para ser parte dessa "apostasia". O encorajamento do capítulo 2 é que a personificação dessa apostasia fomentada por Satanás, o homem da iniquidade, será destruída pela manifestação da vinda do Senhor Jesus (2Ts 2.8). Não há motivos para temor: o homem da iniquidade não tem chance alguma de subverter os planos salvadores do Filho de Deus.

CORAÇÕES QUE NÃO ACOLHEM O AMOR À VERDADE

Qual deveria ser o efeito dessas advertências e desses encorajamentos, quando refletimos na "manifestação de sua vinda [τῇ ἐπιφανείᾳ τῆς παρουσίας αὐτοῦ]"? Uma resposta é esta: maior amor pela vinda do Senhor. Paulo não expressa essa ideia exatamente com essas palavras, mas examine atentamente os versículos que concluem o parágrafo sobre a apostasia, o iníquo e o mistério da iniquidade:

> A vinda do iníquo é [...] com todo engano de injustiça aos que perecem, porque não acolheram o amor da verdade para serem salvos. Por isso, Deus lhes manda uma forte ilusão, para que creiam no que é falso, a fim de que sejam condenados todos que não creram na verdade, mas tiveram prazer na injustiça (2Ts 2.9-12, tradução minha).

Essa é uma passagem extremamente importante para entendermos por que pessoas serão levadas pela apostasia. Por que serão enganadas? A resposta do versículo 10 é: "porque não acolheram o amor da verdade [τὴν ἀγάπην τῆς ἀληθείας οὐκ ἐδέξαντο]". Essa é uma forma incomum de se expressar: "acolher um amor". A ideia é a de que elas fracassaram em amar a verdade; porém, muito mais profundamente, não *quiseram* amar a verdade. A verdade não era bem-vinda em seus corações. Em outras palavras, esses corações já compartilhavam do mistério da iniquidade, uma vez que a impiedade é exatamente isso, ou seja: "eu sou minha própria verdade e nem mesmo gosto da ideia de receber verdade de outras pessoas".

Em seguida, os versículos 11 e 12 nos conduzem ainda mais profundamente ao significado do que essas pessoas realmente amam, em vez de amarem a verdade. "Deus lhes manda uma forte ilusão, *para que creiam no que é falso*, a fim de que sejam condenados todos que não creram na verdade, mas tiveram prazer na injustiça." Sem dúvida, Deus entrega esses rejeitadores da verdade a uma forte ilusão. Todavia, afinal, por que rejeitaram a verdade? O que amaram em lugar da verdade? Resposta: "tiveram prazer na injustiça". É uma questão de prazer, o que significa que essa é, em alguma medida, uma questão de amor. Ou seja, em que você acha maior prazer: na verdade ou na injustiça? O que você realmente ama? O versículo 9 diz que o engano do iníquo é um "engano de injustiça". Em outras palavras, ele engana as pessoas fazendo-as acharem mais prazer na "injustiça" do que na verdade.

É difícil não percebermos uma conexão entre o pensamento de Paulo aqui e o pensamento de Jesus na predição do fim dos tempos: "Por se multiplicar a iniquidade, o amor se esfriará de quase todos" (Mt 24.12). Corações iníquos não amarão a verdade. O amor pela verdade (e pelas pessoas) desaparece de corações que têm prazer em serem seu próprio deus, corações que se tornam sua própria lei e, portanto, amam a injustiça.

ESTRATÉGIA CRUCIAL CONTRA O MISTÉRIO DA INIQUIDADE

Minha conclusão é que o amor pela vinda do Senhor Jesus (2Tm 4.8) é uma parte essencial do amor pela verdade que Paulo tinha em mente em 2 Tessalonicenses 2.10, 12. Portanto, incentivar um amor inabalável pela vinda do Senhor é uma estratégia crucial para protegermos a nós mesmos e a nossas igrejas do mistério da iniquidade, que "já opera" (2Ts 2.7). O efeito das *advertências* de 2 Tessalonicenses 1 e 2 deve ser que tomemos toda resolução possível para impedir que nosso amor pela vinda do Senhor esfrie. E o efeito dos *encorajamentos* de 2 Tessalonicenses 1 e 2 deve ser que vejamos a poderosa e gloriosa chegada de Jesus como o triunfo sobre todos os nossos adversários. Maravilhemo-nos agora mesmo com a vinda desse Cristo triunfante e achemos mais prazer nele do que em qualquer outra coisa que este mundo possa oferecer. Amemos a sua vinda.

CAPÍTULO 10

RETRIBUINDO A CADA UM CONFORME AS SUAS OBRAS

Neste capítulo e no seguinte, procuro responder à pergunta: "como um *julgamento segundo as obras*, na vinda do Senhor, nos ajuda a amar a sua vinda?" Para responder a essa pergunta, precisamos esclarecer que haverá um julgamento como esse quando Jesus vier e qual será o papel das nossas obras naquele Dia. No capítulo 10, perguntaremos: "as obras atuam para confirmar a fé? São recompensadas?" E, em seguida, no capítulo 11, precisamos responder a esta pergunta: "levando em conta esse julgamento, como essa realidade nos ajuda a amar a vinda do Senhor?"

DEVEMOS NOS REGOZIJAR OU TEMER?

Quando cristãos aprendem de Jesus que, em sua vinda, ele "retribuirá a cada um conforme as suas obras" (Mt 16.27), somos inclinados a amar a vinda de Jesus por causa desse ensino? Ou recuamos, com medo de sua vinda? E como encaramos as palavras de Apocalipse 22.12: "Eis que venho sem demora, e comigo está o galardão que tenho para retribuir a cada um segundo as suas obras"? Isso é motivo para nos regozijarmos com a vinda do Senhor? Presumivelmente, Paulo alude ao mesmo evento quanto diz: "Importa que todos nós compareçamos perante o tribunal de Cristo, para que cada um receba segundo o bem ou o mal que tiver feito por meio do corpo" (2Co 5.10).

Os cristãos sofrerão dano na vinda de Cristo

Imagino que, se pudéssemos supor que, naquele Dia, todo cristão ouviria a mesma recomendação irrestrita ("Muito bem, servo bom e fiel" — Mt 25.21, 23), então, a perspectiva de um julgamento conforme as nossas obras seria jubilosa, e não preocupante. Contudo, como reagimos às palavras de Paulo em 2 Coríntios 5.10, texto no qual ele afirma que cada um de nós receberá sua recompensa "segundo o bem *ou o mal* que tiver feito por meio do corpo"? "Ou mal." E se formos verdadeiros cristãos, mas ficarmos muito aquém de vivermos de maneira frutífera?

Eis a descrição dos servos de Cristo em 1 Coríntios 3.11-15:

> Porque ninguém pode lançar outro fundamento, além do que foi posto, o qual é Jesus Cristo. Contudo, se o que alguém edifica sobre o fundamento é ouro, prata, pedras preciosas, madeira, feno, palha, manifesta se tornará a obra de cada um; pois o Dia [da vinda de Cristo para julgamento e resgate] a demonstrará, porque está sendo revelada pelo fogo; e qual seja a obra de cada um o próprio fogo o provará. Se permanecer a obra de alguém que sobre o fundamento edificou, esse receberá galardão; se a obra de alguém se queimar, sofrerá ele dano; mas esse mesmo será salvo, todavia, como que através do fogo.

Nesse contexto, Paulo lida mais diretamente com aqueles que edificam sobre Cristo como o fundamento verdadeiro da igreja (1Co 3.10-11). Por isso, os materiais usados na edificação se referem, mais imediatamente, aos ensinos com os quais alguém edifica. Portanto, "madeira, feno, palha" se referem, muito provavelmente, a ensinos deficientes. Possivelmente, Paulo não se refere à heresia descarada que, negando o Evangelho, evoca seu anátema em outra epístola (Gl 1.8-9). Em vez disso, ele se refere, provavelmente, ao ensino que, em alguma maneira, é errôneo, ou distorcido, ou insensato, ou irrelevante, ou mal aplicado, ou explicado imperfeitamente, ou superficial, ou mudado para adequar-se a tradições eclesiásticas não bíblicas ou mundanas.

É duvidoso, no entanto, que alguém possa edificar consistentemente a partir de um ensino deficiente e não ter problemas significativos de mundanismo na mente, bem como no coração. "A boca fala do que está cheio o coração" (Mt 12.34). Portanto, o princípio de julgamento aqui se aplica a atitudes e ações deficientes em geral, não apenas a ensinos e mestres.

Isso é confirmado quando compreendemos que a igreja é edificada, em alguma medida, por todos os crentes, e que essa edificação é feita *em amor* (Ef 4.16), não apenas *em verdade* (4.15). Amor deficiente é tão inflamável quanto ensino deficiente.

Todos ouvirão: "Muito bem"?

A pessoa de 1 Coríntios 3.15 ouvirá Jesus dizer: "Muito bem, servo bom e fiel"? De acordo com Paulo, a verdade e o valor do ensino e das obras de uma pessoa será revelado "pelo fogo; e qual seja a obra de cada um o próprio fogo o provará [...] se a obra de alguém se queimar, sofrerá ele dano; mas esse mesmo será salvo, todavia, como que através do fogo" (1Co 3.13, 15).

Entendo as palavras "sofrerá dano" como o melhor comentário explicativo de Paulo sobre o que ele quis dizer em 2 Coríntios 5.10: "Importa que [...] cada um receba segundo o bem ou o mal que tiver feito por meio do corpo". Entendo que Paulo quer dizer que o julgamento que sobrevém a um cristão pelo "mal" em sua vida é esse "sofrer dano" em 1 Coríntios 3.15. "Se a obra de alguém se queimar, sofrerá ele dano."

O "dano" que esse cristão sofrerá é a perda de uma possível recompensa que poderia ter recebido, mas não a receberá. Isso parece claro à luz do versículo 14: "Se permanecer a obra de alguém que sobre o fundamento edificou, esse receberá galardão". Então, as alternativas são estas: receber "galardão" ou sofrer "dano". Faz sentido concluir que sofrer "dano" se refere à perda de recompensa que poderia ter sido recebida. Logo, com base no ministério descrito em 1 Coríntios 3.10-15, seria correto dizer que alguns cristãos não ouvirão as palavras: "Muito bem, servo bom e fiel" (Mt 25.21, 23) — pelo menos, não com a mesma intensidade proferida a outros discípulos mais fiéis. Essas palavras são proferidas a servos que conseguiram dez talentos a partir de cinco e quatro talentos a partir de dois (Mt 25.20-23).

O FRACASSO NA SANTIDADE SIGNIFICA QUE A FÉ É IRREAL?

No entanto, alguém pode perguntar: "o fracasso em viver uma vida de amor não demonstraria que a pessoa não é nascida de novo, de maneira que não está unida a Cristo e, consequentemente, não é uma cristã de maneira alguma?" Essa pergunta é especialmente relevante à luz do que vimos nos capítulos 6 e 7. O objetivo desses capítulos era descobrir o que o Novo Testamento quer dizer ao afirmar que os crentes serão "puros e irrepreensíveis" para "o dia de Cristo" (Fp 1.10, NVI); que Deus estabelecerá o nosso "coração [...] em santidade... na vinda de nosso Senhor Jesus" (1Ts 3.13); que Deus nos "confirmará até ao fim", para sermos "irrepreensíveis no Dia de nosso Senhor Jesus Cristo" (1Co 1.8); e que Deus nos apresentará "imaculados diante da sua glória" (Jd 24).

Uma das conclusões dos capítulos 6 e 7 foi que

> amar é uma necessidade inegociável, caso queiramos ser achados inculpáveis no Dia de Cristo. Todavia, a inculpabilidade naquele Dia não consiste nesse amor. O nosso amor não é a nossa inculpabilidade. O nosso amor confirma a inculpabilidade que temos, na medida em que a nossa fé nos une a Cristo, o qual nos reconcilia com Deus e é inculpável. A verdadeira fé atua pelo amor (Gl 5.6). Portanto, o amor é a confirmação necessária da fé. E a fé nos une a Cristo, nossa justiça perfeita. Consequentemente, o amor confirma a nossa inculpabilidade. Não há inculpabilidade sem o amor... Tem de haver em nós um amor real, embora imperfeito, que confirme a inculpabilidade real e perfeita em Cristo.

Também vimos anteriormente que

> essa inculpabilidade imaculada é real somente se for confirmada na vida do crente por meio de uma transformação genuína do egoísmo orgulhoso em amor humilde... Paulo está orando por amor no coração dos crentes porque isso confirma sua fé salvadora. Confirma que estão unidos a Cristo e, por isso, são considerados irrepreensíveis pela imputação da perfeição de Cristo.

Portanto, a resposta à pergunta é "sim": o fracasso em viver uma vida de amor demonstraria que a pessoa não é nascida de novo e, por esse motivo, não está unida a Cristo. E, consequentemente, ela não é uma verdadeira cristã.

IMPERFEIÇÃO DA CAMINHADA NA LUZ

Talvez os textos mais claros sobre essa questão sejam 1 João 3.14 e 4.8: "Nós sabemos que já passamos da morte para a vida, porque amamos os irmãos; aquele que não ama permanece na morte [...] Aquele que não ama não conhece a Deus, pois Deus é amor". Mas, como ressaltamos no capítulo 6, o mesmo livro (1 João) que conecta enfaticamente o amarmos aos outros com o sermos verdadeiros cristãos é também o livro que diz, mais claramente do que qualquer outro, que essa vida de amor, que confirma o nosso novo nascimento, permanece deficiente durante o tempo de vida na terra:

> Se, porém, andarmos na luz, como ele está na luz, mantemos comunhão uns com os outros, e o sangue de Jesus, seu Filho, nos purifica de todo pecado. Se dissermos que não temos pecado nenhum, a nós mesmos nos enganamos, e a verdade não está em nós. Se confessarmos os nossos pecados, ele é fiel e justo para nos perdoar os pecados e nos purificar de toda injustiça. Se dissermos que não temos cometido pecado, fazemo-lo mentiroso, e a sua palavra não está em nós (1.7-10).

O que é mais surpreendente e relevante para nós nesse texto é que João diz que andar "na luz" é necessário para todo aquele que terá o seu pecado purificado pelo sangue de Cristo: "*Se*, porém, andarmos na luz, como ele está na luz [...] o sangue de Jesus, seu Filho, nos purifica de todo pecado" (1Jo 1.7). Em outras palavras, não somos perdoados nem salvos se não andamos na luz. João não diz que o *andar* na luz nos conduz à salvação, mas, em vez disso, que o andar na luz confirma que somos salvos. É uma confirmação *necessária*. Esse andar na luz, porém, não é perfeito.

Se dissermos que não temos pecado nenhum (enquanto andamos na luz!), enganamos a nós mesmos. No pensamento de João, andar na luz inclui andar em amor. "Aquele que ama a seu irmão permanece na luz" (1Jo 2.10). Portanto, João (e os demais autores do Novo Testamento) ensina que uma vida de amor, embora sempre imperfeita neste mundo, é necessária como uma confirmação de que somos nascidos de novo e de que os nossos pecados foram perdoados por meio da fé (1Jo 5.1).

Isso significa que a pessoa de 1 Coríntios 3.15 que será salva "como que através do fogo" era nascida de novo e vivia uma vida de amor suficiente para confirmar sua união com Cristo. Sempre haverá algo pelo que Deus possa dizer "muito bem!", quer essas próprias palavras sejam usadas, quer não. O nosso ensino deficiente ou o nosso amor deficiente não será de tal natureza que anule a nossa fé em Cristo ou o nosso amor pelas pessoas. No dia do julgamento, Cristo será o juiz infalível de nossos motivos. Portanto, sigamos atentamente seu conselho: "Nada julgueis antes do tempo, até que venha o Senhor, o qual não somente trará à plena luz as coisas ocultas das trevas, mas também manifestará os desígnios dos corações" (1Co 4.5).

JULGAMENTO DE SALVAÇÃO "SEGUNDO AS OBRAS"

O que já vimos, então, é que a totalidade de nossa vida (obras e motivos do coração) tem uma função dupla no julgamento por ocasião da vinda do Senhor. Por um lado, nossa vida de amor *confirma* a genuinidade de nossa fé salvadora. Por essa razão, Paulo diz que Deus "retribuirá a cada um *segundo as suas obras: a vida eterna* aos que, perseverando em fazer o bem, procuram glória, honra e incorruptibilidade" (Rm 2.6-7, NAA). O dom da vida eterna *está em concordância com* as nossas obras de amor.

Isso não contradiz, de modo algum, o fato de a vida eterna ser um *dom gratuito da graça*. A vida eterna não é obtida por meio de boas obras. "*O dom gratuito de Deus* é a vida eterna em Cristo Jesus, nosso Senhor" (Rm 6.23). Quando Paulo diz que recebemos a vida eterna "segundo" as nossas obras, isso não é o mesmo que dizer que a vida eterna é *merecida* ou *obtida* por nossas boas obras. Em vez disso, Paulo diz que as obras *confirmam* a nossa fé (Gl 5.6). Confirmam que somos novas criaturas em Cristo. Paulo é claro e explícito a respeito disso:

> *Não por obras de justiça* praticadas por nós, mas segundo sua misericórdia, ele [Deus] nos salvou [οὐκ ἐξ ἔργων τῶν ἐν δικαιοσύνῃ] mediante o lavar regenerador e renovador do Espírito Santo, que ele derramou sobre nós ricamente, por meio de Jesus Cristo, nosso Salvador, a fim de que, justificados por graça, nos tornemos seus *herdeiros, segundo a esperança da vida eterna* (Tt 3.5-7).

Não somente a nossa salvação acontece "não por obras de justiça", mas também ocorre de maneira totalmente oposta. Somos salvos *para fazer boas obras*: "O qual a si mesmo se deu por nós, a fim de remir-nos de toda iniquidade e purificar, para si mesmo, um povo exclusivamente seu, *zeloso de boas obras*" (Tt 2.14). Ou, como Paulo diz em Efésios 2.8-10:

> Porque pela graça sois salvos, mediante a fé; e isto não vem de vós; é dom de Deus; *não de obras*, para que ninguém se glorie. Pois somos feitura dele, criados em Cristo Jesus *para boas obras*.

Em outras palavras, somos salvos não *por* obras, mas *para* obras. As obras não são a causa de nos tornarmos novas criaturas. São o resultado. E, sendo o resultado, elas confirmam a nossa novidade de vida da mesma maneira que o bom fruto confirma a boa árvore (cf. Mt 7.17-19).

Agora, retorno à dupla função das nossas obras quando Cristo vier para julgar. Acabei de descrever uma dessas duas funções, isto é, a nossa vida de amor confirma a genuinidade de nossa fé salvadora (1Jo 3.14). As nossas obras de amor nesta vida confirmam a nossa aceitação (2Pe 1.10); elas não a obtêm por mérito. Confirmam a fé viva, porque "a fé sem obras é morta" (Tg 2.26).

CRISTO ESTÁ VINDO PARA DISTRIBUIR RECOMPENSAS

A outra função de nossas obras no Dia da vinda de Cristo será servir como o critério que Cristo usará para distribuir as recompensas, as quais diferem de cristão para cristão. Já consideramos 2 Coríntios 5.10: "Todos nós compareçamos perante o tribunal de Cristo, para que cada um receba segundo o bem ou *o mal* que tiver feito por meio do corpo". Também consideramos 1 Coríntios 3.15: "Se a obra de alguém se queimar, sofrerá ele dano" (1Co 3.15). Essas passagens dão a entender claramente que, no julgamento, as recompensas serão decididas por Cristo e diferirão de cristão para cristão.

Jesus conectou esse tipo de julgamento à sua segunda vinda:

> Então, disse Jesus a seus discípulos: Se alguém quer vir após mim, a si mesmo se negue, tome a sua cruz e siga-me. Porquanto, quem quiser salvar a sua vida perdê-la-á; e quem perder a vida por minha causa achá-la-á. Pois que aproveitará o homem se ganhar o mundo inteiro e perder a sua alma? Ou que dará o homem em troca da sua alma? Porque o Filho do Homem há de vir na glória de seu Pai, com os seus anjos, e, então, *retribuirá a cada um conforme as suas obras* (Mt 16.24-27).

A palavra "retribuir" (Mt 16.27) poderia facilmente pressupor um tipo de transação, sugerindo que Jesus, por estar em dívida pela obra dos discípulos, agora tem de pagá-los, pois é um empregador justo. Não acho que Jesus via seu ministério ou julgamento dessa maneira. Tanto o ensino mais amplo do Novo Testamento quanto o ensino do próprio Senhor Jesus nos impedem de interpretar *retribuir* como uma transação em que Jesus paga o que deve.[1]

---

1 Por exemplo, Lucas 17.7-10 mostra que não podemos colocar Jesus como nosso devedor: "Assim também vós, depois de haverdes feito quanto vos foi ordenado, dizei: Somos servos inúteis, porque fizemos apenas o que devíamos fazer".

Retribuir não significar "quitar uma dívida"

Retribuir não significa "quitar uma dívida". Deus não "é servido por mãos humanas, como se de alguma coisa precisasse; pois ele mesmo é quem a todos dá vida, respiração e tudo mais" (At 17.25). Portanto, ele não pode estar em dívida para com homem algum. É exatamente o contrário: todos os homens são devedores à graça de Deus, que supre todas as coisas. Por isso, Paulo pergunta retoricamente: "Quem primeiro deu a ele [Deus] para que lhe venha a ser restituído?" A resposta é "ninguém", "porque dele, e por meio dele, e para ele são todas as coisas" (Rm 11.35-36).

E Jesus mesmo disse: "O próprio Filho do Homem não veio para ser servido, mas para servir e dar a sua vida em resgate por muitos" (Mc 10.45). Todo o ministério de Jesus, tanto naquele tempo quanto agora, não consiste em contratar trabalhadores para lhe prestarem um serviço e, depois, pagar-lhes o que deve. Pelo contrário, ele disse: "Assim também vós, depois de haverdes feito quanto vos foi ordenado, dizei: Somos servos inúteis, porque fizemos apenas o que devíamos fazer" (Lc 17.10). Em outras palavras, ele não nos deve nada.

De fato, a palavra "retribuir" (ἀποδίδωμι) tem uma grande variedade de significados. Ela não carrega o significado intrínseco de "pagar o que se deve". Eis alguns exemplos desse uso amplo:

> Tendo [Jesus] fechado o livro, *devolveu*-o ao assistente e sentou-se (Lc 4.20).

> Os apóstolos *davam* testemunho da ressurreição do Senhor Jesus (At 4.33).

> [...] não havendo motivo algum que possamos *alegar* para justificar este ajuntamento (At 19.40).

> Toda disciplina, com efeito, no momento não parece ser motivo de alegria, mas de tristeza; ao depois, entretanto, *produz* fruto pacífico [...] de justiça (Hb 12.11).

A principal razão para não pensarmos nas recompensas como uma retribuição merecida ou conquistada por esforço é que as únicas boas obras que têm beleza moral aos olhos de Deus são as "obras da *fé*" (cf. 1Ts 1.3; 2Ts 1.11). Sem fé, não podemos agradar a Deus (Hb 11.6). Portanto, o alvo de Paulo em seu ministério é a "obediência da fé" (Rm 1.5; 16.26). Em outras palavras, as únicas boas obras que recebem a recompensa de Cristo são as obras que *cremos* que Deus opera em nós pelo poder de sua *graça*. "A sua graça, que me foi concedida, não se tornou vã; antes, trabalhei muito mais do que todos eles; todavia, não eu, mas a graça de Deus comigo" (1Co 15.10).

Paulo ora para que Deus "cumpra *com poder* todo propósito de bondade e obra *de fé* [...] segundo a *graça* do nosso Deus e do Senhor Jesus Cristo" (2Ts 1.11-12). Pelo seu *poder*. Segundo a sua *graça*. Por meio de nossa *fé*. A vida de amor que Deus recompensa é uma vida que ele mesmo opera em nós. É retribuição apenas no sentido de que há uma correspondência real entre, de um lado, a bondade e a beleza de nossas obras e, de outro, as recompensas que Deus dá.

LOUVOR, GLÓRIA E HONRA POR CAUSA DA FÉ, PELA GRAÇA

O apóstolo Pedro faz essa mesma conexão entre fé, graça e recompensa. Ele diz:

> Nisso exultais, embora, no presente, por breve tempo, se necessário, sejais contristados por várias provações, para que, uma vez confirmado o valor da vossa fé, muito mais preciosa do que o ouro perecível, mesmo apurado por fogo, redunde em louvor, glória e honra na revelação de Jesus Cristo (1Pe 1.6-7).

Essa referência ao louvor (ἔπαινον) resultante da fé indica o louvor que os crentes receberão do Senhor, como em Romanos 2.29 ("cujo louvor [ἔπαινος] não procede dos homens, mas de Deus") e 1 Coríntios 4.5 ("cada um receberá o seu louvor [ἔπαινος] da parte de Deus"). Semelhantemente, a *glória* que receberemos naquele Dia é a mesma da qual Pedro espera participar na revelação de Cristo: "Rogo, pois, aos presbíteros que há entre vós, eu, presbítero como eles, e testemunha dos sofrimentos de Cristo, e ainda *coparticipante da glória que há de ser revelada*" (1Pe 5.1). E a *honra* que receberemos na revelação de Jesus Cristo é a honra prometida àqueles cuja *fé* sobreviveu ao fogo ("Para vós, portanto, que credes é a honra" — 1Pe 2.7, TB). É a honra recebida por aqueles que, "perseverando em fazer o bem, procuram glória, *honra* e incorruptibilidade" (Rm 2.7).

Esta é uma expectativa maravilhosa: nós, pobres e imperfeitos seguidores de Cristo, seremos louvados, glorificados e honrados na revelação de Cristo. E a ênfase aqui é que esse louvor não é concedido em virtude das nossas obras meritórias, mas por causa da nossa *fé* provada. Assim como a fé confiou na graça de Deus para nos capacitar a andar de maneira digna do Senhor nesta vida, agora a graça chega a um clímax ao recompensar essa mesma dependência da graça. É por essa razão que, seis versículos depois, Pedro diz: "Por isso, cingindo o vosso entendimento, sede sóbrios e esperai inteiramente na graça que vos está sendo trazida na revelação de Jesus Cristo" (1Pe 1.13). Enquanto anelamos pela vinda de Cristo, nossa esperança por louvor, glória e honra é uma esperança arraigada na graça. A graça está vindo para nós. Quando Deus, ou os anjos, ou os santos falam palavras de louvor, glória e honra a nosso respeito, isso é pura graça. O que é louvado é a fé provada, e essa fé é a aceitação de Jesus como o tesouro plenamente gracioso de nossa vida. Portanto, a concessão de recompensas (incluindo louvor, glória e honra) exaltará, de fato, a beleza, o valor e a graça de Deus em Cristo.

AS RECOMPENSAS SERÃO DIVERSIFICADAS

Jesus deixa claro que essas recompensas serão diferentes para discípulos diferentes. Por exemplo, na parábola das dez minas, em Lucas 19.11-27, Jesus faz a conexão com sua segunda vinda ao começar a parábola com estas palavras: "Certo homem nobre partiu para uma terra distante, com o fim de tomar posse de um reino e voltar" (Lc 19.12). O nobre chama dez servos e dá uma mina a cada um.[2] Após algum tempo, esse senhor volta, "depois de haver tomado posse do reino" e chama os servos para prestarem contas, "a fim de saber que negócio cada um teria conseguido" (Lc 19.15).

> Compareceu o primeiro e disse: Senhor, a tua mina rendeu dez. Respondeu-lhe o senhor: Muito bem, servo bom; porque foste fiel no pouco, terás autoridade sobre dez cidades. Veio o segundo, dizendo: Senhor, a tua mina rendeu cinco. A este disse: Terás autoridade sobre cinco cidades (Lc 19.16-19).

Penso que essa parábola mostra a que Jesus se refere quando diz: "O Filho do Homem há de vir na glória de seu Pai, com os seus anjos, e, então, *retribuirá a cada um conforme as suas obras*" (Mt 16.27). A "retribuição" — ou melhor, a concessão — de galardões difere de discípulo para discípulo. E não há castigo para o servo que produziu metade do que o outro produziu. Somente o servo que foi complemente infrutífero é deixado sem recursos: "O que tem lhe será tirado" (Lc 19.26).

PAULO E APOLO RECEBERÃO DIFERENTES RECOMPENSAS

Paulo ensinou essa mesma diversidade de recompensas de acordo com o "trabalho" de um discípulo:

> Eu plantei, Apolo regou; mas o crescimento veio de Deus. De modo que nem o que planta é alguma coisa, nem o que rega, mas Deus, que dá o crescimento. Ora, o que planta e o que rega são um; *e cada um receberá o seu galardão, segundo o seu próprio trabalho*. Porque de Deus somos cooperadores; lavoura de Deus, edifício de Deus sois vós (1Co 3.6-9).

"Cada um receberá o seu galardão, segundo o seu próprio trabalho." Outra vez, a palavra traduzida por "galardão" (μισθὸν), como a palavra

---

2 "Unidade monetária. Cada unidade valia o salário de três ou quatro meses para um trabalhador braçal num período de seis dias por semana" (Robert H. Gundry, *Commentary on the New Testament: verse-by-verse explanations with a literal translation* [Peabody: Hendrickson, 2010], p. 317).

"retribuir" mencionada acima, tem uma grande variedade de significados e não exige a ideia de que os trabalhadores mereceram sua recompensa, como se Deus estivesse em dívida para com eles. Essa palavra pode significar apenas "recompensa" (Mt 5.12; 1Co 9.18). A ilustração de um agricultor recebendo galardão tem simplesmente o propósito de comunicar que existe uma correspondência real entre os labores de um discípulo fiel e suas recompensas da parte do Senhor Jesus.

Essa correspondência não é o mérito. É a adequação do reconhecimento de Deus da beleza e do valor de *nossa* obra feita em dependência de *sua* graça. O trabalho apreciável e digno de recompensa é realizado "na força que Deus supre, para que, em todas as coisas, seja Deus glorificado" (1Pe 4.11). O que Deus recompensa é a beleza moral da obediência realizada em dependência de sua graça imerecida.

COMO ISSO PODE SER UMA BOA NOVA?

Concluo este capítulo, portanto, em reposta às nossas perguntas no primeiro parágrafo, afirmando que há uma dupla função em nossas obras — nossa obediência pela fé — no julgamento que ocorrerá na segunda vinda do Senhor Jesus. Uma função é que a nossa obediência confirmará a nossa fé salvadora. É por essa razão que a Escritura fala de nossa obediência — ou santidade, ou amor — como necessária à nossa salvação final (Gl 5.21; Ef 5.5; Hb 12.14; 1Jo 3.10). Não é necessária como fundamento, e sim como confirmação. A outra função de nossas obras no Dia de Cristo é que ele as avaliará e as recompensará conforme achar apropriado. Agora, a questão é: como essa expectativa nos ajuda a amar a vinda do Senhor? Isso é o que consideraremos no capítulo 11.

CAPÍTULO 11

REGOZIJANDO-SE NA ESPERANÇA DE RECEBER RECOMPENSAS DIFERENTES

Retornamos à pergunta que sugerimos no início do capítulo 10: quando cristãos aprendem de Jesus que, em sua vinda, ele "retribuirá a cada um conforme as suas obras" (Mt 16.27) e que nem todo cristão receberá o mesmo louvor — tal como: "Muito bem, servo bom e fiel —, como esse ensino nos ajuda a amar a vinda do Senhor? Tenho seis respostas para essa pergunta: seis observações sobre a experiência cristã de recompensas diferentes na vinda de Cristo.

1. NENHUMA CONDENAÇÃO

Todo verdadeiro cristão, não importa quão imperfeito seja, experimentará o dia em que será recompensado ou em que deixará de receber algumas recompensas com a exultante confiança de que "nenhuma condenação há para os que estão em Cristo Jesus" (Rm 8.1). Esse é o inabalável Rochedo de Gibraltar sobre o qual a cerimônia de recompensas acontecerá. Nenhuma condenação. "Quem nele [em Jesus] crê não é condenado" (Jo 3.18).

Independentemente de como o fogo queimar nossas ideias e obras deficientes (1Co 3.15), estaremos firmes, naquele Dia, com uma confiança profunda dada por Deus, ou seja, a confiança de que passaremos por esse fogo vestidos com a túnica à prova de fogo da justiça de Cristo. No fogo, cantaremos a canção de Romanos 8: "Quem intentará acusação contra os eleitos de Deus? É Deus quem os justifica. Quem os condenará? É Cristo Jesus quem morreu ou, antes, quem ressuscitou, o qual está à direita de Deus e também intercede por nós" (Rm 8.33-34).

Não ficaremos surpresos ou desnorteados quando nos lembrarmos das palavras de Jesus: "Em verdade, em verdade vos digo: quem ouve a minha palavra e crê naquele que me enviou tem a vida eterna, *não entra em juízo*, mas passou da morte para a vida" (Jo 5.24). Não diremos: "Oh, não! Vejam, estamos entrando em juízo. Jesus nos enganou". Entenderemos o verdadeiro significado das palavras de Jesus. Não entrar "em juízo" significa não entrar em julgamento como culpado, ou seja, não entrar em julgamento para ser condenado. Saberemos que o julgamento que redundará em recompensas ocorrerá com base na certeza do julgamento anterior, o da justificação. Já passamos "da morte para a vida" (Jo 5.23; cf. 1Jo 3.14).

2. TODO BEM SERÁ RECOMPENSADO

Naquele Dia, ficaremos pasmados com a extraordinária graça de Deus em recompensar-nos por todo bem que tivermos feito em nossa vida de fé. Paulo encorajou os escravos a servirem "de boa vontade, como ao Senhor e não como a homens, certos de que cada um, *se fizer alguma coisa boa* [ἐάν τι ποιήσῃ ἀγαθόν], *receberá isso outra vez do Senhor*" (Ef 6.7-8). Incluí as palavras gregas entre colchetes apenas para celebrar a inconfundível clareza dessa promessa formidável. Consideremos e assimilemos essa promessa. *Todo* bem que você fez e há de fazer — absolutamente, todo bem — está registrado no céu para que seja devidamente recompensado no Dia de Cristo.

A depender de quando você se converteu a Cristo e de qual será sua idade no dia de sua morte, isso significará milhares e milhares de boas obras em sua vida a serem recompensadas. E, para que você não ache que estou superestimando a extensão dessa promessa, pense nestas palavras de Jesus: "E quem der a beber, ainda que seja um copo de água fria, a um destes pequeninos, por ser este meu discípulo, em verdade vos digo que de modo algum perderá o seu galardão" (Mt 10.42). Não é verdade que a ênfase dessa promessa reside na aparente insignificância de um copo de água? Compreendo que o copo é dado por "ser este meu discípulo", mas a implicação mais ampla dessas palavras é que Deus recompensa os menores atos que procedem de um coração que honra a Cristo.

Permita-me continuar neste assunto por um momento, pois suas implicações são profundas e abrangentes. Uma das razões pelas quais muitas pessoas abandonam seus compromissos (no casamento, na paternidade, nas amizades, nos trabalhos etc.) é que somos chamados a retribuir o mal com o bem tão frequentemente quando ninguém está olhando. Tentamos amar bem as pessoas (por exemplo, o nosso cônjuge), mas pode ser que elas reajam de maneira indiferente ou negativa — talvez milhares de vezes, por décadas. Aqui não estou falando de casos horríveis de abuso. Refiro-me aos desapontamentos, frustrações, desencorajamentos, irritações e rejeições com os quais 95% de nós lidamos em nossas relações com os outros. E a minha proposição é esta: aquelas centenas ou milhares de esforços para fazer o certo (ao filho, ao cônjuge, ao amigo ou ao colega), mesmo diante da falta de gratidão contínua, não são muito frequentemente percebidos aqui na terra, mas são vistos e registrados por Deus no céu. De maneiras que não conseguimos imaginar, esses pequenos ou grandes atos de graça retornarão para nós como recompensas tão grandes que diremos, transbordantes de alegria: "Valeu a pena!" "Cada um, se fizer alguma coisa boa, receberá isso outra vez do Senhor" (Ef 6.8). Isso é verdadeiro, não importando quantas deficiências serão queimadas. Absolutamente maravilhoso!

3. NENHUM SOFRIMENTO FIEL DEIXARÁ DE SER RECOMPENSADO

Diferentes medidas de recompensa gloriosa por sofrimento estarão inclusas nas diferentes recompensas no Dia de Cristo. Tenho em mente três tipos de sofrimento: sofrimento por debilidade e enfermidade física; sofrimento por perseguição; e sofrimento envolvido no serviço aos outros.

Sofrimento por debilidade e enfermidade física

> Não desanimamos; pelo contrário, mesmo que o nosso homem exterior se corrompa, contudo, o nosso homem interior se renova de dia em dia. *Porque a nossa leve e momentânea tribulação produz para nós eterno peso de glória, acima de toda comparação*, não atentando nós nas coisas que se veem, mas nas que se não veem; porque as que se veem são temporais, e as que se não veem são eternas (2Co 4.16-18).

Não se trata de perseguição, mas de envelhecimento, ou da debilidade causada por uma enfermidade, ou da fraqueza resultante de uma deficiência física. Nem todos os cristãos são chamados a suportar a mesma medida de sofrimento nessas áreas. Que consolo há para aquele que sofre até o fim? A resposta de Paulo é: nenhum sofrimento cristão é inútil. O sofrimento "produz eterno peso de glória". Em outras palavras, há uma correlação real entre o nosso sofrimento aqui e as medidas de glória que conheceremos lá. Deus recompensará o cristão que sofre de acordo com seu sofrimento. Essas recompensas serão muitíssimo diferentes; e aqueles de nós que sofrerem menos exultarão pelo fato de que as recompensas dos que sofreram mais excedam as nossas.

Recompensas por sofrer perseguição

> Bem-aventurados sois quando, por minha causa, vos injuriarem, e vos perseguirem, e, mentindo, disserem todo mal contra vós. Regozijai-vos e exultai, porque é grande o vosso galardão nos céus; pois assim perseguiram aos profetas que viveram antes de vós (Mt 5.11-12).

É possível interpretar essa passagem de modo que signifique *apenas* que todos os cristãos têm uma grande recompensa vindoura, ou seja, a vida eterna; e, por isso, aqueles que são perseguidos devem se sentir encorajados. Contudo, não penso que seja isso o que Jesus quer dizer. Quando Cristo nos chama a regozijar-nos em perseguições específicas e menciona a experiência singular dos profetas, acho que ele tenciona dizer-nos: "Há recompensas peculiares para perseguições peculiares".

Recompensas por sofrimento envolvido no serviço aos outros

> Ao dares um banquete, convida os pobres, os aleijados, os coxos e os cegos; e serás bem-aventurado, pelo fato de não terem eles com que recompensar-te; a tua recompensa, porém, tu a receberás na ressurreição dos justos (Lc 14.13-14).

Jesus promete que, na ressurreição — em sua vinda em glória —, um dos fatores que ele levará em conta ao dar suas recompensas é a autonegação, o desconforto ou o sofrimento que abraçamos ao tentar servir pessoas que não podiam nos recompensar nesta vida. O ensino não é somente que todos os cristãos ganharão a vida eterna e que essa vida eternal seria uma grande recompensa por todo sacrifício. O ensino é muito maior: você percebeu que sua boa obra não poderia ser recompensada nesta vida e confiou na promessa de Jesus de que a recompensa que você perdeu aqui será restituída na ressurreição. E realmente será.

4. EXPERIMENTANDO PERDAS SEM PECADO

Todos nós experimentaremos consideráveis medidas de recompensas perdidas quando o fogo de julgamento consumir as nossas ideias, ensinos, palavras e obras deficientes (1Co 3.14-15), mas isso será bom para nós. E experimentaremos essa correção como pessoas sem pecado que foram aperfeiçoadas na morte (Hb 12.23) ou na contemplação de Cristo em sua vinda (1Jo 3.2). E, sem o pecado a encher-nos de autocompaixão, nos beneficiaremos apropriadamente dessa disciplina.

Paulo indicou essa ideia ao afirmar: "Porque a tristeza segundo Deus produz arrependimento para a salvação, que a ninguém traz pesar" (2Co 7.10). O apóstolo se referiu a uma experiência na presente vida, quando o nosso coração é imperfeito. O que será, então, experimentarmos perda como cristãos perfeitamente sem pecado na presença de Cristo? Cada um de nós olhará em retrospecto para sua vida e compreenderá que, em quase todos os âmbitos, poderíamos ter sido administradores mais fiéis daquilo que Cristo nos confiou. O fogo que queimará as imperfeições de nossa vida não será fraco.

No entanto, ao ponderarmos com mente e coração purificados sobre o que isso significa, haverá um "pesar" sem pecado — não autocompaixão, não queixume, não negligência da graça, não ausência de alegria. O nosso pesar será sem dor destrutiva. Será um pesar construtivo e servirá para intensificar nossa maravilhada gratidão pelo fato de que "é com dificuldade que o justo é salvo" (1Pe 4.18). Somos incapazes de conceber a limitação de nossa alegria pela perda de recompensas, mas, por certo, a experimentaremos — uma limitação sem pecado ou condenação. A nossa capacidade de alegria será menor, mas estaremos eternamente satisfeitos nos caminhos sábios e graciosos de Deus.

5. SUA RECOMPENSA MAIOR SERÁ PARTE DE MINHA ALEGRIA

O bem que acontecerá aos outros no Dia de Cristo, quando recompensas forem distribuídas, será parte de minha alegria. Não há nenhum equívoco sobre o fato de que o julgamento, naquele Dia, será intensamente individual. (Observe a palavra "cada" em Mateus 16.27, 1 Coríntios 3.8 e Apocalipse 22.12.) Todavia, é um grande erro pensar que, naquele Dia, os santos estarão totalmente focados em si mesmos. Não estarão. As recompensas dos outros serão uma grande parte de nosso regozijo naquele Dia.

Paulo se refere a essa experiência diversas vezes. Por exemplo: "pois quem é a nossa esperança, ou alegria, ou coroa em que exultamos, na presença de nosso Senhor Jesus em sua vinda? Não sois vós? Sim, vós sois realmente a nossa glória e a nossa alegria" (1Ts 2.19-20). Observe que Paulo se refere explicitamente à sua experiência na vinda de Cristo. Quaisquer que sejam as recompensas que Paulo possa perder no fogo desse julgamento, ele não está focado nisso. O apóstolo enfatiza o fato de que os crentes de Tessalônica estarão com ele. E, quando forem aperfeiçoados e recompensados, a alegria deles será a alegria de Paulo.

De modo semelhante, Paulo exorta os crentes de Filipos a preservarem "a palavra da vida, para que, no Dia de Cristo, eu me glorie de que não corri em vão, nem me esforcei inutilmente" (Fp 2.16). Outra vez, o seu olhar está direcionado à segunda vinda — "o Dia de Cristo". E sua esperança é que, naquele Dia, os crentes de Filipos sejam a sua glória. Ou seja, os filipenses serão o fruto da fidelidade de Paulo, e o que lhes acontecer naquele Dia integrará a recompensa que Paulo receberá de Cristo.

E assim será para todos nós, em maior ou menor grau. Se você tem vivido uma vida de fé em Jesus e procurado moldar sua vida de acordo com a Palavra de Cristo, haverá mais pessoas do que você imagina que terão sido impactadas por sua vida — de maneiras pequenas e simples, das

Regozijando-se na esperança de receber recompensas diferentes

quais você não tem consciência agora. Todas essas centenas de influências positivas na vida de outros serão reveladas no último Dia e serão a sua glória e a sua alegria.

6. CAPACIDADE DE ALEGRIA EM DEUS AUMENTADA

Por fim, independentemente da forma exterior que as recompensas assumam, a essência de cada recompensa será uma capacidade de alegria em Deus aumentada. E a experiência coletiva dessa ampla diversidade de felicidade completa se dará sem orgulho ou inveja. Será, pelo contrário, radiante, eternamente harmoniosa, uma experiência em que será gloriosamente verdadeira a afirmação de que, "se um membro [...] é honrado, com ele todos se regozijam" (1Co 12.26).

O que me inclina, bem como a muitos outros na história da igreja, a ver a essência das recompensas como *capacidades* de felicidade diferentes é que a nossa diversidade na eternidade não resultará de alguns santos terem felicidade mediana e outros felicidade completa, porque *todos* os cristãos receberam a promessa de ausência de sofrimento e a promessa de alegria impecável em Deus para sempre:[1]

> Então, ouvi grande voz vinda do trono, dizendo: Eis o tabernáculo de Deus com os homens. Deus habitará com eles. Eles serão povos de Deus, e Deus mesmo estará com eles. E lhes enxugará dos olhos toda

---

1 "Depois da ressurreição, porém, quando o julgamento final e universal tiver sido completado, haverá dois reinos, e cada um deles terá seus limites distintos: o reino de Cristo, o reino do diabo [...]. Mas, no reino de Cristo haverá graus de felicidade, uns sendo preeminentemente mais felizes do que outros; e, no reino do diabo, haverá graus de miséria, uns sendo menos insuportáveis do que os outros" (Agostinho, *The Enchiridion*, em *St. Augustin: The Holy Trinity, Doctrinal Treatises, Moral Treatises*, ed. P. Schaff, trans. J. F. Shaw [Buffalo: Christian Literature Co., 1887], 3:273).

"Há diversos graus de felicidade, e a felicidade não está igualmente em todos" (Thomas Aquinas, *Suma Theologica*, trad. para inglês por Fathers of the English Dominican Province [Londres: Burns Oates & Washbourne, n.d.]).

A Confissão Ortodoxa da Igreja Oriental diz na pergunta 382: "Todos serão igualmente felizes? Não. Haverá diferentes graus de felicidade, em proporção à maneira como cada um suportou aqui a luta de fé, amor e boas obras. *Uma é a glória do sol, outra, a glória da lua, e outra, a das estrelas; porque até entre estrela e estrela há diferenças de esplendor. Pois assim também é a ressurreição dos mortos (1Co 15.41-42)*" (*The Creeds of Christendom, with a History and Critical Notes: The Greek and Latin Creeds, with Translations*, ed. P. Schaff [Nova York: Harper & Brothers, 1890], 2:505; ênfase acrescentada).

Robert Gundry diz a respeito de 2 Coríntios 5.10: "Por um lado, a salvação não será necessariamente perdida (veja especificamente 1Co 3.15), mas o gozo dela será diminuído, assim como uma recompensa consistirá no gozo aumentado da salvação" (Robert H. Gundry, *Commentary on the New Testament: Verse-by-Verse Explanations with a Literal Translation* [Peabody: Hendrickson, 2010], p. 703).

lágrima, e a morte já não existirá, já não haverá luto, nem pranto, nem dor, porque as primeiras coisas passaram... Nunca mais haverá qualquer maldição. Nela, estará o trono de Deus e do Cordeiro. Os seus servos o servirão (Ap 21.3-4; 22.3).

No entanto, parece que funções ou papéis diferentes dos santos na era por vir não seriam experimentados como *recompensas* se não tivessem influência na felicidade decorrente da maneira como experimentaremos a Deus. Além disso, a descrição de Paulo sobre a ressurreição indica diversidades de glória, o que parece sugerir maiores ou menores reflexos da glória de Deus. Pode ser que experimentemos esses reflexos maiores ou menores como alegria maior ou menor. "Uma é a glória do sol, outra, a glória da lua, e outra, a das estrelas; porque até entre estrela e estrela há diferenças de esplendor. Pois assim também é a ressurreição dos mortos. Semeia-se o corpo na corrupção, ressuscita na incorrupção. Semeia-se em desonra, ressuscita em glória" (1Co 15.41-42). Por isso, concluo que a essência das recompensas no Dia de Cristo é que, embora todo cristão aperfeiçoado haja de ser completamente feliz, nossas capacidades de felicidade serão diversas.

Se estivermos no caminho certo, a pergunta será: como essa diversidade ampla pode ser um futuro excelente? Como isso nos ajuda a amar a vinda do Senhor, quando ele colocar em operação toda essa maravilhosa diversidade de felicidade completa? Não conheço melhor descrição da beleza desse futuro do que a de Jonathan Edwards em seu sermão sobre Romanos 2.10. Primeiramente, ele expressa para nós a realidade bíblica de que a felicidade dos santos na eternidade será completa, ininterrupta e eterna em toda pessoa glorificada:

Essa felicidade dos santos nunca será interrompida. Nela jamais haverá contaminação alguma. Nunca haverá nenhuma nuvem a obscurecer a sua luz, nem coisa alguma a esfriar o seu amor. Os rios de deleite não falharão; a glória e o amor de Deus e de Cristo serão os mesmos para sempre; e sua manifestação não sofrerá nenhuma interrupção. Nem pecado nem corrupção entrarão lá. Nenhuma tentação perturbará a bem-aventurança deles. O amor divino nos santos jamais esfriará; não haverá nenhuma incoerência em qualquer deles; as capacidades dos santos nunca perderão seu vigor; e eles jamais ficarão enfastiados. Sua satisfação naqueles deleites será mantida para sempre em seu auge; aquela sociedade gloriosa nunca se fatigará de render aleluias. Suas atividades, embora sobremodo dinâmicas e vigorosas, serão realizadas com tranquilidade perfeita; os santos não se cansarão de amar, louvar e temer, como o sol nunca se cansa de brilhar.[2]

Em seguida, vem o quadro glorioso de como essa felicidade pura e completa, ainda que diversa, entre os milhões de santos será uma perfeita experiência coletiva do corpo de Cristo:

A glória dos santos no céu será proporcional, em certo sentido, à sua eminência em santidade e boas obras aqui. Cristo recompensará todos de acordo com as suas obras [...] Não haverá nenhum desânimo na felicidade daqueles que tiverem graus menores de felicidade e glória pelo fato de haver outros que avançaram além deles em glória no céu; *pois todos serão perfeitamente felizes, e cada um deles, perfeitamente satisfeito*. Todo vaso lançado neste oceano de felicidade será cheio, ainda que haja alguns vasos maiores do que outros; e *não haverá tal coisa como inveja* no céu, mas *o amor perfeito reinará em toda a sociedade*.

Aqueles que não forem tão elevados em glória quanto outros não invejarão os que forem mais elevados, mas terão por eles um amor muito grande, forte e puro, bem como se regozijarão na superior felicidade deles. Seu amor para com os mais elevados será tal que se regozijarão com o fato de serem mais felizes do que eles mesmos; de modo que, em vez de terem diminuição em sua própria felicidade, esse regozijo a aumentará. Eles entenderão ser conveniente que todos

---

2 Jonathan Edwards, *The Works of Jonathan Edwards*, 2 vols. (Edimburgo: Banner of Truth, 1974), 2:902.

os que foram mais eminentes em obras de justiça sejam mais nobremente exaltados em glória e se regozijarão em que seja assim, visto que é o mais apropriado a ser feito [...]

Aqueles que forem mais elevados em glória, como serão os mais amáveis, também serão mais cheios de amor; como serão excelentes em felicidade, também serão proporcionalmente excelentes em benevolência e amor divinos para com os outros [...] Além disso, aqueles que forem superiores em glória também o serão em humildade. Aqui, neste mundo, os que estão acima de outros são objetos de inveja, uma vez que [...] os outros os imaginam como envaidecidos. No céu, entretanto, não será assim, pois os santos no céu que excederem outros em felicidade também os excederão [...] em humildade. Os santos no céu são mais humildes do que os santos na terra; e, além disso, quanto mais elevados formos entre eles, tanto mais humildade haverá. As ordens mais elevadas dos santos, aqueles que conhecem mais a Deus, veem melhor a distinção entre Deus e eles mesmos. Por consequência, são comparativamente menores a seus próprios olhos e, portanto, mais humildes. A exaltação de alguns no céu acima dos outros não diminuirá, de modo algum, a felicidade e a alegria perfeitas dos demais que são inferiores, porque estes serão mais felizes pela exaltação daqueles. A união em sua sociedade será tal que serão participantes da felicidade uns dos outros. Então, se cumprirá em sua perfeição o que é declarado em 1 Coríntios 12.[26]: "Se um [membro] [...] é honrado, com ele todos se regozijam".[3]

À semelhança do que fazemos em relação a muitos outros mistérios, talvez precisemos deixar totalmente nas mãos de Deus como conceberemos a realidade na qual as diferenças de felicidade serão mantidas por milhões e milhões de anos, à medida que, juntos, descobrirmos mais e mais as excelências de Cristo. Fico feliz em deixar quieto esse mistério. O

---

3 Ibid., 2:902.

suficiente nos foi revelado para que fiquemos bem ocupados em meditar e regozijar-nos no que sabemos, em vez de nos inquietarmos a respeito do que Deus retém para si mesmo (Dt 29.29).

AMEMOS A VINDA DO SENHOR

Levando em conta essas seis observações, retorno à pergunta: podemos, com alegria e sem temor, esperar por esse tempo de julgamento na vinda de Cristo? A resposta é sim. Jesus fará tudo muito bem. Seu povo não tem nada diante de que precise se encolher amedrontado. Até nossas "perdas" serão santificadas e nos levarão a novas experiências da graça de Deus, de maneira que "o nome de nosso Senhor Jesus" será "glorificado em vós, e vós, nele, segundo a graça do nosso Deus e do Senhor Jesus Cristo" (2Ts 1.12).

CAPÍTULO 12

A ALEGRIA DA COMUNHÃO PESSOAL COM O SERVO SOBERANO

A alegria da comunhão pessoal com Jesus em nosso novo corpo ressuscitado será uma alegria incomparável, superior a qualquer coisa que tivermos experimentado nesta vida. Ainda em seu ministério terreno, Jesus ofereceu a seus discípulos a sua própria alegria: "Tenho lhes dito estas coisas *para que a minha alegria esteja em vocês, e a alegria de vocês seja completa*" (Jo 15.11, NAA). "Digo isto no mundo, para que tenham *a minha alegria completa em si mesmos*" (Jo 17.13, ARC). A alegria de Jesus era, supremamente, uma alegria eterna de amor por seu Pai: "Eu amo o Pai" (Jo 14.31). Compartilhar da alegria de Jesus significa compartilhar da alegria do Filho no Pai. Essa é a razão pela qual a alegria seria completa. Mas Jesus sabia que essa *plenitude* de alegria não atingiria seu clímax nos limites desta vida terrena.

Portanto, Jesus orou em nosso favor (Jo 17.20) para que, no futuro, nos fossem dadas capacidades para desfrutar comunhão com ele tanto quanto um ser criado poderia fruir. Jesus orou: "Pai justo [...] Eu lhes fiz conhecer o teu nome e ainda o farei conhecer, *a fim de que o amor com que me amaste esteja neles, e eu neles esteja*" (Jo 17.25-26). Isso é uma promessa de que não seremos deixados à mercê de nossas próprias capacidades para amar e desfrutar o Filho de Deus. Receberemos o amor do Pai ao Filho. "O amor com que me amaste esteja neles." Seremos capazes de compartilhar do deleite do Pai em seu Filho. "Este é o meu Filho amado, *em quem me comprazo*" (Mt 3.17). As palavras "me comprazo" expressam como um Deus infinito se deleita em um Filho infinitamente glorioso e precioso.

A NOSSA ESPERANÇA DE DESFRUTAR CRISTO COM O DELEITE DE DEUS

Essa esperança é maravilhosa, especialmente quando compreendemos quão deficientes e imperfeitos somos em nossas emoções agora. Todos sabemos que o nosso amor por Jesus e a alegria que o acompanha são pateticamente fracos em comparação ao que Cristo merece. As nossas afeições em nosso relacionamento com Jesus ficam muito aquém do que sabemos que deveriam ser. Então, qual é a nossa esperança de gozo apropriado quando o virmos face a face em nosso corpo glorificado, em sua vinda?

A nossa esperança é que a alegria que provamos nesta vida (1Pe 2.3) receberá uma infusão de capacidade sobrenatural, além do que podemos imaginar. Jesus orou a respeito disso. E essa infusão acontecerá. Deus derramará em nós o seu próprio amor por Cristo. Desfrutaremos Cristo com o próprio gozo de Deus. É verdade que nossa alegria em Jesus agora mesmo é uma obra de Deus — Deus, o Espírito Santo. A nossa alegria em Deus e em seu Filho se deve à presença do Espírito Santo em nossa vida, criando a capacidade de nos deleitarmos em Deus e em Cristo (Rm 14.17; 15.13; 1Ts 1.6).

Mas, em sua oração em João 17.26, Jesus pede algo mais. Já conhecemos a Deus em alguma medida. E nosso amor e nossa alegria foram vivificados. Isso é o novo nascimento. Agora, porém, Jesus promete ir além: ele tornará Deus conhecido de maneiras novas e inimagináveis, com o resultado de que o amor de Deus pelo Filho se tornará mais plenamente o nosso próprio amor pelo Filho, para que sejamos capazes de desfrutar Cristo com a pureza e a intensidade com as quais deveríamos. Não seremos impedidos por nosso mundanismo atual e pelas corrupções remanescentes, tampouco pelas restrições de um corpo caído.

Aumento de alegria depois da morte

Esse novo nível de alegria em Deus que teremos na comunhão com Cristo será experimentado parcialmente quando morrermos (se Cristo não tiver retornado ainda) e, depois, de maneira ainda mais plena, na segunda vinda. Paulo diz em Filipenses 1.23: "Ora, de um e outro lado, estou constrangido, tendo o desejo de partir e estar com Cristo, o que é incomparavelmente melhor" (Fp 1.23). Quando morrermos, nossa alma será imediatamente aperfeiçoada na presença de Cristo (Hb 12.23). Mundanismo e corrupção não mais obstruirão as afeições de nosso coração. E a nossa comunhão com Jesus será mais imediata no céu do que o foi neste mundo. É por essa razão que Paulo diz que a morte será "incomparavelmente melhor". A alegria dessa comunhão sobrepujará qualquer coisa que tivermos conhecido aqui na terra.

No entanto, uma comunhão incorpórea com Jesus não é a esperança final ou mais elevada de um cristão. Paulo nos dá um vislumbre de nossa esperança final em 2 Coríntios 5. Por um lado, o apóstolo repete a essência de Filipenses 1.23: "Estamos em plena confiança, preferindo deixar o corpo e habitar com o Senhor" (2Co 5.8). Isso é "incomparavelmente melhor". Por outro lado, lamenta ser despojado de seu corpo e ficar "despido", quando preferiria ser "revestido" com seu corpo ressurreto: "Os que estamos neste tabernáculo [nosso corpo mortal] gememos angustiados, não por querermos ser despidos [sem corpo], mas revestidos [com nosso corpo de ressurreição], para que o mortal seja absorvido pela vida" (2Co 5.4). Isso deve significar que o *incomparavelmente* melhor" de morrer e estar com Cristo (Fp 1.23) é sobrepujado pelo *incomparavelmente muito melhor* de ser revestido com um novo corpo na segunda vinda de Cristo.

Isso me leva a concluir que nosso desfrute da comunhão com Jesus, quando ele vier, será muito maior do que o nosso desfrute de sua comunhão no período entre a nossa morte e a segunda vinda. E essa alegria maior resultará em parte do fato de que nos relacionaremos com ele em nosso corpo ressurreto. Parte da razão para atribuirmos nossa alegria maior ao fato de recebermos um novo corpo é que os nossos sentidos físicos novos e glorificados serão poderosos, acima de nossa concepção presente, para que, por meio deles, tanto percebamos quanto expressemos as dimensões da pessoa e da obra de Cristo em maneiras anteriormente impossíveis. Outra razão pela qual nossa alegria em Jesus será maior, quando tivermos corpos glorificados, é que a inter-relação entre o nosso corpo espiritual glorificado (1Co 15.44) e o nosso espírito glorificado estará mais íntima e perfeitamente entrelaçada do que o nosso espírito e o nosso corpo provam agora.

"Entra no gozo de teu Senhor"

Independentemente de como tentamos explicar essa frase, Jesus deixa claro que, em sua vinda, entraremos em uma nova experiência de alegria, a qual ele chama de *entrar em seu próprio gozo*. Na parábola dos talentos, Jesus retrata a si mesmo como um homem que retorna ao seu país depois de sair para uma viagem e confiar sua propriedade a seus servos. Quando os chama e lhes dá recompensas de acordo com sua obra fiel, ele diz a cada um dos servos fiéis: "Muito bem, servo bom e fiel; foste fel no pouco, sobre o muito te colocarei; *entra no gozo do teu senhor*" (Mt 25.21-23). Essa é a consumação do propósito expresso em João 15.11: "Eu vos tenho dito essas coisas *a fim de que o meu gozo esteja em vós, e o vosso gozo seja completo*". Na segunda vinda, Jesus prossegue e completa o propósito que começou em nossa vida nesta era: "Entra nesse gozo — o meu gozo, o gozo de teu Senhor. Por fim, esse regozijo será completo".

COMUNHÃO PESSOAL SE DELEITA NA PESSOA E EM SEUS DELEITES

Se perguntarmos: "naquele Dia, o nosso gozo será no próprio Jesus ou no gozo de Jesus em seu Pai?", a resposta é: *ambos*. Experimentaremos o gozo do Pai no Filho como o nosso próprio gozo (Jo 17.26). Ou seja, desfrutaremos o próprio Jesus com um pouco da intensidade com que seu Pai o desfruta. Além disso, experimentaremos o gozo do Filho no Pai como o nosso próprio gozo (Mt 25.21).

Mas a pergunta é também enganosa: "naquele Dia, o nosso gozo será em Jesus ou será o gozo de Jesus em seu Pai?" É enganosa porque, ao falarmos em desfrutar o próprio Jesus, referimo-nos à comunhão genuína e pessoal com ele. E o que é comunhão pessoal, senão o compartilhar daquilo que cada um ama? Logo, a pergunta assume uma falsa dicotomia. Quando nos deleitamos na comunhão pessoal com o próprio Jesus, deleitamo-nos em seus deleites.

Espetacular demais para ser pessoal?

Temos bons motivos para pensar que a alegria da segunda vinda inclui a alegria da *comunhão pessoal*. Precisamos ser lembrados disso, uma vez que, nos capítulos anteriores, houve considerável ênfase na majestade do Senhor e na grandeza do evento da segunda vinda, com a trombeta de Deus, a palavra de ordem, a voz do arcanjo, milhões de anjos, grande poder, fulgor de relâmpagos, glória ampla, a ressurreição de milhões de cristãos, a transformação de corpos e a distribuição de recompensas. Tudo isso pode até parecer um evento que, de tão gigantesco, talvez não deixe lugar para um *relacionamento pessoal* ou comunhão pessoal.

O Novo Testamento, porém, nos impede de cometer esse erro. Considere, por exemplo, um texto bem conhecido do Evangelho de João que se refere à segunda vinda de Cristo. O foco desse texto no relacionamento pessoal com Jesus é, às vezes, ignorado por causa de um foco incorreto em ir para o céu:

> Não se turbe o vosso coração; credes em Deus, crede também em mim. Na casa de meu Pai há muitas moradas. Se assim não fora, eu vo-lo teria dito. Pois vou preparar-vos lugar; depois que eu for e vos preparar lugar, voltarei e tomar-vos-ei para mim mesmo, para que, onde eu estou, estejais vós também (Jo 14.1-3).

Jesus acabara de dizer a seus discípulos que iria embora (Jo 13.36). Eles se perturbaram com isso. Agora, Jesus lhes diz: "Não se turbe o vosso coração". E insta-os a substituírem o coração perturbado por um coração de fé: "Credes em Deus, crede também em mim" (Jo 14.1). Creiam em mim. Creiam em meu Pai. Depois, ele ampara a fé dos discípulos com pelo menos três argumentos, os quais apontam, todos, para um relacionamento pessoal na segunda vinda:

1. Não fiquem perturbados; creiam em mim, porque meu Pai tem muitas moradas em sua casa, e cada um de vocês terá uma morada.

> Na casa de meu Pai há muitas moradas. Se assim não fora, eu vo-lo teria dito. Pois vou preparar-vos lugar (Jo 14.2).

A ênfase aqui não está no isolamento — cada um em sua própria morada. A ênfase está em ninguém ser excluído por causa da falta de acomodações. Portanto, a ênfase inclui atenção pessoal a cada discípulo. Há "muitas" moradas. Isso significa um lugar para você. Não há nenhum propósito em enfatizar *muitas* moradas se todos estarão na mesma morada. O propósito é enfatizar espaço pessoal, atenção pessoal. O foco não é isolamento individual, mas consideração pessoal.

2. *Não fiquem perturbados; creiam em mim, porque eu mesmo vou preparar a habitação de vocês com Deus.*

> Na casa de meu Pai há muitas moradas. Se assim não fora, eu vo-lo teria dito. Pois *vou preparar-vos lugar*. E, quando *eu for e vos preparar lugar...* (Jo 14.2-3a).

Duas vezes Jesus diz: "Vou preparar-vos lugar". O que isso significa? Não penso que significa que o céu é uma bagunça e precisa ser arrumado. Também não significa que a habitação de Deus está em construção. Preparar um lugar onde cada discípulo possa desfrutar de intimidade com Deus significa preparar a possibilidade de pecadores estarem perto de Deus. Preparar um lugar significa tornar um lugar disponível. É como se um homem generoso o achasse dormindo na rua, dissesse a você que lhe prepararia um lugar e, depois, lhe pagasse um quarto de hotel.

Quando Jesus diz: "Vou preparar", ele quer dizer: "Eu vou para a cruz amanhã de manhã e sairei do sepulcro três dias depois. Isso é a maior obra de preparação. É assim que vocês serão capazes de habitar com Deus. Carregarei os pecados de vocês amanhã de manhã (1Pe 2.24). Eu me tornarei uma maldição em favor de vocês amanhã de manhã (Gl 3.13). Obterei a justificação de vocês amanhã de manhã (Rm 5.9)". É por essa razão que, no versículo 6, a ênfase está em "eu sou o caminho, e a verdade, e a vida". "Vou preparar-vos um lugar" significa: "eu farei um caminho para que discípulos pecadores tenham acomodações pessoais na casa de Deus".

A alegria da comunhão pessoal com o Servo Soberano

3. Não fiquem perturbados; creiam em mim, porque eu mesmo serei a habitação de vocês e farei tudo que for necessário para garantir que desfrutem disso.

E, quando eu for e vos preparar lugar, voltarei e vos receberei para *mim mesmo*, para que, onde eu *estou*, estejais vós também (Jo 14.3).

Esse versículo é tão esclarecedor como a luz de um relâmpago. Até aqui, Jesus falou de uma casa, uma morada, um lugar. Agora, todas essas imagens saem de cena, e ele diz: "Realmente, o alvo de minha preparação é vos receber 'para *mim mesmo*'. O meu objetivo em toda a minha preparação é que, 'onde eu *estou*, estejais vós também'". Repentinamente, Jesus é não somente o *preparador* do caminho, mas também o *destino*. Esse versículo muda tudo. Tudo se torna pessoal. Agora o propósito da vinda de Jesus é comunhão pessoal: "*Voltarei* e vos receberei *para mim mesmo.*" É assim que o gozo deles se tornará completo (Jo 15.11).

A CASA DO PAI E AS MORADAS

Dois indicadores deveriam ter-nos alertado de que estava para vir à tona o fato de que Jesus seria a nossa habitação.

Primeiro, a referência à "casa de meu Pai" em João 14.2 deveria ter-nos lembrado de outra passagem nesse Evangelho em que Jesus fala da "casa de meu Pai". Ao expulsar os cambistas do templo, Jesus diz: "Tirai daqui estas coisas; não façais da *casa de meu Pai* casa de negócio" (Jo 2.16). Depois, Jesus conecta, imediatamente, o templo como habitação de Deus a si mesmo. Ele diz: "Destruí este santuário, e em três dias o reconstruirei [...] Ele, porém, se referia *ao santuário do seu corpo*" (Jo 2.19, 21). Portanto, quando lemos em João 14.1 que, na *casa do Pai*, há muitas acomodações pessoais para os discípulos de Jesus, podemos nos perguntar: "ele estava querendo dizer que *Jesus* é essa casa, que *Jesus* é o lugar onde Deus habita e onde cada discípulo pode habitar com ele?"

Em segundo lugar, a palavra traduzida por *moradas* (μοναὶ) em João 14.2 indica um "lugar de habitação". Pode ser um cômodo ou algum outro tipo de habitação. É a forma substantiva do verbo "permanecer" (μένω). Não se trata de uma palavra comum. É usada somente mais uma vez no Novo Testamento — nesse mesmo capítulo do Evangelho de João, quando Jesus diz: "Se alguém me ama, guardará a minha palavra; e meu Pai o amará, e viremos para ele e faremos nele *morada* [μονὴν, nossa habitação]" (Jo 14.23). Porém, de modo frequente nesse Evangelho, o verbo "permanecer" descreve Jesus como o nosso lugar de habitação: "Permanecei [μείνατε] em mim, e eu permanecerei em vós. Como não pode o ramo produzir fruto de si mesmo, se não permanecer [μένῃ] na videira, assim, nem vós o podeis dar, se não permanecerdes [μένητε] em mim" (Jo 15.4).

Esses dois indicadores nos preparavam para o importante esclarecimento em João 14.3. A *casa*, as *moradas* e o *lugar* se referiam todos ao próprio Jesus. "E, quando eu for e vos preparar lugar, voltarei e vos receberei para *mim mesmo*, para que, onde eu estou, estejais vós também" (Jo 14.3). Em outras palavras: "Eu sou o quarto de vocês na casa de meu Pai. Preparar esse quarto significava morrer e ressuscitar por vocês, para que possam acessá-lo e encontrem em mim uma acomodação gloriosa".

NÃO PARA LEVAR-NOS AO CÉU, MAS A SI MESMO

Precisamos corrigir um entendimento equivocado sobre João 14.1-4. Às vezes, essa passagem é usada para mostrar que, quando Jesus retornar, ele levará seu povo ao lar no céu.[1] Contudo, o texto não diz isso, e sim: "Voltarei

---

1 Alguns comentaristas bíblicos argumentam que a palavra "voltarei" dita por Jesus se refere a seu retorno três dias depois, ao ressuscitar dos mortos. Por exemplo, Robert H. Gundry, *Commentary on the New Testament: Verse-by-Verse Explanations with a Literal Translation* (Peabody: Hendrickson, 2010), p. 429. Mas, por causa das palavras que Jesus usa, acho difícil excluir a referência à segunda vinda. Levando em conta os significados multifacetados que João tenciona regularmente, Alford pode estar perto da verdade ao tentar entender a referência em ambos os sentidos: "Para entendermos isso, precisamos ter em mente o que Stier chama muito bem de 'perspectiva' de profecia. O *voltar do Senhor* não é um ato único — como a sua ressurreição, ou a descida do Espírito, ou o seu segundo advento pessoal, ou a vinda final para o julgamento futuro —, e sim o *grande complexo* de todos esses eventos, cujo resultado será resgatar seu povo para si mesmo, a fim de estarem onde ele está. Esse ἔρχομαι (v. 18) *começa* em sua ressurreição; *continua* (v. 23) na *vida espiritual* (veja também cap. 16.22s.), no ato de *os* tornar aptos para o lugar preparado; *prossegue* com cada um sendo tomado pela morte e levado para estar com ele (Fp 1.23); e *é completado plenamente* na sua segunda vinda em glória, quando estarão para sempre com ele (1Ts 4.17) no perfeito estado de ressurreição" (Henry Alford, *Alford's Greek Testament: an Exegetical and Critical Commentary* [Grand Rapids: Guardian Press, 1976], 1:849-50).

e vos receberei para *mim mesmo,* para que, onde *eu estou,* estejais vós também." E onde ele estará quando voltar? Nós nos encontraremos com ele nos ares e lhe daremos as boas-vindas para o estabelecimento do seu reino na terra.[2] E, assim, estaremos para sempre com o Senhor (1Ts 4.16-17).

O que essa passagem de João 14 destaca sobre a segunda vinda não é um novo acesso ao céu, e sim um novo acesso a Cristo. "Eu [...] vos receberei para *mim mesmo.*" "Portanto, creiam em mim", Jesus está dizendo. "Virei para vocês. Vocês estarão *comigo* para sempre." A vinda de Cristo não é somente um espetáculo magnífico; é um acolhimento pessoal. E esse acolhimento é, acima de tudo, para ele mesmo. À semelhança do que fazemos com outros mistérios relacionados a um futuro inimaginável, não precisamos explicar como Jesus se relaciona pessoalmente com milhões de pessoas. Aqueles serão dias de descoberta, não de desapontamento. Em Jesus Cristo, estão todos os tesouros de sabedoria e de conhecimento (Cl 2.3). Nada que esteja de acordo com sua Palavra será impossível para ele. Nada arruinará a alegria da comunhão pessoal com Jesus.

A ALEGRIA DA VINDA DE JESUS É SEMELHANTE À ALEGRIA DE UMA FESTA DE CASAMENTO

A alegria dessa comunhão terá em si uma dimensão de quase inconcebível surpresa, uma dimensão que subverte completamente as expectativas racionais, comuns e até mesmo bíblicas. Permita-me abordar essa questão indiretamente. Um aspecto de imprevisibilidade tem a ver com a maneira como a vinda de Jesus está relacionada a uma festa de casamento. Comumente pensamos na ilustração de Mateus 25.1-12, que compara a segunda vinda à chegada de um noivo para sua festa de casamento. Essa ilustração tem, no mínimo, o propósito de comunicar que será um evento de grande alegria. Todavia, temos de ser cuidadosos para não forçarmos os detalhes dessa ilustração, como se indicasse que Cristo está vindo para se casar com a igreja. Há uma "ceia das bodas do Cordeiro" em que a noiva é o povo de Deus vestido de obras de justiça (Ap 19.7-19; 21.2, 9). Porém, as festas

---

2 Ver especialmente os capítulos 8 e 9.

descritas por Jesus e que tomarão parte em sua segunda vinda não tencionam retratar essa ceia.[3]

Por exemplo, quando o noivo aparece em Mateus 25.1, a igreja obediente é descrita não como a noiva, e sim como cinco virgens prudentes que são servas do noivo, esperando recebê-lo para a festa. O ponto principal da parábola está no versículo 13: "Vigiai, pois, porque não sabeis o dia nem a hora" (Mt 25.13). A história atinge o clímax não com um casamento, nem mesmo com a apresentação da noiva, mas com as palavras: "as que estavam apercebidas entraram com ele para as bodas; e fechou-se a porta" (Mt 25.10). O argumento da parábola é a prontidão anelante pela vinda do Senhor, em um contexto de alegria festiva.

Esse é o quadro típico e costumeiro com o qual muitos de nós estamos familiarizados: a vinda de Jesus é semelhante à vinda de um noivo para uma festa de casamento. E a ênfase dessa ilustração recai sobre a alegria; uma vez que, em muitas culturas, casamentos e suas festas estão entre as celebrações mais felizes que experimentamos. É assim que devemos pensar na segunda vinda de Cristo.

DIMENSÃO IMPENSÁVEL DE ALEGRIA NA VINDA DE CRISTO
Mas, então, vem a surpresa em Lucas 12.35-38:

> Cingido esteja o vosso corpo, e acesas, as vossas candeias. Sede vós semelhantes a homens que esperam pelo seu senhor, ao voltar ele das festas de casamento; para que, quando vier e bater à porta, logo lha abram. Bem-aventurados aqueles servos a quem o senhor, quando vier, os encontre vigilantes; *em verdade vos afirmo que ele há de cingir-se, dar-lhes lugar à mesa e, aproximando-se, os servirá.* Quer ele venha na segunda vigília, quer na terceira, bem-aventurados serão eles, se assim os achar.

---

3 A parábola das bodas em Mateus 22.1-14 não é apresentada como retratando a segunda vinda. E a cena não se harmoniza com uma festa de casamento que tem Jesus como o noivo e os discípulos como a noiva, porque os discípulos que são convertidos e vêm à festa são *convidados* da festa. Não são a noiva. É uma parábola sobre os tipos de razões mundanas que as pessoas usam para rejeitar a abundante generosidade dos convites do reino.

Aqui, a segunda vinda é retratada não como um noivo que vem para a festa de casamento, mas como um senhor *vindo de* uma festa de casamento. Repentinamente, as coisas são viradas de cabeça para baixo. Nenhuma explicação é dada. Todavia, Jesus é mostrado como vindo *de* uma festa de casamento. Por isso, pressuponho que o ensino essencial aqui é que ele já está cheio de alegria e celebração muito antes de chegar às bodas. Jesus não está vindo da tristeza para a alegria, mas da alegria para a alegria.

Nós nos perguntamos o que mais será virado de cabeça para baixo nessa cena. Aqueles que esperam por seu "senhor" (τὸν κύριον) são chamados de "servos" ou de "escravos" (δοῦλοι). O primeiro ensino da história é sermos semelhantes a esses. "Cingido esteja o vosso corpo, e acesas, as vossas candeias. Sede vós semelhantes a homens que esperam [ansiosamente] pelo seu senhor, ao voltar ele das festas de casamento" (Lc 12.35-36). Em outras palavras, façam com obediência de coração o que o senhor determinou. Nesse caso, permaneçam "vigilantes a fim de que lhe abram a porta quando ele vier. A ordem "cingido esteja o vosso corpo" significa prontidão zelosa de estar sempre envolvido nos interesses do senhor. O fato de que os "servos" estão em vista intensificará a dimensão de surpresa de nossa alegria.

Em seguida, Jesus nos diz por que devemos ser tão vigilantes para sermos achados fazendo a vontade do senhor: porque isso resultará em *bem-aventurança*. "Bem-aventurados [μακάριοι] aqueles servos a quem o senhor, quando vier, os encontre vigilantes" (Lc 12.37). Felizes! Então, Jesus lança a bomba. Achávamos que tínhamos alguma ideia a respeito de como será a alegria que desfrutaremos na segunda vinda quando nos tornarmos parte da família íntima de Jesus. Ainda que sejamos chamados "servos", sabemos que não seremos "servos" no sentido comum, porque ele nos chama de "filhos" (Rm 8.16) e "amigos" (Jo 15.15). Todavia, agora Jesus nos diz algo sobre a alegria dessa família que contraria todas as expectativas.

O Filho soberano como aquele que serve

O proprietário, o senhor, nos ordenará — a nós, "servos" (ele usa a palavra para intensificar o paradoxo) — que nos sentemos à mesa de jantar como seus convidados, porque ele "há de cingir-se" e nos servirá! A palavra traduzida por "há de cingir-se" (περιζώσεται) é a mesma palavra que ocorre em Lucas 12.35, texto em que o senhor ordena aos servos: "*Cingido* esteja o vosso corpo" (περιζώσεται). E isso significa que Jesus inverte intencionalmente os papéis. Somos ordenados a sentar-nos como membros da família, enquanto ele assume o papel de servo para nos servir.

Jesus dará uma ilustração de discipulado cinco capítulos depois (Lc 17.7-10), na qual, em essência, ele dirá: "Isso não é o que os senhores fazem. E nenhum servo jamais deveria esperar isso".

> Qual de vós, tendo um servo ocupado na lavoura ou em guardar o gado, lhe dirá quando ele voltar do campo: Vem já e põe-te à mesa? E que, antes, não lhe diga: Prepara-me a ceia, cinge-te [περιζωσάμενος] e serve-me, enquanto eu como e bebo; depois, comerás tu e beberás? Porventura, terá de agradecer ao servo porque este fez o que lhe havia ordenado? Assim também vós, depois de haverdes feito quanto vos foi ordenado, dizei: Somos servos inúteis, porque fizemos apenas o que devíamos fazer.

Senhores não prestam serviços a seus servos. Nem mesmo agradecem a seus servos. O que mais Jesus poderia ter dito para tornar seu comportamento na vinda do Filho do Homem mais surpreendente? E não se engane: Lucas 12.37 *é* uma descrição da gloriosa vinda do Filho do Homem. Três versículos depois, Jesus conclui: "Ficai também vós apercebidos, porque, à hora em que não cuidais, o Filho do Homem virá" (Lc 12.40). Jesus já havia descrito a majestade espetacular da segunda vinda. Ele dissera: "... o Filho do Homem, quando vier na sua glória e na do Pai e dos santos anjos" (Lc 9.26). Esse glorioso e soberano, que triunfa sobre todos os seus adversários, virá e oferecerá assento a seus "servos" (que são tratados como senhores) à mesa, vai cingir-se com as vestes de um servo e servi-los.

PRIMEIRO, SERVIDÃO SOFREDORA; DEPOIS, SERVIDÃO GLORIOSA

Em seguida, acrescente este ensino de Jesus registrado em Lucas 22.25-27:

> Os reis dos povos dominam sobre eles, e os que exercem autoridade são chamados benfeitores. Mas vós não sois assim; pelo contrário, o maior entre vós seja como o menor; e aquele que dirige seja como o que serve. Pois qual é maior: quem está à mesa ou quem serve? Porventura, não é quem está à mesa? Pois, no meio de vós, eu sou como quem serve.

Talvez pensemos que a atitude servil de Jesus acabaria quando seu ministério terreno terminasse. Não é isso que Filipenses 2.6-9 parece sugerir?

> Ele, subsistindo em forma de Deus, não julgou como usurpação o ser igual a Deus; antes, a si mesmo se esvaziou, assumindo a forma de servo, tornando-se em semelhança de homens; e, reconhecido em figura humana, a si mesmo se humilhou, tornando-se obediente até à morte e morte de cruz. *Pelo que* também Deus o exaltou sobremaneira e lhe deu o nome que está acima de todo nome.

Primeiramente, vem a humildade e a servidão durante a encarnação; depois, a recompensa de exaltação após a ressurreição. Certo? Sim. Mas não é tão simples assim. Lucas 12.37 impede essa simplificação exagerada. O Rei dos reis, o Criador do mundo, o esplendor da glória de Deus, o sustentador do universo (1Tm 6.15; Hb 1.2-3) virá para assumir "a forma de servo" em sua segunda vinda e tornar nossa alegria, em seu banquete, comovente e respeitosamente feliz, com admiração extasiante. O padrão é este: primeiro, o sofrimento; depois, a glória (1Pe 1.11; 5.1). Ou, mais precisamente, o padrão é este: primeiro, a servidão sofredora; depois, a servidão gloriosa.

PARADOXO ETERNO

Não diminua a sua perplexidade a respeito de como isso se harmonizará com a chama de fogo ardente que traz vingança sobre os inimigos (2Ts 1.8) ou com a distribuição de recompensas (Mt 16.27). A perspectiva profética da Escritura permite que o Dia do Senhor inclua todo o tempo necessário para que Deus faça tudo o que pretende.[4]

Na verdade, acho que seria um erro pensar em Lucas 12.37 somente como um evento. "Ele há de cingir-se, dar-lhes lugar à mesa e, aproximando-se, os servirá." Essas palavras são válidas não simplesmente para um único banquete de curta duração, depois do qual Cristo vestirá novamente sua armadura para ser apenas o rei-guerreiro por toda a eternidade.

Não. O fato é que a glória de Cristo sempre foi e sempre será o tipo de glória que combina excelências diversas e até paradoxais. Sua glória não é monocromática. É deslumbrantemente diversificada. A música de sua grandeza não é uníssona; é uma harmonia ampla e profunda. Cristo é e sempre será uma união de majestade e humildade, reverência a Deus e igualdade com Deus, obediência e domínio, senhorio e servidão, transcendência e intimidade, justiça e misericórdia. Cristo sempre estará à vontade nos mantos de um rei e na toalha de um servo.

Há uma razão para isso. E essa razão está na base de nossa felicidade quando Cristo vier. O doador recebe a glória. Ele sempre será o que doa a graça, e nós sempre seremos os que dependem da graça. Sempre seremos os beneficiários da graça. Nunca seremos benfeitores de Deus. Ele sempre tem a glória de ser autossuficiente e capaz de suprir todas as necessidades. Deus sempre será a fonte inesgotável, e nós sempre seremos os sedentos. Deus sempre será o pão da vida, e nós sempre seremos os famintos. Ele, o pastor; nós, as ovelhas. Ele, o sol; nós, a lua. Ele, o médico que sustenta a saúde; e nós, os enfermos sempre dependentes.

Essa é outra maneira de dizer que o nosso destino, de eternidade a eternidade, não é apenas que louvemos a glória de Deus, mas também que louvemos a "glória de sua *graça*" (Ef 1.6). O ápice dessa glória é o transbordamento da graça. Deus nunca renunciará à sua glória de ser livre de necessidades. Ele nunca será nosso devedor. E, se você perder o bom senso por um momento e duvidar de que isso são boas novas, permita que essa mensagem de Efésios 2.6-7 o traga de volta à sanidade: "E, juntamente

---

4 Veja o capítulo 8, nota 1.

com ele [Cristo], [Deus] nos ressuscitou, e nos fez assentar nos lugares celestiais em Cristo Jesus; para mostrar, nos séculos vindouros, a suprema riqueza da sua graça, em bondade para conosco, em Cristo Jesus."

Quando Jesus disse que, na segunda vinda, o Filho do Homem "há de cingir-se, dar-lhes [a seus discípulos] lugar à mesa e, aproximan-do-se, os servirá", ele não estava descrevendo uma exceção para um dia, e sim um padrão para a eternidade. Exaurir em nós a "suprema riqueza [ὑπερβάλλονπλοῦτος] da sua graça, em bondade", exigirá todos os "séculos vindouros". Isso é o que "suprema riqueza" significa.

COMUNHÃO PESSOAL COM O SERVO SOBERANO
Concluo, então, que a glória da segunda vinda incluirá a preciosidade da comunhão pessoal com Cristo. E essa comunhão pessoal tem uma dimen-são que é inefavelmente vasta: será íntima e transcendente. Ele nos *rece-berá para si mesmo* (Jo 14.3). E, nessa comunhão, Cristo nos conduzirá a experiências de serviço que, paradoxalmente, são majestosas e humildes e que exigirão uma eternidade para serem desfrutadas plenamente.

Parte 2

O tempo da vinda de Cristo

PRÓLOGO DA PARTE 2

O TEMPO DA VINDA DE CRISTO
E O AMOR POR ELA

A pergunta que tento responder na parte 2 é: como devemos pensar sobre o tempo da vinda de Cristo? Uma pergunta específica orienta o que incluo e o que omito: quão relevante é esse pensamento no sentido de nos ajudar a amar a vinda do Senhor? Sem dúvida, minhas opiniões sobre essa pergunta podem não ser iguais às suas. Espero que sejam proveitosas, tanto quanto possível.

O amor pela vinda de Cristo é aprofundado não somente ao vermos as razões que a tornam maravilhosa, mas também ao superarmos obstáculos e incompreensões. Eis uma analogia: o meu amor por minha esposa se aprofunda quando sou lembrado de suas preciosas qualidades pessoais, mas também quando entendo melhor a carta que ela poderia escrever se tivesse (como Jesus) de ficar distante de mim por muito tempo.

Procurarei dizer o suficiente para que o nosso amor pela vinda de Cristo não seja enfraquecido por excessiva perplexidade a respeito de quando ele virá. Digo "*excessiva* perplexidade" porque acho que *um pouco* de perplexidade quanto ao ensino bíblico sobre o tempo da vinda do Senhor é inevitável. Digo isso como uma observação procedente de minha própria experiência e de minha leitura da história da interpretação.

Até onde sei, nunca conversei com um cristão — erudito ou leigo — que não tivesse dificuldade com algum texto bíblico que fala sobre segunda vinda de Cristo. Também não vejo na história da igreja um consenso quanto à identificação dos sinais que antecedem a segunda vinda ou quanto à duração dos eventos associados a ela. Na prática, então, parece-me que devo tentar dizer o que nos ajudaria a amar a vinda do Senhor e a viver a nossa vida com o tipo de vigilância e expectativa ordenado na Escritura.

Portanto, as três perguntas que tentarei responder na parte 2 são:

1. Jesus ensinou que retornaria dentro de *uma geração*?
2. O que o Novo Testamento quer dizer quando afirma que Jesus viria *logo*?
3. O Novo Testamento ensina que Jesus pode vir *a qualquer momento*?

CAPÍTULO 13

JESUS ENSINOU QUE RETORNARIA DENTRO DE UMA GERAÇÃO?

Seria difícil amar a vinda de Cristo se ele estivesse moralmente comprometido por haver prometido que viria num espaço de tempo do qual não tinha ciência. Observe atentamente como coloco o problema. Não estou perguntando se Jesus cometeu um erro. Isso seria terrível. Estou perguntando se o seu engano foi moralmente condenável. Em outras palavras, a pergunta não é apenas: "Ele entendeu errado o tempo de seu retorno?" A pergunta é: "Jesus se aventurou a predizer aquilo que ele não estava em posição de predizer?"

Coloco o problema dessa maneira por causa do que Jesus diz em Mateus 24.36, uma das afirmações mais importantes na Bíblia sobre o tempo da segunda vinda: "A respeito daquele dia e hora ninguém sabe, nem os anjos dos céus, nem o Filho, senão o Pai". Sem dúvida, é estranho que Jesus, o Deus-homem, não saiba de algo que o Pai sabe. Mas foi o que ele disse. E isso significa que, se Jesus predissesse o tempo de sua própria vinda, mesmo sem o saber, ele ficaria moralmente comprometido. E, por isso, seria difícil amar a sua vinda.

Três passagens da Escritura (com seus paralelos) suscitam essa pergunta. Lidarei com uma de cada vez.

ALGUNS NÃO PASSARÃO PELA MORTE ANTES DE VEREM A VINDA DO SENHOR

A primeira é a predição de que a vinda de Cristo ocorrerá antes de alguns de seus contemporâneos passarem pela morte. Essa predição está presente em cada um dos três primeiros Evangelhos:

Em verdade vos digo que alguns há, dos que aqui se encontram, que de maneira nenhuma passarão pela morte até que vejam vir o Filho do Homem no seu reino. Seis dias depois, tomou Jesus consigo a Pedro e aos irmãos Tiago e João e os levou, em particular, a um alto monte (Mt 16.28-17.1).

Dizia-lhes ainda: Em verdade vos afirmo que, dos que aqui se encontram, alguns há que, de maneira nenhuma, passarão pela morte até que vejam ter chegado com poder o reino de Deus. Seis dias depois, tomou Jesus consigo a Pedro, Tiago e João e levou-os sós, à parte, a um alto monte. Foi transfigurado diante deles (Mc 9.1-2).

Verdadeiramente, vos digo: alguns há dos que aqui se encontram que, de maneira nenhuma, passarão pela morte até que vejam o reino de Deus. Cerca de oito dias depois de proferidas estas palavras, tomando consigo a Pedro, João e Tiago, subiu ao monte com o propósito de orar. E aconteceu que, enquanto ele orava, a aparência do seu rosto se transfigurou e suas vestes resplandeceram de brancura (Lc 9.27-29).

Nessas três passagens, somente Mateus 16.28 menciona explicitamente a segunda vinda ("até que vejam vir o Filho do Homem"). Marcos e Lucas se referem apenas à vinda do reino. Mas todas elas provavelmente falam do mesmo evento. Todos os três Evangelhos dizem que a vinda do reino será testemunhada por "alguns" dos que "aqui se encontram" antes de provarem a morte. Em todos os três Evangelhos, essa afirmação é seguida pela transfiguração de Jesus no monte.

O monte em que eles viram

Esse fato — a justaposição das palavras de Jesus com a transfiguração — é crucial para o entendimento do que Jesus queria dizer. Acho que ele pretendia dizer que Pedro, Tiago e João não provariam a morte antes de terem uma visão antecipada da segunda vinda de Cristo. Eles foram os três que subiram com Jesus ao monte. Jesus considerou a revelação de sua majestade e glória uma prefiguração de sua vinda no fim desta era:

> E foi transfigurado diante deles; o seu rosto resplandecia como o sol, e as suas vestes tornaram-se brancas como a luz. E eis que lhes apareceram ["foram *vistos* por eles"!] Moisés e Elias, falando com ele. Então, disse Pedro a Jesus: Senhor, bom é estarmos aqui; se queres, farei aqui três tendas; uma será tua, outra para Moisés, outra para Elias. Falava ele ainda, quando uma nuvem luminosa os envolveu; e eis, vindo da nuvem, uma voz que dizia: Este é o meu Filho amado, em quem me comprazo; a ele ouvi. Ouvindo-a os discípulos, caíram de bruços, tomados de grande medo. Aproximando-se deles, tocou-lhes Jesus, dizendo: Erguei-vos e não temais! Então, eles, levantando os olhos, a ninguém viram, senão Jesus (Mt 17.2-8).

Além da imediata justaposição da transfiguração com a afirmação de Jesus sobre sua vinda (ou a vinda do reino), há outra razão para interpretarmos a transfiguração como a prefiguração da segunda vinda. Pedro, que esteve no monte com Jesus durante a transfiguração, se refere a essa experiência em sua segunda epístola como uma visão antecipada ou uma validação preliminar da segunda vinda:

> Porque não vos demos a conhecer o poder e a vinda [παρουσίαν] de nosso Senhor Jesus Cristo seguindo fábulas engenhosamente inventadas, mas nós mesmos fomos testemunhas oculares da sua majestade, pois ele recebeu, da parte de Deus Pai, honra e glória, quando pela Glória Excelsa lhe foi enviada a seguinte voz: Este é o meu Filho amado, em quem me comprazo. Ora, esta voz, vinda do céu, nós a ouvimos quando estávamos com ele no monte santo (2Pe 1.16-18).

Pedro considera seu testemunho ocular da transfiguração como uma prova de que sua profecia sobre "o poder e a vinda de nosso Senhor Jesus Cristo" não é um mito. A expressão "o poder e a vinda" do Senhor, no versículo 16, é uma referência à segunda vinda, que Pedro retomará no capítulo 3. A palavra "vinda" é o termo usado regularmente em referência à segunda vinda no Novo Testamento (*parousia*). E a palavra "poder" é usada para descrever a segunda vinda de Cristo em Mateus 24.30: "E verão o Filho do Homem vindo sobre as nuvens do céu, com *poder* e muita glória".

Concluo, portanto, que, no entendimento de Pedro, o que se viu no Monte da Transfiguração foi um antegozo ou prefiguração da segunda vinda de Jesus. Por conseguinte, isso significa que aqueles que não passariam "pela morte" antes que vissem "o Filho do Homem" vindo "no seu reino" (Mt 16.28) eram Pedro, Tiago e João. Eles contemplaram a vinda de Jesus e de seu reino majestoso prefigurada e confirmada na transfiguração.

Vamos dar um passo atrás e nos perguntar por que Jesus escolheu dar essa visão antecipada de sua vinda. Uma resposta é que ele desejava que houvesse um testemunho apostólico extraordinário da realidade gloriosa e não mítica de sua vinda futura. Jesus queria que o testemunho dos apóstolos tivesse o gosto da realidade, para que nossa experiência da esperança da vinda de Cristo fosse doce. Em outras palavras, ele fez isso para que amássemos a sua vinda.

ANTES DE PASSAR ESTA GERAÇÃO

A segunda passagem é a predição de Jesus de que "não passará esta geração sem que tudo isto aconteça". Apresento em seguida os textos análogos que têm feito alguns pensarem que Jesus predisse seu próprio retorno no decorrer de uma geração:

> Assim, também vós: quando virdes acontecer estas coisas, sabei que está próximo, às portas. Em verdade vos digo que não passará esta geração sem que tudo isto aconteça (Mc 13.29-30).

> Assim também vós: quando virdes todas estas coisas, sabei que está próximo, às portas. Em verdade vos digo que não passará esta geração sem que tudo isto aconteça (Mt 24.33-34).

Jesus ensinou que retornaria dentro de uma geração?

Assim também, quando virdes acontecerem estas coisas, sabei que está próximo o reino de Deus. Em verdade vos digo que não passará esta geração, sem que tudo isto aconteça (Lc 21.31-32).

Tanto Marcos quanto Mateus dizem que, quando virmos acontecerem "estas coisas", podemos ter certeza de que ele "está próximo, às portas". Isso significa que "estas coisas" não podem incluir a vinda factual do Senhor, uma vez que, quando "estas coisas" acontecerem, o Senhor estará apenas *próximo*, não presente. Portanto, nenhuma dessas passagens ensina que Jesus retornará dentro de uma geração. O que, então, elas ensinam?

As dores de parto da era por vir

Esses textos confirmam toda a perspectiva do Novo Testamento de que, começando com a vinda de Jesus, temos vivido nos "últimos dias". "Nestes últimos dias, [Deus] nos falou pelo Filho" (Hb 1.2; cf. At 2.17; 2Tm 3.1-5; Tg 5.3; 2Pe 3.3). Desde a primeira geração da igreja até ao fim deste era, na vinda de Jesus, os "últimos dias" serão caracterizados pelas "dores de parto" (Mt 24.8; Mc 13.8, NTLH) da consumação final. Em outras palavras, "estas coisas" que acontecem dentro de uma geração são os tipos de perturbações que caracterizam todos os últimos dias, os quais se estendem desde a encarnação até a segunda vinda.

Por exemplo, depois de mencionar falsos cristos, guerras, rumores de guerras, nações se levantando contra nações, fomes e terremotos (Mt 24.5-7), Jesus diz: "*Tudo isto* é o princípio das dores" (Mt 24.8). "Ainda não é o fim" (Mt 24.6). A expressão "tudo isto" ($\pi\acute{\alpha}\nu\tau\alpha$ $\tau\alpha\tilde{\upsilon}\tau\alpha$) no versículo 8 é a mesma expressão usada no versículo 34: "Não passará esta geração sem que tudo isto [$\pi\acute{\alpha}\nu\tau\alpha$ $\tau\alpha\tilde{\upsilon}\tau\alpha$] aconteça". Em outras palavras, "estas coisas" acontecem realmente no decorrer de uma geração, mas são apenas o começo das dores de parto, que marcarão toda a história e, depois, atingirão o clímax no fim. Podemos ouvir o clímax se aproximando em Mateus 24.12-13: "E, por se *multiplicar* a iniquidade, o amor se esfriará de quase todos. Aquele, porém, que *perseverar até o fim*, esse será salvo".

VEM, SENHOR JESUS!

Por essa e outras razões que abordaremos,[1] entendo Mateus 24.1-44 (e as passagens análogas) como uma predição de eventos que aconteceriam dentro de uma geração, incluindo a destruição de Jerusalém em 70 d.C., *bem como* de eventos que acontecerão no decorrer de toda a história *e* de eventos que, intensificando-se, ocorrerão no final desta era, pouco antes do retorno de Jesus. Por exemplo, a versão de Lucas sobre esse ensino torna explícita a destruição de Jerusalém: "Quando, porém, virdes Jerusalém sitiada de exércitos, sabei que está próxima a sua devastação" (Lc 21.20). Penso, contudo, ser um erro interpretar as profecias de Jesus sobre o futuro em Mateus 24 (e textos análogos) como se referindo apenas à destruição de Jerusalém em 70 d.C. e aos eventos que culminaram em sua destruição. Em vez disso, a intenção de Jesus é que vejamos os eventos relacionados a 70 d.C. como precursores dos horrores do fim dos tempos. São parte do princípio das dores.

Próximo e distante na "perspectiva profética"

Já descrevemos essa forma de entender a profecia bíblica,[2] chamando-a, em consonância com George Ladd, de "perspectiva profética". Isso significa que eventos distantes são vistos como prenunciados nos eventos próximos, e os eventos próximos são entendidos como previsões dos que estão distantes. Essa perspectiva permeia todas as partes proféticas da Escritura. Aqui, outra vez, está o resumo de Ladd sobre Mateus 24, Marcos 13 e Lucas 21 em face dessa perspectiva profética, como vimos no capítulo 9:

> Da totalidade de seu ensino [de Jesus], uma coisa fica evidente: Jesus falou tanto da queda de Jerusalém quanto de sua parousia escatológica. Cranfield sugeriu que, na opinião de Jesus, o histórico e o escatológico estão misturados e que o evento escatológico final é visto por meio da "transparência" do evento histórico imediato. O presente autor aplicou essa tese aos profetas do Antigo

---

1 Veja o capítulo 16.
2 Veja o capítulo 8, nota 1.

Testamento e descobriu que essa visão encurtada do futuro é um dos elementos essenciais da *perspectiva profética*. Em Amós, o Dia do Senhor é tanto um evento histórico (Am 5.18-20) quanto um evento escatológico (Am 7.4; 8.8-9; 9.5). Isaías descreve o dia histórico de visitação à Babilônia como se fosse o escatológico Dia do Senhor (Is 13). Sofonias descreve o Dia do Senhor (Sf 1.7, 14) como um desastre histórico nas mãos de um inimigo não citado (Sf 1.10-12, 16-17; 2.5-15); mas também o descreve como uma catástrofe mundial na qual as criaturas são varridas da face da terra (Sf 1.2-3), de modo que nada permanece (Sf 1.18). Essa maneira de ver o futuro expressa o ponto de vista de que, "nas crises da história, o escatológico é prenunciado. Os julgamentos divinos na história são, por assim dizer, ensaios do julgamento final, e as encarnações sucessivas do anticristo são prenúncios da última e suprema concentração da iniquidade do mal antes do fim."[3]

Acho que esse ponto de vista é correto. Uma implicação é que não somos compelidos a escolher entre cumprimentos no século I e cumprimentos no fim dos tempos.[4] E certamente não somos compelidos a dizer que Jesus predisse erroneamente sua vinda final dentro de uma geração.

---

3 George Eldon Ladd, *A Theology of the New Testament*, ed. rev., ed. D. A. Hagner (Grand Rapids: Eerdmans,1993), p. 198-99; ênfase acrescentada [edição em português: *Teologia do Novo Testamento*, ed. rev. (São Paulo: Hagnos, 2003)]. A sentença entre aspas procede de C. E. B. Cranfield, *The Gospel according to St Mark: an Introduction and Commentary* (Cambridge: Cambridge University Press, 1959), p. 404.

4 Sam Storms argumenta que Mateus 24.4-31 se refere, "imediata e primariamente", aos eventos que culminaram em 70 d.C. Mas, em seguida, articula esta conclusão:

Em conclusão, meu argumento de que Mateus 24.4-31 se refere imediata e primariamente aos eventos que incluíam e levaram à destruição de Jerusalém em 70 d.C. não exclui necessariamente a possibilidade de que o fim da era, pelo menos indiretamente, esteja também em vista. Pode muito bem ser que eventos futuros associados ao segundo advento de Cristo no fim da era sejam *prefigurados* pela destruição do templo e da cidade em 70 d.C. James Edwards argumenta "que eventos relacionados à destruição do templo e à queda de Jerusalém são um tipo e prenúncio de um sacrilégio final antes do Dia de Juízo" [James R. Edwards, *The Gospel according to Mark* (Grand Rapids: Eerdmans, 2002), p. 384].
Em outras palavras, os eventos de 70 d.C. *podem* muito bem retratar de maneira localizada o que acontecerá *de maneira global* no segundo advento ou que, de alguma maneira, estará associado a ele... Portanto, minha opinião é que o padrão de eventos transcorridos no período de 33 a 70 d.C., que incluíam e levaram à destruição de Jerusalém e seu templo, *pode* funcionar como um *prenúncio local e microscópico* dos eventos *globais e macroscópicos* associados à *parousia* e ao final da história. Presumivelmente, então, o período de 33 a 70 d.C. provê em seus *princípios* (embora não necessariamente em todas as particularidades) um

PERCORRENDO TODAS AS CIDADES DE ISRAEL

Em terceiro lugar, Jesus prediz em Mateus 10.23: "Quando, porém, vos perseguirem numa cidade, fugi para outra; porque em verdade vos digo que não acabareis de percorrer as cidades de Israel, até que venha o Filho do Homem".

Mateus 10.23 é o texto mais enigmático sobre a vinda do Filho do Homem. Essas palavras significam que Jesus previu que retornaria antes de os discípulos terminarem de evangelizar a região geográfica habitada principalmente pelo povo de Israel? A princípio, alguém poderia pensar razoavelmente que sim.

No entanto, não é tão simples assim. Por um lado, a palavra "Israel" em Mateus não se refere, isoladamente, a uma região geográfica. A palavra é usada 12 vezes em Mateus em expressões como "povo de Israel" (2.6, ARC), "terra de Israel" (2.20), "casa de Israel" (10.6), "Deus de Israel" (15.31), "tribos de Israel" (19.28), "filhos de Israel" (27.9) e "rei de Israel" (27.42). Será que a expressão "cidades de Israel" (πόλεις τοῦ Ἰσραὴλ) implica necessariamente em cidades de uma determinada área geográfica definida pelo povo de Israel? Ou será que ela poderia ter um significado mais amplo? Poderia significar "cidades do *povo* de Israel" ou "cidades em que Israel habita"? Poderia Jesus estar falando, de maneira irrestrita ou mesmo figurada, sobre o povo de Israel disperso, que precisará do Evangelho até que o Filho do Homem venha?

---

modelo em comparação com o qual devemos interpretar o período de 70 d.C. até a *parousia* (Sam Storms, *Kingdom Come: the Amillennial Alternative* [Fearn: Mentor, 2013], p. 279; ênfase original).

Você pode perceber nas palavras "não exclui necessariamente a possiblidade", "pode muito bem ser", "podem muito bem retratar", "pode funcionar" e "presumivelmente" uma incerteza que não oferece muita orientação a respeito de como devemos ver nas palavras de Jesus o que ainda pode ser futuro. Na prática, como devemos aplicar as seguintes palavras de Storms: "[Estes eventos do século I] *podem* funcionar como um *prenúncio local e microscópico* dos eventos *globais e macroscópicos*"? Se ficamos apenas com a possibilidade de que Jesus tencionava que suas palavras iluminassem o fim dos tempos, devemos pensar que elas fazem realmente isso ou não? A diferença entre minha opinião e a de Storms é dupla. Primeiramente, ele vê apenas a *possiblidade* de que Mateus 24.4-31 prenuncie eventos que ocorrerão no fim da era, enquanto eu penso que há boa evidência de que tanto Mateus quanto Paulo entendiam o ensino de Jesus como tendo em vista, certamente, o tempo final. Além disso, enquanto Storms pode admitir que os eventos do século I sejam a principal conturbação da terra, por assim dizer, em Mateus 24.4-31, com possíveis réplicas posteriores no fim da história, eu penso que os eventos associados à segunda vinda são a conturbação da terra em Mateus 24.4-31 e que os eventos do século I são pequenas convulsões alertadoras. A base para isso é principalmente a observação de que Paulo e Jesus conceitualizam a segunda vinda da mesma maneira, como se evidencia na linguagem compartilhada entre eles. Paulo deixa claro que essa linguagem e conceitualização, extraídos amplamente de Mateus 24.4-35, se referem ao próprio tempo do fim e não somente a 70 d.C. Veja o capítulo 16.

Jesus ensinou que retornaria dentro de uma geração?

Outro fator a ser considerado é se a lógica do versículo indica primariamente cidades para evangelização ou cidades para refúgio. Observe que a frase que começa com a palavra "porque" argumenta que sempre haverá outra cidade que servirá de refúgio até que o Filho do Homem venha: "Quando, porém, vos perseguirem numa cidade, fugi para outra; *porque* em verdade vos digo que não acabareis de percorrer as cidades de Israel, até que venha o Filho do Homem". Essa é a interpretação de Ridderbos — ou seja, mesmo que os discípulos continuem a ser perseguidos até ao fim, sempre haverá um lugar para o qual poderão fugir.[5]

Por outro lado, Ladd ressalta que o parágrafo que Mateus 10.23 conclui "olha claramente para além da missão imediata dos Doze e contempla sua missão futura no mundo". Por exemplo, o versículo anterior diz: "Sereis odiados de todos por causa do meu nome; aquele, porém, que perseverar até ao fim, esse será salvo" (Mt 10.22). Ladd conclui: "O versículo em consideração diz simplesmente que a missão dos discípulos de Jesus para Israel durará até à vinda do Filho do Homem. Indica que, apesar da cegueira de Israel, Deus não desistiu deles. O novo povo de Deus deve ter um interesse por Israel até que o fim venha".[6]

Há outras interpretações de Mateus 10.23.[7] Não tenho uma convicção forte ou clara sobre qual dessas interpretações é a correta. O que me guia em situações como esta é (1) minha confiança em Jesus conforme

---

5 Herman Ridderbos, *The Coming of the Kingdom*, ed. Raymond O. Zorn., trad. para o inglês por Jongste (1950; reimpr., Filadélfia: Presbyterian & Reformed, 1962), p. 507-10 [edição em português: *A Vinda do Reino* (São Paulo: Cultura Cristã, 2019)].

6 Ladd, *Theology of the New Testament*, p. 200. Semelhantemente, Hoekema conclui: "Podemos entender Mateus 10.23 como nos ensinando, primeiramente, que a igreja de Jesus Cristo deve não somente continuar tendo um interesse por Israel, mas também continuar levando o Evangelho a Israel até que Jesus venha novamente. Em outras palavras, Israel continuará a existir até o tempo da *parousia* e continuará a ser um alvo de evangelização" (Anthony A. Hoekema, *The Bible and the future* [Grand Rapids: Eerdmans, 1994], p. 119 [edição em português: *A Bíblia e o Futuro*, 3ª ed. (São Paulo: Cultura Cristã, 2012)].

7 Por exemplo, Don Carson argumenta que "a 'vinda do Filho do Homem' aqui se refere à sua vinda em julgamento contra os judeus, culminando na devastação de Jerusalém e na destruição do templo [...]. Interpretada dessa maneira, a afirmação do 'Filho do Homem' no versículo 23 pertence à categoria escatológica [...], mas a escatologia é realizada em alguma medida. Quando aplicada sem modificações a 16.28 e 24.31, a força dessa interpretação é, às vezes, diluída (como em France, *Jesus*). De fato, há diferenças importantes que repudiam a opinião de que todos esses textos se referem à queda de Jerusalém em 70 d.C. Apesar disso, elas confirmam a opinião de que 'a vinda do Filho do Homem' carrega, em Mateus, o mesmo rico campo semântico de 'a vinda do reino'" (D. A. Carson, "Matthew", em *The Expositor's Bible Commentary: Matthew, Mark, Luke*, ed. F. E. Gaebelein [Grand Rapids: Zondervan, 1984], 8:253).

os Evangelhos o apresentam, ou seja, que ele é digno de confiança e não ousaria predizer para sua vinda um prazo que ele afirmou não saber (Mt 24.36); (2) o fato de que a linguagem profética é frequente e temporariamente flexível e figurada; e (3) que outras passagens bíblicas mais claras nos oferecem orientação quando passagens obscuras nos intrigam. Nesse caso, por exemplo, creio que existe realmente um futuro para o Israel étnico, uma esperança para sua conversão nesta era (Rm 11.15-32) e um chamado para a evangelização constante de judeus em todas as "suas cidades".[8] Além disso, há a afirmação de Jesus: "Passará o céu e a terra, porém as minhas palavras não passarão" (Mt 24.35). Em outras palavras, acho que seríamos nós os equivocados se pensássemos que Jesus se enganou a respeito de um ponto crucial sobre o futuro de sua missão.

NÃO DENTRO DE UMA GERAÇÃO

À medida que nos afastamos desses três grupos de textos — os quais, conforme alguns os interpretam, implicam que Jesus predisse a sua segunda vinda e o fim desta era dentro de uma geração —, a minha conclusão é que Jesus não ensinou que retornaria antes de findar aquela geração. Portanto, apesar das outras perplexidades que turvam nosso amor pela vinda de Cristo, essa não precisa ser uma delas. Mas alguém pode perguntar: o Novo Testamento não fala repetidas vezes da segunda vinda como um evento que ocorreria em breve? Sim. E vamos considerar essa pergunta no capítulo seguinte.

---

8   Veja John Piper, "Five Reasons I Believe Romans 11:26 Means a Future Conversion for Israel", Desiring God, 16 de Fevereiro de 2012. Disponível em: https://www.desiringgod.org.

CAPÍTULO 14

O QUE NOVO TESTAMENTO QUER DIZER QUANDO AFIRMA QUE JESUS VIRÁ EM BREVE?

O Novo Testamento expressa de várias maneiras a ideia de uma expectativa da vinda do Senhor "em breve".

> Alegrai-vos sempre no Senhor; outra vez digo: alegrai-vos. Seja a vossa moderação conhecida de todos os homens. *Perto* [ἐγγύς] está o Senhor (Fp 4.4-5).

> Com efeito, tendes necessidade de perseverança, para que, havendo feito a vontade de Deus, alcanceis a promessa. Porque, ainda *dentro de pouco tempo* [μικρὸν ὅσον ὅσον], aquele que vem virá e não tardará (Hb 10.36-37).

> Sede vós também pacientes e fortalecei o vosso coração, pois a vinda do Senhor está *próxima*. Irmãos, não vos queixeis uns dos outros, para não serdes julgados. Eis que o juiz está *às portas* [θυρῶν] (Tg 5.8-9; cf. Mt 24.33: "Quando virdes todas estas coisas, sabei que está próximo, às portas [θύραις]").

> Ora, o fim de todas as coisas está próximo [ἤγγικεν]; sede, portanto, criteriosos e sóbrios a bem das vossas orações (1Pe 4.7).

> Revelação de Jesus Cristo, que Deus lhe deu para mostrar aos seus servos as coisas que *em breve* [ἐν τάχει] devem acontecer [...] Eis que venho *sem demora* [ταχύ]. Bem-aventurado aquele que guarda

VEM, SENHOR JESUS!

as palavras da profecia deste livro [...] Aquele que dá testemunho
destas coisas diz: Certamente, venho *sem demora* [ταχύ]. Amém!
Vem, Senhor Jesus! (Ap 1.1; 22.7, 20)

Eis a pergunta-chave: se um porta-voz infalível de Jesus Cristo não
sabe quando o Senhor retornará (como o próprio Jesus disse que não
sabia, Mt 24.36), o que ele tem em mente ao dizer que a esse evento
acontecerá "sem demora" (Ap 22.20), ou que está "próximo" (1Pe 4.7),
ou que está "às portas" (Tg 5.9)? Acho que dizer que Jesus, embora não
soubesse o "dia" nem a "hora", sabia o mês e o ano é perder o argumento
da afirmação de Mateus 24.36. O objetivo da ignorância de Jesus sobre o
tempo de sua vinda é remover a possibilidade de calcularmos por quanto
tempo podemos ser indiferentes a ela. Não saber o "dia" nem a "hora" é
uma maneira realista de afirmar que nem ele nem nós podemos predizer o
tempo daquele evento.

Portanto, a pergunta permanece: o que significaria, então, um porta-voz infalível (um apóstolo!) do Senhor Jesus, que não podia predizer
o tempo, afirmar que Jesus está vindo em breve, ou que está às portas,
ou que virá depois de um poucochinho de tempo? O que os escritores
do Novo Testamento queriam dizer com as predições da proximidade de
Jesus? Em que sentido eles querem dizer que Jesus está perto?

Em resposta a essas perguntas, ofereci três expressões que creio
estarem arraigadas em textos bíblicos e, em seguida, darei uma explicação
breve de cada uma delas: potencialmente perto, holisticamente perto e
divinamente perto.

POTENCIALMENTE PERTO

Primeiramente, os apóstolos querem dizer que Jesus está *potencialmente*
perto. Ou seja, Jesus está perto no sentido de que qualquer presunção de
sua demora por nossa parte seria insensatez. É como se os apóstolos dis-
sessem: "Vocês sabem que não podemos predizer o tempo da vinda do
Senhor, porque o próprio Senhor não sabia o tempo (Mt 24.36) e nos ins-
truiu: 'Não vos compete conhecer tempos ou épocas que o Pai reservou

pela sua exclusiva autoridade' (At 1.7). Portanto, vocês sabem que, ao dizermos 'em breve', não estamos fazendo o que não podemos fazer. Não estamos predizendo o que não podemos predizer. Em vez disso, estamos lhes dizendo que Jesus está *potencialmente* perto. Portanto, substituir a *esperança* dessa proximidade pela presunção de demora não os preparará para a vinda do Senhor e os levará à destruição".

Por "presunção", refiro-me à suposição injustificada de que a vinda do Senhor está tão distante que não estou em perigo de encará-la enquanto negligencio a minha vigilância quanto à retidão de minha caminhada. Essa presunção não leva em conta o fato de que a falta de vigilância agora pode me conduzir à indiferença total pelo resto de minha vida, de modo que a suposta vinda distante o achará completamente despreparado.

Extraio esse significado de "em breve" da ilustração de Jesus sobre a segunda vinda em Mateus 24.45-51:

> Quem é, pois, o servo fiel e prudente, a quem o senhor confiou os seus conservos para dar-lhes o sustento a seu tempo? Bem-aventurado aquele servo a quem seu senhor, quando vier, achar fazendo assim. Em verdade vos digo que lhe confiará todos os seus bens. Mas, *se aquele servo, sendo mau, disser consigo mesmo: Meu senhor demora-se, e passar a espancar os seus companheiros e a comer e beber com ébrios, virá o senhor daquele servo em dia em que não o espera e em hora que não sabe* e castigá-lo-á, lançando-lhe a sorte com os hipócritas; ali haverá choro e ranger de dentes.

A advertência é esta: nunca presuma a demora do Senhor. Ou seja, nunca presuma que, se você negligenciar a vigilância espiritual, não enfrentará a surpresa da vinda do Senhor. Sempre espere pela chegada do Senhor em breve e viva à luz dessa verdade. Dizer que a vinda de Jesus está próxima, quando não sabemos o tempo de sua vinda, significa que ele está *potencialmente perto*, e toda presunção em contrário é perigosa.

HOLISTICAMENTE PERTO

Em segundo lugar, os apóstolos querem dizer que Jesus está *holisticamente perto*. Ou seja, como parte de uma visão inteira e unificada do fim dos tempos, Jesus está perto porque, considerado como um todo, o "fim" — os "últimos dias" — já está presente. Considerado em sua inteireza, o fim já começou. Quando dizemos que Jesus e os apóstolos não sabiam quando a segunda vinda se daria, estamos dizendo que o futuro que Deus lhes permitiu ver era como cordilheiras de montanhas sucessivas que aparecem como uma única cordilheira. Essa cadeia telescópica de cumes de montanhas, parecendo um único cume, é o que tenho em mente ao falar de uma visão inteira e unificada do tempo do fim.

Minha família passou algum tempo em uma casa no Tennessee que tem uma varanda voltada para o nordeste. Em uma noite de céu limpo, podemos ver, a partir daquela varanda, pelo menos sete cadeias de montanhas distintas. Todavia, em uma noite nebulosa, elas parecem uma única cadeia de montanhas. Tenho usado a expressão "perspectiva profética", de George Ladd, para descrever essa maneira de ver o futuro.[1] Vejo a realidade distante e a realidade mais próxima como uma só. Estou usando a expressão "holisticamente perto", em vez de "profeticamente perto", porque acho que isso pode evocar mais claramente em nossa memória a ideia da segunda vinda como parte de uma visão condensada ou encurtada de uma história de eventos vistos como um todo.

Vivemos no fim dos tempos

Já ressaltamos que os "últimos dias" começaram com a primeira vinda do Messias. "Conhecido, com efeito, antes da fundação do mundo, porém manifestado *no fim dos tempos*, por amor de vós que, por meio dele, tendes fé em Deus" (1Pe 1.20-21). "Nestes últimos dias, nos falou pelo Filho" (Hb 1.2). "Mas agora ele apareceu uma vez por todas *no fim dos tempos*, para aniquilar o pecado mediante o sacrifício de si mesmo" (Hb 9.26, NVI; cf. 1Co 10.11).

---

1 Ver capítulo 8, nota 1.

Isso sugere que a visão de todo o período entre a encarnação e a segunda vinda é uma grande cadeia de montanhas com muitas colinas e cumes que eram indistintos para os apóstolos. A eles foi concedido conhecer muitos detalhes excelentes, mas muito pouco sobre a cronologia completa. Viram o fim de maneira ampla, como uma única realidade, e, de modo *holístico*, falaram dele como se estivesse perto, já que, *como um todo*, ele está perto. Essa inteireza que está perto inclui a *parousia* — a vinda de Jesus. Portanto, ela está muito perto — perto como parte do todo que já começou. C. E. B. Cranfield o expressou da seguinte forma:

> Se compreendemos que a encarnação, a crucificação, a ressurreição e a ascensão, por um lado, e a *parousia* [segunda vinda], por outro lado, estão essencialmente unidas e, num sentido real, são um único evento, um ato divino, separado apenas pela misericórdia de Deus, o qual deseja dar aos homens oportunidade de fé e arrependimento, então, podemos ver que, em um sentido real, a *parousia* é sempre iminente, visto que os outros eventos já aconteceram. Foi e ainda é verdadeiro que a *parousia* está às portas — e isso, certamente, longe de ser um erro desconcertante por parte de Jesus ou da igreja primitiva, é uma parte essencial da fé da igreja. Desde a Encarnação, os homens têm vivido nos últimos dias.[2]

O demorar que não é demorar

As raízes de pensar no futuro *holisticamente* estão no Antigo Testamento. Repetidas vezes, os profetas falaram do Dia do Senhor como "perto", quando estavam, de fato, vislumbrando eventos separados por espaços de tempo desconhecidos. Eles falavam holisticamente, vendo o perto e o distante como um único evento:

> Uivai, pois está *perto* o Dia do Senhor; vem do Todo-Poderoso como assolação (Is 13.6).

---

2 C. E. B. Cranfield, *The Gospel according to St. Mark* (Cambridge: Cambridge University Press, 1959), p. 408.

Multidões, multidões no vale da Decisão! Porque o Dia do SENHOR está *perto*, no vale da Decisão (Jl 3.14).

Porque o Dia do SENHOR está *prestes* a vir sobre todas as nações; como tu fizeste, assim se fará contigo; o teu malfeito tornará sobre a tua cabeça (Ob 15).

Está *perto* o grande Dia do SENHOR; está perto e muito se apressa (Sf 1.14).

Se somos tentados a dizer que essas promessas não são exatas porque alguns aspectos do Dia do Senhor foram demorados, Habacuque oferece uma restrição à nossa presunção, com palavras que nos advertem contra o falarmos imprudentemente acerca da demora da obra do Senhor:

Porque a visão ainda está para cumprir-se no tempo determinado, mas se apressa para o fim e não falhará; se tardar, espera-o, porque, certamente, virá, não tardará. (Hc 2.3)

Um dos fatos impressionantes sobre essas palavras é que elas levam em conta uma demora que, sob outro ponto de vista, *não* é demora. Mais literalmente, Habacuque diz:

Pois a visão é ainda para o tempo determinado e se apressa para o fim. *Ainda que demore* [אִם־יִתְמַהְמָהּ], espera-a; porque certamente virá, *não tardará* [לֹא יְאַחֵר]. (Hc 2.3, A21)

Pode demorar, mas não tardará. Pode ser que demore, mas não demorará (razão pela qual a ARA traduz: "... se tardar, espera-o, porque, certamente, virá, não tardará."). De fato, em sua demora, o Dia do Senhor está *se apressando* para o fim. O que essas afirmações paradoxais significam? Creio que significam que, da perspectiva humana, a chegada do futuro de Deus pode parecer demorada. Entretanto, da perspectiva de Deus, está tudo tão bem ajustado temporalmente que se pode dizer que o Dia do Senhor se apressa para o fim (apesar da demora percebida). De fato, não há demora alguma.

Quando os profetas e apóstolos olhavam holisticamente para o futuro de Deus, sabiam que cada parte do que viam estava "designada" e se apressava em direção ao fim. Podia parecer, de um ponto de vista humano, que havia demora, mas não havia. Pelo contrário, a vinda estava — e está — "perto". *Holisticamente perto*.

DIVINAMENTE PERTO

Em terceiro lugar, os apóstolos queriam dizer que Jesus está *divinamente perto*. Ou seja, da perspectiva *divina*, o tempo entre a primeira e a segunda vinda de Jesus é muito breve. O apóstolo Pedro apresenta esse significado de "perto" em sua resposta aos escarnecedores que, já em seus dias, zombavam do fato de que muito tempo se passara sem que o Senhor retornasse. Pedro diz:

> Tendo em conta, antes de tudo, que, nos últimos dias, virão escarnecedores com os seus escárnios, andando segundo as próprias paixões e dizendo: Onde está a promessa da sua vinda? Porque, desde que os pais dormiram, todas as coisas permanecem como desde o princípio da criação (2Pe 3.3-4).

Depois de lembrar os escarnecedores de que a história não é estática como eles pensavam (considerando a criação, o dilúvio e o julgamento final — 2Pe 3.5-7), Pedro apresenta o fundamento do que chamo de *divinamente perto*:

> Mas não se esqueçam disto, queridos amigos: Para o Senhor um dia é como mil anos, e mil anos são como um dia. Ele não está sendo vagaroso com a sua volta prometida, embora por vezes pareça assim. Mas ele está esperando com paciência, porque não quer que ninguém pereça, e está dando mais tempo para os pecadores se arrependerem. (2Pe 3.8-9, NBV).

VEM, SENHOR JESUS!

O versículo 9 se dirige à nossa atitude e ao nosso vocabulário: não chamem de vagarosas as demoras propositais de Deus. Chamem-nas de "paciência". Não zombem do tempo de Deus, como se a sua promessa de vir logo fosse uma fábula (2Pe 1.16). Em vez disso, deem graças pelo fato de sua promessa de misericórdia e paciência estar sendo perfeitamente realizada.[3]

Para apoiar a sua admoestação sobre a nossa atitude e o nosso vocabulário, Pedro apresenta o conceito de *divinamente perto*: "Para o Senhor, um dia é como mil anos, e mil anos, como um dia". Para assimilar toda a força do argumento, um zombador poderia calcular: supondo que Pedro escreveu essa carta 30 anos depois da ascensão de Jesus ao céu, esses 30 anos seriam 3% de mil anos. Visto que mil anos são "como um dia", isso significaria que 0,72 horas (0,03 x 24 horas) se passaram desde que Jesus partiu. Quarenta e cinco minutos não configuram uma longa demora. Ou, do ponto de vista do século XXI, dois dias não são uma longa demora.

Em essência, Pedro está apresentando o mistério da relação de Deus com o tempo. A Bíblia não é uma cartilha sobre a teoria da relatividade de Einstein. A Bíblia não explora a relação científica entre espaço e tempo.[4] Todavia, Paulo diz provocativamente que "Deus preordenou [uma

---

3 Meu entendimento da afirmação de que Deus "é longânimo para convosco, não querendo que nenhum pereça, senão que todos cheguem ao arrependimento" (2Pe 3.9) é que a expressão "para convosco" significa "para convosco, *crentes*" e, por implicação, diz respeito a todos os crentes — todos os *eleitos* (1.10). Portanto, a palavra "nenhum" na sentença "não querendo que nenhum pereça" é definida pelo significado das palavras "ele [Deus] é longânimo para *convosco*". Logo, Deus não quer "que nenhum [*de vós*] pereça", isto é, nenhum de vós, *eleitos*. O problema em interpretar Pedro como dizendo que Deus retarda a segunda vinda porque deseja que todos *os humanos* sejam salvos é que, quanto mais Deus retarda a segunda vinda, mais pessoas se perdem; pois, em cada geração, muitíssimos não se arrependem. Deus não é ignorante desse fato. Por conseguinte, a lógica do versículo se deterioraria se Pedro estivesse se referindo a "todos os humanos", visto que a lógica do versículo é que essa demora se deve ao desejo divino de que ninguém se perca.

4 Ben Witherington ressalta que a teoria da relatividade deveria, pelo menos, nos humilhar e nos impedir de usar nossa frágil compreensão do significado do tempo para emitir julgamentos sobre predições bíblicas: "Muitos cientistas chamam a atenção para o fato de que 'o tempo é, realmente, elástico e pode ser estendido e encolhido por movimento'. Não somente isso, mas o 'tempo corre mais rápido no espaço, onde a gravidade da Terra é mais fraca'. Em resumo, o espaço e a gravidade são entidades inter-relacionadas e interdependentes [...] Ora, isso deveria, em si mesmo, fazer-nos, todos, parar e pensar. A nossa própria percepção de lapso de tempo ou de cálculo do tempo raramente é uma base firme e confiável para fazermos um julgamento adequado sobre a validade dos conceitos escatológicos que Jesus e Paulo ensinaram [...] O que a teoria da relatividade nos tem ensinado sobre o tempo, associado com a exploração do espaço, sugere que, se espaço e gravidade são interdependentes, não importando o que mais possa ser dito, a eternidade e o céu têm de ser diferentes da Terra no que diz respeito a toda a questão de tempo. Pode até ser o caso de que o autor bíblico disse mais do que entendia quando asseverou: 'Para o Senhor, um dia é como mil anos, e mil anos, como um dia' (2Pe 3.8)" (Ben Witherington III, *Jesus, Paul and the End of the World: a Comparative Study in New Testament Eschatology* [Downers Grove: InterVarsity Press, 1992], p. 233-34).

sabedoria oculta], *antes do princípio das eras*, para a nossa glória" (1Co 2.7, NVI; cf. 2Tm 1.9; Tt 1.2). Em outras palavras, em algum sentido Deus existia antes das "eras", ou seja, antes do tempo. Pedro está sugerindo para nós que esse relacionamento misterioso entre Deus e o tempo deveria nos fazer hesitar antes de zombar do cronograma de suas profecias. Se Jesus e os apóstolos disseram que a vinda de Cristo está "perto", ou "próxima", ou "às portas", ou que se dará "em breve", embora reconhecidamente não soubessem quando ele viria, devemos levar em conta o fato de que a perspectiva divina é parte do que dá significado às suas palavras. Jesus está *divinamente perto*.

A VINDA DO SENHOR ESTÁ PERTO EM PELO MENOS TRÊS SENTIDOS

Concluo, portanto, que, se levarmos em conta os indicadores que Jesus e os apóstolos nos dão, não os criticaremos por falarem que a vinda do Senhor está perto, ou próxima, ou que se dará em breve. Levaremos em conta a premissa inquestionável de que nenhum deles sabia quando Jesus retornaria. Com esse indicador em vista, prestaremos atenção à advertência de Jesus contra qualquer presunção de demora como uma atitude perigosa (Mt 24.48; cf. Lc 12.45) e concluiremos que a segunda vinda está *potencialmente perto*. Atentando à perspectiva profética do Antigo e do Novo Testamento, que vê os "últimos dias" (incluindo a primeira e a segunda vinda de Cristo) como um todo unificado que já começou, concluiremos que Jesus está *holisticamente perto*. Encarando com seriedade o lembrete de Pedro de que, para Deus, mil anos são como um dia, concluiremos que Jesus está *divinamente perto*.

Isso nos leva agora à pergunta: o que essa visão de proximidade insinua a respeito da volta iminente de Jesus? A resposta será o foco dos capítulos 15 a 17.

CAPÍTULO 15

HÁ UM ARREBATAMENTO REPENTINO ANTES DA SEGUNDA VINDA?

Nos capítulos 15 a 17, tentarei responder à pergunta: "o Novo Testamento ensina que Jesus poder voltar a qualquer momento?" Caso eu responda a essa pergunta negativamente, pergunto-me se você inferiria que, com essa resposta, estou negando a urgência de todas as advertências bíblicas para sermos vigilantes. Jesus nos ordenou realmente vigiar (βλέπετε — Mc 13.33), estar de sobreaviso (ἀγρυπνεῖτε, Mc 13.33), ficar despertos (γρηγορεῖτε — Mc 13.35), ficar apercebidos (γίνεσθε ἕτοιμοι — Lc 12.40) e acautelar-nos (προσέχετε — Lc 21.34). Uma das razões apresentadas para toda essa vigilância é que "não sabeis o dia nem a hora" (Mt 25.13). E qualquer ponto de vista sobre a vinda de Jesus que torne essas exortações sem sentido seria duvidoso.

Eu realmente acho que a resposta para a pergunta "O Novo Testamento ensina que Jesus pode vir a qualquer momento?" é não. E a razão é esta: o Novo Testamento ensina que certos eventos ainda devem acontecer antes da volta de Jesus. Tentarei mostrar quais são esses eventos. Também procurarei mostrar que isso não diminui a urgência dos mandamentos de vigiar, ficar alerta, atento e pronto para a vinda de Jesus.

Na verdade, argumentarei que não temos nenhuma base para nos certificarmos de que a volta de Jesus ainda demorará alguns anos. Portanto, ninguém que deixa de ser vigilante e, por consequência, começa a dormir espiritualmente tem motivo para pensar que escapará da ira repentina, semelhante à de um ladrão, na vinda do Senhor.

Minha sustentação bíblica para essa opinião contém três passos que correspondem aos três capítulos seguintes.

VEM, SENHOR JESUS!

Primeiramente, neste capítulo, mostrarei por que não creio numa segunda vinda em duas etapas, com a primeira etapa arrebatando os crentes (vivos e mortos) do mundo e levando-os de volta ao céu durante uma "grande tribulação" (Mt 24.21; Ap 7.14), seguida pela segunda etapa, quando Cristo volta em julgamento severo.

Em segundo lugar, no capítulo 16 mostrarei por que a maioria dos eventos profetizados em Mateus 24 não estão limitados ao período que antecede 70 d.C., mas são relevantes para interpretarmos toda a história, com relevância especial para o clímax da história pouco antes da vinda do Senhor. No processo, veremos que o ponto de vista de Paulo sobre a segunda vinda (1 e 2 Tessalonicenses) é o mesmo de Jesus (especialmente em Mateus 24).

Isso, então, nos capacitará a avançar, no capítulo 17, para o terceiro passo, a saber, mostrar alguns dos eventos que ainda devem acontecer antes da vinda do Senhor.

O QUE É O ARREBATAMENTO?

Neste capítulo, voltamo-nos para a pergunta: "há algum arrebatamento repentino, quando cristãos serão removidos do mundo por alguns anos antes da segunda vinda? Ou há uma única segunda vinda de Cristo, que não está dividida em duas etapas?"

A minha resposta é que o "arrebatamento" acontece na única segunda vinda, não anos antes. A palavra é usada em 1 Tessalonicenses 4.17 no tempo futuro ("seremos arrebatados") e descreve o que acontece na segunda vinda: "Depois, nós, os vivos, os que ficarmos, seremos arrebatados juntamente com eles [os mortos], entre nuvens, para o encontro do Senhor nos ares, e, assim, estaremos para sempre com o Senhor". Uma interpretação diz que essa rápida remoção dos crentes "para o encontro do Senhor nos ares" se refere a uma saída de cristãos da terra por alguns anos, enquanto uma tribulação terrível acontece no mundo antes de o Senhor voltar para estabelecer seu reino.

Esse ponto de vista afirma que, antes de o Senhor descer realmente para estabelecer seu reino, haverá um período de "grande tribulação" (Mt

24.21) na terra. Os cristãos que estiverem na terra quando essa tribulação chegar serão poupados desse período. Serão poupados por serem retirados do mundo pela vinda do Senhor nas nuvens, que os levará de volta ao céu (o "arrebatamento") antes da tribulação. Em seguida, após a tribulação, o Senhor virá com seus santos e estabelecerá seu reino na terra. Esse ponto de vista é chamado de "a vinda pré-tribulacional de Cristo", porque Cristo vem *antes* (pré-) da tribulação e remove os cristãos para não passarem por ela.

Argumentarei que esse ponto de vista é equivocado e que Cristo virá *uma única vez* em grande poder, com seus anjos, para estabelecer seu reino na terra. Seu povo será tomado para se encontrar com ele nos ares e recebê-lo com alegria de volta à terra. Antes de apresentar minhas razões, dois comentários prepararão o terreno para a maneira como eu gostaria que você pensasse sobre essa discordância entre cristãos.

Quão importante é a concordância?

Antes de tudo, admito, eu sustentava o ponto de vista do qual agora discordo. E tenho amigos e familiares queridos que acreditam na vinda pré--tribulacional de Cristo. Menciono isso apenas como uma ocasião para esclarecer que essa discordância não me impede de ter comunhão com qualquer cristão. Quando eu era pastor, liderei nossa igreja na formulação de uma declaração de fé que não fez desse assunto um artigo confessional. Ter unidade de opinião sobre esse assunto não era um fator definidor para nossa igreja.

Meu segundo comentário é que livros inteiros já foram escritos para defender o ponto de vista que sustento agora.[1] Este não é um desses livros. Por isso, meus argumentos serão breves e deixarão algumas perguntas sem respostas. Contudo, estou tranquilo quanto a isso, já que o principal alvo desta obra não é mudar o pensamento dos que têm uma visão pré-tribulacional da segunda vinda. Meu objetivo é que ambos amemos a vinda do Senhor, independentemente do ponto de vista que sustentamos.

---

1 George Eldon Ladd, *Esperança Abençoada: um Estudo Bíblico da Segunda Vinda de Jesus e do Arrebatamento* (São Paulo: Shedd Publicações, 2016); Robert H. Gundry, *The Church and the Tribulation* (Grand Rapids: Zondervan, 1973).

OITO RAZÕES PELAS QUAIS NÃO SOU PRÉ-TRIBULACIONAL

A razão pela qual preciso abordar essa discordância é que estou tentando responder à pergunta de se devemos crer que o Novo Testamento ensina que Jesus pode vir a qualquer momento. Um dos argumentos usados para apoiar o ponto de vista pré-tribulacional é que o Novo Testamento ensina realmente que Jesus pode voltar a qualquer momento *e* que somente dividindo a vinda do Senhor em duas etapas é que podemos preservar a crença em seu retorno imediato. Se o Senhor vier depois (depois equivale ao prefixo *pós*; daí vem "pós-tribulacional", isto é, depois da tribulação) da grande tribulação, sua vinda não pode ser a qualquer momento, pois alguns aspectos dessa tribulação ainda não se tornaram realidade. Esses eventos teriam de vir primeiro. Portanto, a razão pela qual abordo o ponto de vista pré-tribulacional é mostrar que essa visão sobre a vinda de Cristo a qualquer momento é equivocada. Sem dúvida, esse objetivo é parte do propósito maior de trazer clareza bíblica ao nosso pensamento sobre a vinda do Senhor e, assim, remover obstáculos desnecessários que obstruam o caminho do amor por sua vinda.

1. Como nos encontraremos com o Senhor nos ares

O ponto de vista pré-tribulacional diz que 1 Tessalonicenses descreve a primeira etapa do retorno de Cristo, após a qual ele volta ao céu com sua igreja arrebatada: "Depois, nós, os vivos, os que ficarmos, seremos arrebatados juntamente com eles, entre nuvens, para o encontro [ἀπάντησιν] do Senhor nos ares, e, assim, estaremos para sempre com o Senhor".

A palavra traduzida por "encontro" ocorre somente duas outras vezes no Novo Testamento. Em ambas as ocorrências, o termo se refere a um encontro em que pessoas saem para se encontrar com um dignatário e, depois, o acompanham até o lugar de onde vieram. Em Atos 28, Lucas descreve um grupo de cristãos acolhedores que saíram de Roma para se encontrarem com o recém-chegado Paulo e o receberem alegremente:

> Tendo ali os irmãos ouvido notícias nossas, vieram ao nosso encontro [ἀπάντησιν] até à Praça de Ápio e às Três Vendas. Vendo-os Paulo e dando,

por isso, graças a Deus, sentiu-se mais animado. Uma vez em Roma, foi permitido a Paulo morar por sua conta, tendo em sua companhia o soldado que o guardava (At 28.15-16).

Em Mateus 25.6, temos uma ilustração da própria segunda vinda. Nela são retratadas cinco virgens prudentes que saem para encontrar o noivo que retorna e acompanhá-lo à festa de casamento:

Mas, à meia-noite, ouviu-se um grito: Eis o noivo! Saí ao seu encontro [ἀπάντησιν]! [...] E, saindo elas [virgens néscias] para comprar, chegou o noivo, e as que estavam apercebidas entraram com ele para as bodas; e fechou-se a porta (Mt 25.6, 10).

Isso sugere fortemente que a cena diante de nós em 1 Tessalonicenses 4.17 é de cristãos subindo para se encontrar com o Senhor nos ares e acompanhá-lo de volta ao seu reino legítimo na terra. A palavra não sugere qualquer saída da terra com Cristo.

2. Alívio e vingança no mesmo dia

A fraseologia de 2 Tessalonicenses 1.5-8, lida com atenção, mostra que Paulo, se estivesse vivo por ocasião da vinda do Senhor, esperava obter descanso do sofrimento no mesmo tempo e no mesmo evento em que os incrédulos recebessem punição, isto é, na revelação de Jesus com anjos poderosos, em chama de fogo:

Sinal evidente do reto juízo de Deus, para que sejais considerados dignos do reino de Deus, pelo qual, com efeito, estais sofrendo; se, de fato, é justo para com Deus que *ele dê* em paga tribulação aos que vos atribulam e a vós outros, que sois atribulados, *alívio juntamente conosco, quando do céu se manifestar o Senhor Jesus com os anjos do seu poder, em chama de fogo*, tomando vingança contra os que não conhecem a Deus e contra os que não obedecem ao evangelho de nosso Senhor Jesus (2Ts 1.5-8).

Essa manifestação do Senhor Jesus, vindo do céu (2Ts 1.7), não é um arrebatamento pré-tribulacional, uma vez que envolve não somente o alívio dos crentes, mas também a punição de incrédulos em chama de fogo. Isso significa que Paulo não esperava um evento no qual ele e outros crentes receberiam descanso por sete anos *antes* que Cristo viesse gloriosamente, em chama de fogo. Vingança sobre os incrédulos e descanso para a igreja perseguida vêm no mesmo dia e no mesmo evento[2] — a única segunda vinda.

3. A reunião com Cristo será no Dia do Senhor

De maneira semelhante, a fraseologia de 2 Tessalonicenses 2.1-2 sugere que o sermos reunidos para o encontro do Senhor nos ares é o mesmo que o "Dia do Senhor", quando Jesus julgará os incrédulos e resgatará os crentes:

> No que diz respeito à *vinda de nosso Senhor Jesus Cristo* e à *nossa reunião com ele*, nós vos exortamos a que não vos demovais da vossa mente, com facilidade, nem vos perturbeis, quer por espírito, quer por palavra, quer por epístola, como se procedesse de nós, *supondo tenha chegado o Dia do Senhor*.

Faz pouco sentido distinguir "nossa reunião com ele [o Senhor]" de "o Dia do Senhor". O fluxo do pensamento trata os dois eventos como um só. A maneira natural de interpretar essa reunião é vê-la à luz de 1 Tessalonicenses 4.17: "Depois, nós, os vivos, os que ficarmos, seremos *arrebatados juntamente com eles*, entre nuvens, para o encontro do Senhor nos ares, e, assim, estaremos para sempre com o Senhor". Isso é o mesmo que a "nossa reunião com ele" em 2 Tessalonicenses 2.1, o que, por sua vez, é o mesmo que "o Dia do Senhor" (2Ts 2.2).

---

2 A simultaneidade do julgamento e do resgate é mostrada com clareza pela (1) afirmação de Paulo de que ambos ocorrerão "quando do céu se manifestar o Senhor Jesus com os anjos do seu poder" (ἐν τῇ ἀποκαλύψει τοῦ κυρίου Ἰησοῦ ἀπ' οὐρανοῦ μετ' ἀγγέλων δυνάμεως αὐτοῦ; veja 2Ts 1.7), bem como por (2) sua afirmação de que o julgamento acontece "quando [Jesus] vier para ser glorificado nos seus santos" (ὅταν ἔλθῃ ἐνδοξασθῆναι ἐν τοῖς ἁγίοις αὐτοῦ — 2Ts 1.10).

Há um arrebatamento repentino antes da segunda vinda?

E a maneira natural de interpretar "o Dia do Senhor" é vê-lo à luz do "Dia" que Paulo descreve nos versículos seguintes. Naquele "Dia" (2Ts 2.3), depois de ser "revelado o homem da iniquidade" (2.3), "o Senhor Jesus [o] matará com o sopro de sua boca e o destruirá pela manifestação de sua vinda" (2.8). Portanto, a reunião para nos encontrarmos com o Senhor e o julgamento sobre os inimigos de Deus são o mesmo evento. O arrebatamento não acontece sete anos antes da "manifestação de sua vinda [de Cristo]", em poder destruidor. Trata-se do mesmo evento.

4. Paulo argumenta como se fosse pós-tribulacionista

Se Paulo fosse um pré-tribulacionista, por que simplesmente não disse em 2 Tessalonicenses 2.3 que os cristãos não precisam se preocupar com o fato de que o Dia do Senhor já chegou, pois todos os cristãos ainda estão aqui? Eles ainda não foram arrebatados. No entanto, Paulo não diz isso. Pelo contrário, ele fala exatamente o que esperaríamos ser dito por um pós-tribulacionista:

> Irmãos, no que diz respeito à vinda de nosso Senhor Jesus Cristo e à nossa reunião com ele, nós vos exortamos a que não vos demovais da vossa mente, com facilidade, nem vos perturbeis, quer por espírito, quer por palavra, quer por epístola, como se procedesse de nós, supondo tenha chegado o Dia do Senhor. Ninguém, de nenhum modo, vos engane, *porque isto [aquele Dia] não acontecerá sem que primeiro venha a apostasia e seja revelado o homem da iniquidade,* o filho da perdição (2Ts 2.1-3).

Paulo lhes diz que não devem pensar que o Dia do Senhor já chegou, pois a apostasia e o homem da iniquidade ainda não apareceram. Em outras palavras, Paulo descreve dois eventos que têm de acontecer antes da vinda do Senhor, a qual, como já vimos, é o mesmo que a reunião dos crentes em 1 Tessalonicenses 4.17, quando o "arrebatamento" acontece.

5. Jesus diz que seus futuros discípulos suportarão a tribulação

Quando você lê Mateus 24, ou Marcos 13, ou Lucas 21 — passagens que, conforme argumento no capítulo 16, não se limitam a eventos do século I, mas incluem as descrições de Jesus de eventos que ocorreriam nos últimos tempos e culminariam em sua segunda vinda —, não há nenhuma menção de um arrebatamento que remova os crentes de qualquer dos eventos do fim. Uma leitura normal não nos dá nenhuma impressão de uma saída dos cristãos da terra. Pelo contrário, Jesus fala como se os ouvintes e, posteriormente, leitores crentes pudessem experimentar — ou, inevitavelmente, fossem experimentar — os eventos que ele menciona (cf. Mt 24.4, 9, 15, 23, 26, 33).

6. Os cristãos experimentam tribulação como um evento purificador, não como ira

O ponto de vista pré-tribulacional argumenta que seria contrário aos caminhos de Deus permitir aos cristãos passarem pela grande tribulação, a qual é caracterizada pela própria ira de Deus. No entanto, o ensino regular do Novo Testamento é que, "através de muitas tribulações, nos importa entrar no reino de Deus" (At 14.22). Até mesmo quando a tribulação procede de Deus, os crentes são retratados passando por ela, não como punição, mas como purificação. Por exemplo, Pedro escreve:

> Amados, não estranheis o fogo ardente que surge no meio de vós, destinado a provar-vos, como se alguma coisa extraordinária vos estivesse acontecendo [...] Porque a ocasião de começar o juízo pela casa de Deus é chegada; ora, se primeiro vem por nós, qual será o fim daqueles que não obedecem ao evangelho de Deus? E, se é com dificuldade que o justo é salvo, onde vai comparecer o ímpio, sim, o pecador? Por isso, também os que sofrem segundo a vontade de Deus encomendem a sua alma ao fiel Criador, na prática do bem (1Pe 4.12, 17-19).

Os crentes não estão imunes a passar por tribulações, mesmo as do pior tipo — nem mesmo as tribulações que são ordenadas por Deus.

Pedro já havia descrito, no primeiro capítulo de sua epístola, por que essas provações severas (πειρασμὸν — 1Pe 4.13) acontecem ao crente:

Nisso exultais, embora, no presente, por breve tempo, se necessário, sejais contristados por várias provações [πειρασμὸν], para que, uma vez confirmado o valor da vossa fé, muito mais preciosa do que o ouro perecível, mesmo apurado por fogo, redunde em louvor, glória e honra na revelação de Jesus Cristo (1Pe 1.6-7).

Os crentes experimentam os fogos da provação não como punição, mas como purificação refinadora. Argumentar que os cristãos não podem passar pela "grande tribulação" (Mt 24.21; Ap 7.14) porque ela envolve o julgamento iroso de Deus significa não ser capaz de distinguir como o desígnio de Deus na tribulação pode ser destrutivo para os incrédulos e refinador para os crentes.

7. Guardados da hora da provação

Um dos textos usados para apoiar o ponto de vista pré-tribulacional é Apocalipse 3.10: "Porque guardaste a palavra da minha perseverança, também *eu te guardarei da hora da provação que há de vir sobre o mundo inteiro*, para experimentar os que habitam sobre a terra". As palavras "te guardarei da hora da provação" significam que os cristãos serão retirados do mundo antes da tribulação?

Há outra interpretação natural. Ser guardado da "hora da provação" não é necessariamente ser retirado do mundo durante essa hora, sendo, assim, poupado do sofrimento. Em vez disso, significa ser preservado como fiel ao passar pela hora da provação. Adicione Gálatas 1.3-5 (ARC) à comparação:

Graça e paz, da parte de Deus Pai e da de nosso Senhor Jesus Cristo, o qual se deu a si mesmo por nossos pecados, para nos livrar do presente século mau, segundo a vontade de Deus, nosso Pai, ao qual glória para todo o sempre. Amém!

VEM, SENHOR JESUS!

Esse livramento "do presente século mau" não significa que somos retirados do século mau, e sim que a nossa fé é preservada enquanto vivemos nele. Semelhantemente, Jesus ora em João 17.15: "Não peço que os tires do mundo, e sim que os guardes do mal". Sermos guardados "do mal" não quer dizer que sairíamos do mundo ou do alcance do mal. Quer dizer que somos protegidos de seu poder destrutivo enquanto estamos no mundo.

Mesmo no livro de Apocalipse (onde achamos essa promessa de 3.10), também encontramos a promessa de que Deus exige martírio de alguns do seu povo nos últimos dias. "Então, a cada um deles [os mártires debaixo do altar] foi dada uma vestidura branca, e lhes disseram que repousassem ainda por pouco tempo, até que também se completasse o número dos seus conservos e seus irmãos que iam ser mortos como igualmente eles foram" (Ap 6.11). A promessa de Apocalipse 3.10 significa que o povo de Deus será guardado das forças destruidoras da fé que estarão em ação naquela hora, e não que haverá um arrebatamento que os removerá de um mundo em tribulação.

8. A urgência de vigilância não será deixada de lado

O ponto de vista pré-tribulacional considera muito importantes, como deveria, os efeitos moral e espiritualmente purificadores da vinda repentina de Cristo. Veremos, no capítulo 18, que esse cuidado legítimo é mantido totalmente na visão a respeito da segunda vinda que recomendarei. A urgência de vigiar, ficar alerta, estar preparado e manter-se desperto não será deixada de lado. Mas a ênfase recairá sobre os efeitos purificadores de amar a vinda do Senhor, como vemos em 1 João 3.2-3: "Sabemos que, quando ele se manifestar, seremos semelhantes a ele, porque haveremos de vê-lo como ele é. E a si mesmo se purifica todo o que nele tem esta esperança, assim como ele é puro".

UMA ÚNICA VINDA FUTURA DE CRISTO

Desses oito argumentos, concluo que há uma única segunda vinda de Cristo. Ela não ocorre antes de uma grande tribulação, a fim de resgatar os crentes do mundo. Em vez disso, ocorre de modo culminante na ressurreição dos cristãos e envolve tanto livramento para os crentes quanto julgamento para os incrédulos.[3]

Portanto, o ponto de vista pré-tribulacional não pode oferecer apoio convincente para a ideia de que o Novo Testamento ensina um retorno de Jesus a qualquer momento. Por consequência, para continuarmos a nossa busca por uma resposta bíblica para a pergunta acerca do que o Novo Testamento realmente ensina, movemo-nos agora para o segundo dos três passos de nosso argumento.

Tentarei mostrar, no capítulo seguinte, que o ponto de vista de Paulo sobre a segunda vinda e a visão de Jesus (especialmente em Mateus 24) são iguais. Isso terá implicações significativas para o passo três (capítulo 17), ou seja, os eventos que devem acontecer antes da vinda de Cristo.

---

3 Veja capítulo 8

CAPÍTULO 16

JESUS E PAULO: A MESMA VISÃO SOBRE A VINDA DE CRISTO

A segunda etapa de meu argumento de que o Novo Testamento não ensina um retorno de Cristo a qualquer momento é mostrar que a maioria dos eventos profetizados em Mateus não se limita ao período que antecedeu 70 d.C., mas são pertinentes para interpretarmos toda a história, com relevância especial ao clímax da história pouco antes de o Senhor vir. No processo, veremos que o ponto de vista de Paulo sobre a segunda vinda (em 1 e 2 Tessalonicenses) é o mesmo de Jesus (especialmente em Mateus 24). Isso, por sua vez, nos capacitará a avançar para o passo três (capítulo 17): mostrar alguns dos eventos que ainda devem acontecer antes de Cristo vir.

UMA ÚNICA VINDA EM 1 E 2 TESSALONICENSES

Primeiramente, precisamos ver que, em 1 e 2 Tessalonicenses, Paulo lida com uma única vinda de Cristo. Não me refiro aqui ao assunto abordado no capítulo anterior a respeito da possível vinda pré-tribulacional de Cristo, seguida por outra vinda sete anos depois. Antes, refiro-me ao fato de que todas as passagens que tratam da segunda vinda de Cristo nas duas epístolas enviadas aos cristãos tessalonicenses dizem respeito ao mesmo evento (1Ts 2.19; 3.13; 4.13-18; 5.1-11, 23; 2 Ts 1.5-10; 2.1-12). Esse fato se tornará significativo à medida que correlacionarmos o ensino de Jesus com o de Paulo. Se eu puder mostrar que Paulo e Jesus retratam o fim dos tempos de maneiras semelhantes, então, Mateus 24 e as epístolas aos Tessalonicenses podem fornecer uma resposta unificada à pergunta: "o Novo Testamento ensina que certos eventos ainda devem acontecer antes de o Senhor retornar?"

VEM, SENHOR JESUS!

A seguir, há três indícios de que Paulo pensava no mesmo evento da vinda de Cristo em toda a correspondência enviada aos cristãos tessalonicenses.

1. A palavra grega que denota a segunda vinda, *parousia*, é usada por Paulo para se referir à segunda vinda em 1 Tessalonicenses 2.19, 3.13, 4.15, 5.23 e 2 Tessalonicenses 2.1, 8. Ele não usa termos diferentes para falar de vindas diferentes. Paulo usa a mesma palavra em vários contextos porque lida com uma única vinda.

2. Paulo usa a expressão "Dia do Senhor" em 1 Tessalonicenses 5.2 para se referir ao Dia que vem como um ladrão, de noite. Os crentes estarão na terra para esse "Dia do Senhor" e estarão "acordados" (γρηγορῶμεν — 1Ts 5.6, NTLH), de maneira que o Dia não lhes sobrevenha com destruição: "Vós, irmãos, não estais em trevas, para que esse Dia como ladrão vos apanhe de surpresa; porquanto vós todos sois filhos da luz e filhos do dia" (1Ts 5.4-5). Contudo, essa mesma expressão, "Dia do Senhor" (2Ts 2.2), se refere ao "Dia" (2.3) em que o homem da iniquidade será revelado e morto pela "pela manifestação de sua vinda [do Senhor]" (2.8). Portanto, a vinda do Senhor em 1 Tessalonicenses 5 e a sua vinda em 2 Tessalonicenses 2 são a mesma.

3. A vinda de Cristo em 2 Tessalonicenses 1.5-10 se dá com "os anjos do seu poder, em chama de fogo, tomando vingança contra os que não conhecem a Deus" (1.7-8). Por isso, aqueles que creem numa vinda pré-tribulacional de Cristo dizem que essa vinda em 2 Tessalonicenses 1.5-10 não é a mesma descrita em 1 Tessalonicenses 4.13-18, em que Jesus resgata do mundo todos os crentes vivos e mortos *antes* desse julgamento severo. Porém, a própria vinda em 2 Tessalonicenses 1.6-7 é descrita como um evento que garantirá alívio aos crentes que ainda estiverem na terra quando Cristo vier. "Se, de fato, é justo para com Deus que ele dê em paga tribulação aos que vos atribulam e a vós outros, que sois atribulados, alívio juntamente conosco, quando do céu se manifestar o Senhor Jesus com os anjos do seu poder." Isso significa que a vinda de Cristo

em 1 Tessalonicenses 4.13-18 e a vinda em 2 Tessalonicenses 2.5-10 são a mesma vinda.

Portanto, quando argumento que o ponto de vista de Paulo sobre a segunda vinda é o mesmo de Jesus, refiro-me ao conceito unificado de Paulo a respeito da segunda vinda em 1 e 2 Tessalonicenses.

O CONCEITO DE PAULO MOLDADO PELO DE JESUS

O número e a especificidade das semelhanças entre as descrições de Paulo sobre a segunda vinda e as descrições de Jesus são surpreendentes. Vejo, pelo menos, 14 similaridades, dependendo de como você as conta (algumas são subgrupos de semelhanças). Acho inescapável a conclusão de que os eventos do fim dos tempos que Paulo descreve são os mesmos que Jesus descreve.

A maneira como os ensinos de Jesus foram transmitidos a Paulo é incerta. Sabemos que, logo depois da conversão de Paulo, ele passou duas semanas com Pedro em Jerusalém: "Decorridos três anos, então, subi a Jerusalém para avistar-me com Cefas e permaneci com ele quinze dias" (Gl 1.18). Essa não foi a única ocasião em que Paulo esteve com Pedro. Gálatas 2.1-10 descreve outra visita a Jerusalém; e, dessa vez, Pedro deu a Paulo a destra de comunhão (2.9; cf. At 15.3). Além disso, sabemos de pelo menos uma visita de Pedro a Antioquia quando Paulo estava lá (Gl 2.11).

Isso significa que houve ampla oportunidade para que Paulo aprendesse com testemunhas oculares a linguagem usada por Jesus para descrever a sua segunda vinda, sem mencionar a possibilidade de outras tradições orais ou de fragmentos escritos que circulavam entre as igrejas.

Em seguida, estão 14 semelhanças entre Paulo e Jesus no que diz respeito à maneira como falam sobre a segunda vinda.

1. *Parousia*

Tanto Jesus quanto Paulo descrevem a vinda de Cristo com a típica palavra *"parousia"*. Vimos antes que Paulo usa *"parousia"* seis vezes em 1 e 2 Tessalonicenses para se referir à vinda do Senhor (1Ts 2.19; 3.13; 4.15;

5.23; 2Ts 2.1, 8). Jesus usa três vezes a palavra em Mateus 24 (e seus discípulos a usaram ao proporem a pergunta: "Que sinal haverá da tua vinda?" — 24.3):

1. Porque, assim como o relâmpago sai do oriente e se mostra até no ocidente, assim há de ser a vinda [παρουσία] do Filho do Homem (Mt 24.27).
2. Pois assim como foi nos dias de Noé, também será a vinda [παρουσία] do Filho do Homem (Mt 24.37).
3. E não o perceberam, senão quando veio o dilúvio e os levou a todos, assim será também a vinda [παρουσία] do Filho do Homem (Mt 24.39).

2. Reunião para o encontro com o Senhor

Paulo usa a mesma palavra empregada por Jesus para descrever a reunião do povo de Deus na vinda do Senhor. Paulo usa a forma substantiva; Jesus, a forma verbal:

> Irmãos, no que diz respeito à vinda de nosso Senhor Jesus Cristo e à nossa reunião [ἐπισυναγωγῆς] com ele, nós vos exortamos a que não vos demovais da vossa mente, com facilidade, nem vos perturbeis, quer por espírito, quer por palavra, quer por epístola, como se procedesse de nós, supondo tenha chegado o Dia do Senhor (2Ts 2.1-2).

> Ele enviará os seus anjos, com grande clangor de trombeta, os quais reunirão [ἐπισυνάξουσιν] os seus escolhidos, dos quatro ventos, de uma a outra extremidade dos céus (Mt 24.31).

De todos os escritos de Paulo, 2 Tessalonicenses 2.1 é a única passagem em que essa palavra é empregada (na forma substantiva ou verbal). Por conseguinte, seu único uso desse termo se refere à segunda vinda. Mateus usa a palavra em outra passagem, ao narrar o anseio de Jesus de reunir seu povo como a galinha ajunta seus pintinhos (Mt 23.37).

3. "Não vos perturbeis"

Em todo o Novo Testamento, somente Paulo e Jesus usam a palavra "perturbar-se" (θροεῖσθαι). Ambos a aplicam aos perigos de ficar desorientado em virtude dos sinais da segunda vinda do Senhor:

> No que diz respeito à vinda de nosso Senhor Jesus Cristo e à nossa reunião com ele, nós vos exortamos a que não vos demovais da vossa mente, com facilidade, nem *vos perturbeis* [μηδὲ θροεῖσθαι], quer por espírito, quer por palavra, quer por epístola, como se procedesse de nós, supondo tenha chegado o Dia do Senhor (2Ts 2.1-2).

> Virão muitos em meu nome, dizendo: Eu sou o Cristo, e enganarão a muitos. E, certamente, ouvireis falar de guerras e rumores de guerras; vede, não *vos assusteis* [μὴ θροεῖσθε], porque é necessário assim acontecer, mas ainda não é o fim (Mt 24.5-6; cf. Mc 13.7).

> Isso é digno de nota. Somente Jesus e Paulo usam a palavra, e ambos a empregam exatamente na mesma conexão: ficar indevidamente perturbado por causa dos sinais da segunda vinda. Isso mostra unidade conceitual e, possivelmente, até mesmo dependência vocabular.

4. Um grande e nítido afastamento da fé

Embora não usem o mesmo vocabulário, tanto Paulo quanto Jesus descrevem uma apostasia universal no fim dos tempos por parte de cristãos professos:

> Ninguém, de nenhum modo, vos engane, porque isto não acontecerá sem que primeiro venha a *apostasia* [ἀποστασία] (2Ts 2.3).

> Vede que ninguém *vos engane* [πλανήσῃ]. Porque virão muitos em meu nome, dizendo: Eu sou o Cristo, e *enganarão* [πλανήσουσιν] *a muitos* [...] Nesse tempo, *muitos hão de se escandalizar* [σκανδαλισθήσονται], trair e odiar uns aos outros; levantar-se-ão

muitos falsos profetas e enganarão [πλανήσουσιν] a muitos [...] porque surgirão falsos cristos e falsos profetas operando grandes sinais e prodígios para enganar [πλανῆσαι], se possível, os próprios eleitos (Mt 24.4-5, 10-11, 24).

Jesus repete essa advertência contra ser enganado e afastar-se da fé mais do qualquer outra em Mateus 24. A ameaça de apostasia, de ser enganado e abandonar a fé atinge um clímax tão intenso que ameaça até os eleitos (Mt 24.24). Entretanto, Jesus diz no versículo 22 que, "por causa dos escolhidos, tais dias serão abreviados".

Somente em 2 Tessalonicenses 2.3, Paulo usa a palavra "apostasia", que o léxico grego padrão define como "desafio do sistema ou autoridade estabelecidos, *rebelião, abandono, ruptura da fé*".[1] "Isto [o Dia do Senhor] não acontecerá sem que primeiro venha a apostasia [o abandono, a ruptura da fé]" (2Ts 2.3). Se perguntássemos: "de onde Paulo tirou essa ideia de que, em algum tempo futuro, os cristãos experimentarão um grande 'abandono' da fé?", uma resposta seria que ele foi inspirado pelo Espírito Santo, o qual, Jesus disse, "vos anunciará as coisas que hão de vir" (Jo 16.13).

No entanto, levando em conta a impressionante semelhança com as repetidas advertências de Jesus quanto a esse abandono da fé resultante de engano (Mt 24.4, 10, 11, 24), não seria provável que o Espírito Santo tenha guiado Paulo a essa verdade ao levá-lo a uma familiaridade séria com os ensinos registrados em Mateus 24? Ambos previram um tempo em que ocorreriam mais do que as deserções ordinárias: haveria um grande e nítido abandono da fé por parte de muitos cristãos professos.

5. Iniquidade

Tanto Jesus quanto Paulo se referiram a uma iniquidade crescente antes da vinda do Senhor:

---

1 W. Arndt, F. W. Danker, W. Bauer e F. W. Gingrich, *A Greek-English Lexicon of the New Testament and Other Early Christian Literature*, 3ª ed. (Chicago: University of Chicago Press, 2000), p. 120.

Levantar-se-ão muitos falsos profetas e enganarão a muitos. E, por se multiplicar a *iniquidade*, [ἀνομίαν] o amor se esfriará de quase todos (Mt 24.11-12).

Ninguém, de nenhum modo, vos engane, porque isto não acontecerá sem que primeiro venha a apostasia e seja revelado o homem da iniquidade [ἀνομίας], o filho da perdição [...] Com efeito, o mistério da *iniquidade* já opera e aguarda somente que seja afastado aquele que agora o detém; então, será, de fato, revelado o *iníquo*, a quem o Senhor Jesus matará com o sopro de sua boca e o destruirá pela manifestação de sua vinda. Ora, o aparecimento do *iníquo* é segundo a eficácia de Satanás, com todo poder, e sinais, e prodígios da mentira (2Ts 2.3, 7-9).

Tanto nos ensinos de Jesus quanto nos de Paulo, o afastamento da fé (por meio de engano e apostasia) está conectado ao poder da iniquidade. Nos ensinos de ambos, há um movimento de menor para maior iniquidade. Paulo trata o "mistério da iniquidade" como algo que "já opera" e que se tornará irrestrito em algum tempo futuro (2Ts 2.7). Jesus fala do aumento da iniquidade e de seus efeitos destruidores sobre o amor.

6. Degradação do amor

Tanto Jesus quanto Paulo conectam a multiplicação da iniquidade à degradação do amor:

E, por se multiplicar a *iniquidade*, o *amor* se esfriará de quase todos (Mt 24.12).

A vinda do *iníquo* é pela atividade de Satanás, com todo poder, e falsos sinais, e prodígios, e com todo engano ímpio para os que perecem, porque não acolheram um *amor* da verdade a fim de serem salvos (2Ts 2.9-10, tradução minha).

Essa conexão entre a degradação do amor e a iniquidade poderia ser mera coincidência. Mas, quando entendida como uma parte de outras conexões, como iniquidade e apostasia, parece ser mais uma peça de um quebra-cabeça que se encaixa na imagem de um conceito compartilhado a respeito do futuro.

7. Sinais e prodígios a serviço de uma mentira

Tanto Paulo quanto Jesus dizem que sinais e prodígios fraudulentos serão realizados para enganar os discípulos:

> A vinda do *iníquo* é pela atividade de Satanás, com todo poder, e sinais, e prodígios [καὶ σημείοις καὶ τέρασιν] de uma *mentira* [ψεύδους], e com todo engano ímpio para os que perecem, porque não acolheram um amor da verdade a fim de serem salvos (2Ts 2.9-10, tradução minha).

> Surgirão *falsos* cristos e *falsos* profetas [ψευδόχριστοι καὶ ψευδοπροφῆται] operando grandes *sinais e prodígios* [σημεῖα καὶ τέρατα] pa ra enganar, se possível, os próprios eleitos (Mt 24.24).

Tanto Paulo quanto Jesus falam de engano no fim dos tempos e o relacionam com o poder de "sinais e prodígios" que enganarão por meio da comunicação de uma mentira. Nenhum deles nega que os sinais e os prodígios realmente acontecem. Pelo contrário, ambos dizem que esses sinais e prodígios estão a serviço de uma mentira.

8. Anjos, trombeta, nuvens, glória, poder

Tanto Paulo quanto Jesus falam de anjos, trombeta, nuvens, glória e poder que acompanham a vinda do Senhor:

> Porquanto o Senhor mesmo, dada a sua palavra de ordem, ouvida a voz do *arcanjo*, e ressoada a *trombeta* de Deus, descerá dos céus, e os mortos em Cristo ressuscitarão primeiro; depois, nós, os vivos, os que

ficarmos, seremos arrebatados juntamente com eles, entre nuvens, para o encontro do Senhor nos ares, e, assim, estaremos para sempre com o Senhor (1Ts 4.16-17).

Quando do céu se manifestar o Senhor Jesus com os anjos do seu poder, em chama de fogo, tomando vingança contra os que não conhecem a Deus e contra os que não obedecem ao evangelho de nosso Senhor Jesus. Estes sofrerão penalidade de eterna destruição, banidos da face do Senhor e da *glória* do seu *poder* (2Ts 1.7-9).

Então, aparecerá no céu o sinal do Filho do Homem; todos os povos da terra se lamentarão e verão o Filho do Homem vindo sobre as *nuvens* do céu, com *poder* e muita *glória*.[2] E ele enviará os seus *anjos*, com grande clangor de *trombeta*, os quais reunirão os seus escolhidos, dos quatro ventos, de uma a outra extremidade dos céus (Mt 24.30-31; cf. 25.31).

Com a presença de anjos, trombeta, nuvens, glória e poder na descrição da vinda de Cristo, pensar em Jesus e Paulo como contemplando diferentes vindas do Senhor seria uma forçação.

---

2 Alguns intérpretes afirmam que, devido ao fato de a linguagem usada aqui refletir a de Daniel 7.13-14, essa vinda "sobre as nuvens" não é uma vinda à terra, e sim uma vinda do Filho do Homem ao Ancião de Dias, no céu. Daniel 7.13-14 diz: "Eu estava olhando nas minhas visões da noite, e eis que vinha com as nuvens do céu um como o Filho do Homem, e dirigiu-se ao Ancião de Dias, e o fizeram chegar até ele. Foi-lhe dado domínio, e glória, e o reino, para que os povos, nações e homens de todas as línguas o servissem; o seu domínio é domínio eterno, que não passará, e o seu reino jamais será destruído". Há muitos problemas em negar que a vinda "sobre as nuvens" (em Mt 24.30 e 26.64) é a segunda vinda de Cristo para a terra. Primeiramente, a leitura natural de Mateus se opõe a essa negação. Em segundo lugar, as conexões de linguagem com 1 e 2 Tessalonicenses (que estamos examinando neste capítulo) apontam para o significado da segunda vinda. Em terceiro lugar, é inteiramente possível — de fato, provável — que Jesus fez uso da *linguagem* de Daniel 7.13-14, em vez de *reproduzir* a cena celestial em si. Em quarto lugar, mesmo em Daniel 7, o reino recebido pelo Filho do Homem ao vir "*ao* Ancião de Deus" é, por sua vez, dado aos santos na terra: "Os santos do Altíssimo receberão o reino e o possuirão para todo o sempre, de eternidade em eternidade" (7.18; cf. 7.22, 27). É perfeitamente natural que o Filho do Homem venha nas nuvens até Deus para receber o reino; retorne, em seguida, nas nuvens, "na sua majestade e todos os anjos com ele" (Mt 25.31); e, depois, diga a seu povo: "Vinde, benditos de meu Pai! Entrai na posse do reino que vos está preparado desde a fundação do mundo" (25.34).

9. Como um ladrão

Tanto Jesus quanto Paulo comparam a segunda vinda de Jesus à vinda de um ladrão à noite:

> Mas considerai isto: se o pai de família soubesse *a que vigília da noite havia de vir o ladrão* [ποίᾳ φυλακῇ ὁ κλέπτης], vigiaria e não deixaria que fosse arrombada a sua casa (Mt 24.43, ARC).

> Pois vós mesmos estais inteirados com precisão de que o Dia do Senhor vem como ladrão de noite [κλέπτης ἐν νυκτὶ]. (1Ts 5.2)

A comparação entre a vinda de Jesus e a vinda de um ladrão é ousada. É empregada não somente por Paulo, mas também por Pedro (2Pe 3.10) e João (Ap 3.3; 16.15). É virtualmente certo que somente Jesus teria se atrevido a criar essa figura, dando, posteriormente, a seus apóstolos autoridade para usá-la. E eles a usaram, de fato, o que fornece uma forte evidência de que os apóstolos dependiam dos ensinos de Jesus e compartilhavam uma visão comum quanto à segunda vinda de Cristo.

10. Encontrando-se com o Senhor quando ele vier

Tanto Jesus quanto Paulo usam a mesma palavra incomum, "encontro", para descrever como acontecerá a recepção do Senhor quando ele vier:

> Mas, à meia-noite, ouviu-se um grito: Eis o noivo! Saí ao seu encontro [ἀπάντησιν]! (Mt 25.6)

> Depois, nós, os vivos, os que ficarmos, seremos arrebatados juntamente com eles, entre nuvens, para o encontro [ἀπάντησιν] do Senhor nos ares, e, assim, estaremos para sempre com o Senhor (1Ts 4.17).

Já ressaltamos que a palavra "encontro" é usada apenas três vezes no Novo Testamento (Mt 25.6; At 28.15; 1Ts 4.17) e sempre se refere a um encontro em que um grupo de pessoas sai e acompanha alguém de volta.[3] Assim ocorre na parábola das virgens que ouvem o grito, encontram-se com o noivo e o acompanham à festa de casamento. E o mesmo sentido se acha em 1 Tessalonicenses 4.17, ao lermos que os santos vivos e os ressuscitados sobem para se encontrar com o Senhor, recebê-lo e acompanhá-lo até a terra.

O fato de que tanto Paulo quanto Jesus usam essa palavra apenas em referência à segunda vinda é outra notável conexão linguística.

11. Como um laço repentino e destrutivo

Somente Paulo e Jesus usam a palavra "repentino" (αἰφνίδιος). Ela não aparece em nenhum outro texto do Novo Testamento. E, outra vez, indubitavelmente, ambos a usam em referência à destruição que a segunda vinda trará aos despreparados:

> Quando andarem dizendo: Paz e segurança, eis que lhes sobrevirá *repentina* [αἰφνίδιος] destruição, como vêm as dores de parto à que está para dar à luz; e de nenhum modo escaparão (1Ts 5.3).

> Acautelai-vos por vós mesmos, para que nunca vos suceda que o vosso coração fique sobrecarregado com as consequências da orgia, da embriaguez e das preocupações deste mundo, e para que aquele dia não venha sobre vós *repentinamente* [αἰφνίδιος], como um laço (Lc 21.34).

12. Dores de parto

Jesus e Paulo usam a figura das *dores de parto* (ὠδίν) para descrever os sofrimentos crescentes e, por fim, apoteóticos no período que antecede o retorno de Jesus:

---

3 Veja capítulo 15.

VEM, SENHOR JESUS!

> Uma nação guerreará contra a outra, e um reino contra o outro. Haverá fome e terremotos em várias partes do mundo. Tudo isso, porém, será apenas o começo das dores de parto [ὠδίνων]. (Mt 24.7-8, NVT; cf. Mc 13.8)

> Vós mesmos estais inteirados com precisão de que o Dia do Senhor vem como ladrão de noite. Quando andarem dizendo: Paz e segurança, eis que lhes sobrevirá repentina destruição, como vêm as dores de parto [ὠδὶν] à que está para dar à luz; e de nenhum modo escaparão (1Ts 5.2-3).

Embora Paulo use a figura das dores de parto mais amplamente (Rm 8.22; Gl 4.19, 27), ele e Jesus usam o substantivo (ὠδὶν, dores de parto) apenas uma vez cada, sempre em referência aos eventos do fim dos tempos que pegam os incrédulos totalmente desprevenidos e trazem destruição — "De nenhum modo escaparão (1Ts 5.2-3)".

13. Os crentes escaparão

Jesus e Paulo se referem, ambos, à necessidade ou à impossibilidade de escapar (ἐκφεύγω) das forças destrutivas que vêm sobre os despreparados na segunda vinda:

> Vigiai, pois, a todo tempo, orando, para que possais escapar [ἐκφυγεῖν] de todas estas coisas que têm de suceder e estar em pé na presença do Filho do Homem (Lc 21.36).

> Quando andarem dizendo: Paz e segurança, eis que lhes sobrevirá repentina destruição, como vêm as dores de parto à que está para dar à luz; e de nenhum modo escaparão [ἐκφύγωσιν]. (1Ts 5.3)

Jesus usa essa palavra (ἐκφεύγω) apenas uma vez. Paulo a emprega três vezes, entre as quais uma é paralela ao uso de Jesus, ou seja, refere-se à esperança de escapar da subtaneidade da vinda de Cristo. Tanto Jesus quanto Paulo dizem que os crentes não serão destruídos por essa subtaneidade. Paulo diz: "Mas vós, irmãos, não estais em trevas, para que esse Dia como ladrão vos apanhe de surpresa" (1Ts 5.4). E Jesus diz: "Vigiai, pois, a todo tempo, orando, para que possais escapar" (Lc 21.36).

14. Permanecer vigilante, permanecer sóbrio

Paulo e Jesus usam a linguagem de "vigiar", "não dormir" e "não se embriagar" em relação à prontidão para a segunda vinda:

> Vós mesmos estais inteirados com precisão de que o Dia do Senhor vem como ladrão de noite [...] Mas vós, irmãos, não estais em trevas, para que esse Dia como ladrão vos apanhe de surpresa [...] nós não somos da noite, nem das trevas. Assim, pois, *não durmamos* [μὴ καθεύδωμεν] como os demais; pelo contrário, *vigiemos* [γρηγορῶμεν] e sejamos sóbrios [νήφωμεν]. Ora, os que dormem dormem de noite, e os que se embriagam é de noite que se embriagam [μεθυσκόμενοι νυκτὸς μεθύουσιν]. (1Ts 5.2-7)

> Portanto, *vigiai* [γρηγορεῖτε], porque não sabeis em que dia vem o vosso Senhor [...] se aquele servo, sendo mau, disser consigo mesmo: Meu senhor demora-se, e passar a espancar os seus companheiros e a comer e beber com ébrios [μεθυόντων], virá o senhor daquele servo em dia em que não o espera e em hora que não sabe e castigá-lo-á" (Mt 24.42-51).

> Acautelai-vos por vós mesmos, para que nunca vos suceda que o vosso coração fique sobrecarregado com as consequências da orgia, da *embriaguez* [μέθη] e das preocupações deste mundo, e para que aquele dia não venha sobre vós repentinamente, como um laço (Lc 21.34).

> A respeito daquele dia ou da hora ninguém sabe; nem os anjos no céu, nem o Filho, senão o Pai. Estai de sobreaviso, vigiai [...]

VEM, SENHOR JESUS!

porque não sabeis quando virá o dono da casa [...] para que, vindo ele inesperadamente, não vos ache dormindo [καθεύδοντας]. (Mc 13.32-36)

Tanto Paulo quanto Jesus usam as figuras de não dormir (καθεύδω), mas, em vez disso, ficar acordado (γρηγορέω); de não se embriagar (μεθύω), mas, em vez disso, ser sóbrio (νήφω) — todas empregadas em relação à prontidão para a segunda vinda.

QUAL É A CONCLUSÃO?

Qual é a conclusão do que observamos ao comparar o conceito de Jesus e o de Paulo sobre o fim dos tempos? Aqui estão os componentes do meu argumento:

Primeiro, as epístolas aos Tessalonicenses contêm um ponto de vista singular e unificado a respeito da segunda vinda. Nas duas cartas, Paulo fala sobre um único evento, a *parousia* (vinda), o Dia do Senhor.

Segundo, esse ponto de vista unificado inclui a vinda final do Senhor nas nuvens (1Ts 4.17), para resgatar seu povo (2Ts 1.7), executar vingança contra os incrédulos (1.6), matar o homem da iniquidade (2.8) e ressuscitar todos os crentes dentre os mortos (1Ts 4.16).

Terceiro, a linguagem que Paulo usa para descrever esse evento único e futuro é tão semelhante à linguagem de Jesus, especialmente em Mateus 24, que é muito provável que eles estejam falando do mesmo evento.[4]

Quarto, em Mateus 24, Jesus, portanto, tinha em vista não somente as prefigurações da segunda vinda nos eventos do século I, mas também os eventos finais que Paulo descreveu nas epístolas aos

---

4 A pretexto de lembrança, observe como as semelhanças com o ponto de vista de Paulo permeiam totalmente Mateus 24: *parousia* (24.27), reunião (24.31), não ficar perturbado (24.6), engano e perda da fé (24.4, 10, 11, 24), iniquidade (24.12), falta de amor (24.12), sinais e prodígios (24.24), nuvens, poder, glória, trombeta (24.30-31), dores de parto (24.8).

Tessalonicenses. É um equívoco *limitar* a referência de Mateus 24.4-31 à geração que viveu logo depois de Jesus e antecedeu a destruição de Jerusalém, em 70 d.C.[5]

Poderíamos multiplicar os argumentos que apoiam o quarto ponto. Por exemplo, parece indevidamente rígido insistir que os discípulos, ao pedirem a Jesus em Mateus 24.3: "Dize-nos quando sucederão estas coisas e que sinal haverá da tua vinda e da consumação do século", tinham em mente dois tempos diferentes (perto e distante) ou que Jesus responderia à pergunta deles em ordem cuidadosamente sequencial, como se tivessem dois tempos em mente (os versículos 4 a 35 responderiam à questão concernente à destruição de Jerusalém, enquanto os versículos 36 a 51 responderiam à questão concernente à consumação do século).

Portanto, argumentar, com base nessa suposta estrutura, que Mateus 24.4-35 se relaciona apenas ao século I (antes de 70 d.C.) e que o restante do capítulo (24.36-51) descreve a segunda vinda "ainda futura" é, conforme penso, injustificável. Eu acredito que tanto as perguntas dos discípulos (Mt 24.3) quanto a resposta de Jesus refletem o que tenho chamado de "perspectiva profética" (veja o capítulo 8, nota 1). As cadeias de montanhas do futuro, próximas e distantes, são vistas como um todo, sem haver distinção exata entre elas. Assim, Mateus 24 fala de modo que todo o capítulo instrui o nosso entendimento a respeito tanto da história contínua da presente era quanto do fim culminante na segunda vinda de Cristo.

---

5 Veja a nota 4 no capítulo 13. Alguns intérpretes de Mateus 24 argumentam que os discípulos, ao perguntarem no versículo 3: "Quando sucederão estas coisas?", referiam-se apenas à destruição do templo e que Jesus responde a essa parte de sua pergunta nos versículos 4 a 35. Segundo esse ponto de vista, a linguagem desses versículos se refere apenas ao século I. Assim, por exemplo, quando Jesus diz no versículo 14: "E este evangelho do reino será pregado pelo mundo inteiro, para testemunho a todas as nações, e então virá o fim" (A21), Sam Storms afirma: "No que diz respeito à profecia de Jesus em Mateus 24.14, o seu ensino principal é que, após a sua ressurreição, o Evangelho será pregado fora das fronteiras da Judeia, de tal modo que as nações gentílicas no mundo habitado conhecido como Império Romano ouvirão o testemunho da obra redentora de Cristo. Somente depois, Jesus diz, o 'fim' da cidade e do templo acontecerá [...] A Grande Comissão, em Mateus 28, não deixa nenhuma brecha. *Temos* simplesmente de labutar na graça de Deus para proclamar o Evangelho de Deus e fazer discípulos de todas as nações. A minha posição [...] é simplesmente que Mateus 24.14 não diz respeito a essa tarefa" (Sam Storms, *Kingdom Come: the Amillennial Alternative* [Fearn: Mentor, 2013], p. 242-44).

"Consumação do século"

Quando os discípulos usaram a expressão "consumação do século" (συντελείας τοῦ αἰῶνος – Mt 24.3), provavelmente a empregaram da maneira como Jesus a utilizara em seus ensinos, isto é, em alusão ao próprio fim desta era, o qual seria marcado pelo julgamento dos incrédulos. Por exemplo:

> A ceifa é *a consumação do século* [συντέλεια αἰῶνός], e os ceifeiros são os anjos. Pois, assim como o joio é colhido e lançado ao fogo, assim será na *consumação do século* [τῇ συντελείᾳ τοῦ αἰῶνος]. Mandará o Filho do Homem os seus anjos, que ajuntarão do seu reino todos os escândalos e os que praticam a iniquidade e os lançarão na fornalha acesa; ali haverá choro e ranger de dentes. Então, os justos resplandecerão como o sol, no reino de seu Pai. Quem tem ouvidos [para ouvir], ouça (Mt 13.39-43; cf. 13.49; 28.20).

É improvável que, quando Jesus começou a falar em Mateus 24, os discípulos tenham entendido os versículos 4 a 35 como não relacionados a essa "consumação do século". E todas as semelhanças que já vimos entre as palavras de Jesus e as de Paulo indicam que os versículos 4 a 35 estão entremeados com referências à própria consumação do século, que ainda está por vir.

O Filho do Homem vindo em julgamento universal

Quero oferecer mais uma observação para fortalecer meu argumento. Os discípulos também ouviram Jesus falar sobre a vinda do *Filho do Homem* "na glória de seu Pai, com os seus anjos" (Mt 16.27). Nesse texto, Jesus afirma que, por ocasião dessa vinda, ele "retribuirá a cada um conforme as suas obras". Portanto, trata-se de uma predição da vinda do Filho do Homem *na própria consumação do século*, que chega ao ápice com o julgamento de cada pessoa. Portanto, acho improvável que, em Mateus 24, as referências à vinda do Filho do Homem — por exemplo, nos versículos 27 e 30 — se limitem a 70 d.C.

UNINDO OS FIOS DO ARGUMENTO

Reunamos os fios dos quatro últimos capítulos e verifiquemos se podemos esclarecer a trama que estamos tecendo. Nossa pergunta abrangente na parte 2 é: como devemos pensar sobre o tempo da vinda de Jesus? Para abordar essa pergunta, precisamos responder a três outras.

Primeiro, Jesus predisse que retornaria dentro de uma geração para consumar a era presente? Não, ele não predisse (capítulo 13).

Segundo, o que o Novo Testamento quer dizer ao afirmar que Jesus retornará em breve? Eu sugeri três significados e propus três expressões: *potencialmente* perto, *holisticamente* perto e divinamente *perto* (capítulo 14).

Terceiro, o Novo Testamento ensina um retorno de Jesus *a qualquer momento*? Sugeri que há três passos para responder a essa pergunta:

1. O Novo Testamento ensina que um *arrebatamento repentino* removerá a igreja do mundo, alguns anos depois do qual ocorrerá a segunda vinda de Cristo para estabelecer seu reino? Respondi negativamente (capítulo 15).
2. A visão do fim dos tempos em 1 e 2 Tessalonicenses e no ensino de Jesus (especialmente em Mateus 24) é a mesma? Respondi positivamente (capítulo 16). A implicação dessa última resposta é que Mateus 24 e as epístolas aos Tessalonicenses podem ambas informar nossa resposta à terceira e última pergunta sobre um retorno do Senhor a qualquer momento.
3. De acordo com o Novo Testamento, ainda há eventos a acontecer antes do retorno do Senhor? Se há, isso provavelmente responderia à nossa pergunta sobre a vinda de Cristo a qualquer momento. No capítulo seguinte, vamos nos voltar para essa pergunta.

CAPÍTULO 17

O QUE DEVE ACONTECER
ANTES DA VINDA DO SENHOR?

Chegamos agora ao nosso terceiro passo em busca de responder à pergunta: o Novo Testamento ensina que Jesus pode voltar a qualquer momento? Esse terceiro passo consiste em mostrar alguns dos eventos que ainda devem acontecer antes da vinda de Cristo.

O apóstolo Paulo nos mostra muito explicitamente que é correto discernir quais eventos precederão a vinda do Senhor. Quando confrontado com a aparente histeria sobre o Dia do Senhor já estar presente, Paulo respondeu: "Ninguém, de nenhum modo, vos engane,[1] porque isto não acontecerá sem que primeiro venha a apostasia e seja revelado o homem da iniquidade, o filho da perdição" (2Ts 2.3). A resposta de Paulo, em seus dias, para a pergunta "que eventos ainda devem acontecer antes que Cristo venha?" é dupla: (1) a apostasia tem de acontecer; (2) o homem da iniquidade deve ser revelado.

Esses dois eventos ainda estão por vir enquanto escrevo no outono de 2021. Paulo não os trata de modo tão ambíguo que não possam ser discernidos quando chegarem. O aparecimento do homem da iniquidade será globalmente sensacional e breve:[2]

> [Ele] se opõe e se levanta contra tudo que se chama Deus ou é objeto
> de culto, a ponto de assentar-se no santuário de Deus, ostentando-
> -se como se fosse o próprio Deus [...] Então, será, de fato, revelado

---

1 Assim como Jesus disse: "Vede que ninguém vos engane" (Mt 24.4). Semelhante à advertência de Paulo, o perigo era que alguém poderia se envolver no frenesi do fim dos tempos e chegar à conclusão de que um dos falsos cristos era real e que o Dia do Senhor já havia chegado. "Virão muitos em meu nome, dizendo: Eu sou o Cristo, e enganarão a muitos" (24.5).

2 Para uma descrição deste personagem do fim dos tempos, veja o capítulo 9.

o iníquo, a quem o Senhor Jesus matará com o sopro de sua boca e o destruirá pela manifestação de sua vinda (2Ts 2.4, 8).

Para quaisquer dos tessalonicenses que estivessem inclinados a pensar que esse homem da iniquidade estava num futuro distante ou para qualquer um de nós hoje que esteja inclinado a pensar que esse homem da iniquidade está num futuro distante, Paulo acrescenta esta advertência singular: "O mistério da iniquidade *já* opera" (2Ts 2.7). "Já", isto é, no século I e hoje.

Isso é semelhante à maneira de João falar sobre o anticristo: "Filhinhos, já é a última hora; e, como ouvistes que vem o anticristo, também, agora, muitos anticristos têm surgido; pelo que conhecemos que é a última hora" (1Jo 2.18). Paulo não diz: "Muitos homens da iniquidade têm surgido", mas poderia ter dito. O que ele diz é: "O mistério da iniquidade *já* opera".

O ensino é este: não afrouxe sua vigilância, pensando que o homem da iniquidade (ou anticristo) está muito distante, porque a própria essência do seu poder enganador já está operando e poderia enganá-lo de tal modo que você ficaria indiferente à letalidade de sua chegada. Permita-me dizer isto novamente: quando você pensa que o fim está no futuro distante, o mistério satânico da iniquidade pode obscurecer de tal modo a sua mente com engano, que você não será capaz de perceber a chegada imediata do homem da iniquidade.

A CHEGADA DA APOSTASIA

A "apostasia" também ainda está no futuro. Esse evento é menos definido do que a manifestação do homem da iniquidade que se autoproclama Deus, mas a apostasia não pode ser reduzida a um processo que duraria séculos e seria marcado por temporadas de apostasia. Paulo acreditava que ela seria tão discernível que pôde usar a ausência de apostasia como evidência de que o Dia do Senhor ainda não havia chegado.

Seria correto dizer: "O mistério da *apostasia já* começou", assim como Paulo disse: "O mistério da *iniquidade já* opera". De fato, Paulo não fala dessa maneira sobre a abjuração vindoura da fé verdadeira. Ele diz em 1 Timóteo 4.1: "Ora, o Espírito afirma expressamente que, nos últimos tempos, alguns apostatarão da fé, por obedecerem a espíritos enganadores e a ensinos de demônios". Ele trata essas pessoas como já presentes e lida com seus erros (4.1-5).

Outra vez, Paulo diz: "Sabe, porém, isto: nos últimos dias, sobrevirão tempos difíceis, pois os homens serão egoístas, avarentos..." Em seguida, a essa predição sobre o fim dos tempos, o apóstolo acrescenta: "Foge também destes" (2Tm 3.1-2, 5). Em outras palavras, Paulo vê os sinais do fim como mais ou menos sempre presentes.[3] O que será diferente no fim é o grau e a intensidade do mal. Paulo mostra isso ao se referir à presente restrição do mal (2Ts 2.7), a qual será removida, dando origem a um mal de maior intensidade no fim dos tempos.

O fato de haver prefigurações historicamente repetidas dos eventos do tempo do fim significa que a maioria dos precursores da segunda vinda não é de tal natureza que permita discernir a proximidade do fim. São reais, mas também imprecisos. Têm o propósito de nos tornar vigilantes, sabendo que muito rapidamente os males comuns da história podem intensificar-se até chegarem aos eventos culminantes do fim.

Guerras e a guerra de Jerusalém

Com isso em mente, considere os eventos que Jesus diz que estão por vir, a maioria dos quais já aconteceu de várias maneiras. Tenho argumentado que a referência de Mateus 24 não deve ser limitada ao século I e que a maior parte do conteúdo dos versículos 4 a 35, em conexão com o ensino de Paulo, refere-se à consumação do século. Não há nenhuma discordância quanto ao fato de que, em Mateus 24 (especialmente nos versículos 15 a 20), Jesus vê a catástrofe da destruição de Jerusalém em 70 d.C.:

> Quando, pois, virdes o abominável da desolação de que falou o profeta Daniel, no lugar santo (quem lê entenda), então, os que estiverem

---

3 Esse entendimento da presença do futuro é parte da visão holística quanto ao futuro próximo e distante que desdobro no capítulo 14, no subponto "Holisticamente perto".

VEM, SENHOR JESUS!

na Judeia fujam para os montes; quem estiver sobre o eirado não desça a tirar de casa alguma coisa; e quem estiver no campo não volte atrás para buscar a sua capa. Ai das que estiverem grávidas e das que amamentarem naqueles dias! Orai para que a vossa fuga não se dê no inverno, nem no sábado (Mt 24.15-20).

Esse evento catastrófico é o tipo de horror que tem caracterizado a história por dois mil anos. Jesus o entremeia em sua descrição dos eventos que levam à vinda final do Filho do Homem porque a vida nesta era será caracterizada, mais ou menos, por esse tipo de mal escatológico ao longo da história. As guerras contra Jerusalém são um exemplo concreto da predição geral:

Ouvireis falar de guerras e rumores de guerras; vede, não vos assusteis, porque é necessário assim acontecer, mas ainda não é o fim. Porquanto se levantará nação contra nação, reino contra reino, e haverá fomes e terremotos em vários lugares; porém tudo isto é o princípio das dores (Mt 24.6-8).

Até mesmo a destruição de Jerusalém é "o princípio das dores". "Ainda não é o fim." Essas palavras já foram proferidas em relação a inúmeras calamidades indescritíveis e perseguições horríveis nos últimos dois mil anos. Aqueles que passaram por essas calamidades ou morreram nelas sentiram toda a força dos males finais desta era. As dores de parto do fim dos tempos haviam realmente começado.

No entanto, não podemos calcular quantos terremotos (Mt 24.7), ou quantas fomes (24.7), ou quantas guerras (24.6), ou quantos falsos cristos (24.5), ou quantos falsos profetas (24.10), ou quanta impiedade, ou quanta frieza de amor (24.12), ou que intensidade de tribulação (24.9, 21, 29) sinalizarão, com certeza, quão iminente está a segunda vinda. Permita-me dizer novamente: muitos dos "sinais" do fim que Jesus nos dá são tipos de eventos que não se prestam a estabelecer datas. A quantidade, intensidade e frequência desses eventos não são indicadores exatos de quão próxima está a vinda do Senhor.

As dores de parto têm um propósito

Sem dúvida, devemos obedecer a Jesus quando ele diz:

> Aprendei, pois, a parábola da figueira: quando já os seus ramos se renovam e as folhas brotam, sabeis que está próximo o verão. Assim também vós: quando virdes todas estas coisas, sabei que está próximo, às portas. Em verdade vos digo que não passará esta geração sem que tudo isto aconteça (Mt 24.32-34).

Obedecer a essas palavras não implica em que devemos fazer o que Jesus disse que ele mesmo não podia fazer, ou seja, saber o tempo da vinda (Mt 24.36). Entretanto, Jesus nos diz para olharmos para a "figueira". Ele nos diz que temos de olhar para "todas estas coisas" — os tipos de eventos que aconteceriam na geração seguinte e em quase todas as gerações desde aquele tempo.

Olhe para esses eventos. Permita que qualquer medida, qualquer intensidade ou qualquer frequência que você puder constatar em seu tempo e lugar o levem a lembrar-se de que esses eventos são as dores de parto do fim. Dores de parto têm um propósito. Permita que os falsos cristos, guerras, conflitos mundiais, fomes, terremotos, ódio, traições, apostasia e tribulação façam você se lembrar de que o fim está perto — *potencialmente* perto, *holisticamente* perto, *divinamente* perto.[4]

A promessa do triunfo da evangelização

E quanto à promessa de que o fim virá quando for "pregado este evangelho do reino por todo o mundo, para testemunho a todas as nações" (Mt 24.14)? Isso não nos capacita a saber o tempo da vinda de Jesus?

Aqueles que creem que os eventos profetizados em Mateus 24.4-35 devem ser limitados aos eventos que antecederam 70 d.C. argumentam que a evangelização das nações profetizada no versículo 14 se cumpriu por volta dessa data.[5] E o "fim" era 70 d.C. Argumentei extensivamente no capítulo 16 que é um equívoco limitar esses eventos ao século I. Além dos argumentos ali

---

4 Para uma explicação dessas expressões, veja o capítulo 14.

5 Veja capítulo 16, nota 5.

apresentados, considere três observações relacionadas à promessa de que "o fim" virá depois de o Evangelho se propagar até o ponto que Deus tenciona.

1. "Então, virá o fim"

É provável que a expressão "o fim" ("Então, virá *o fim*") se refira à mesma realidade sobre a qual os discípulos indagaram: "Dize-nos quando sucederão estas coisas e que sinal haverá da tua vinda e d*a consumação* do século" (Mt 24.3). Parte da resposta de Jesus é que o Evangelho alcançará as nações, e, "então, virá *o fim*". Contudo, a expressão que os discípulos usaram foi "a consumação do século".

Os discípulos já tinham ouvido Jesus usar essa expressão. Por exemplo, em Mateus 13.36-50, ela aparece três vezes. Em todas as três ocorrências, a expressão se refere ao momento do julgamento final, quando o bem e o mal são separados. "Assim será n*a consumação do século*: sairão os anjos, e separarão os maus dentre os justos" (Mt 13.49). "Pois, assim como o joio é colhido e lançado ao fogo, assim será n*a consumação do século*" (Mt 13.40). Portanto, não há uma justificativa razoável para pensar que o "fim" não é "a consumação do século" sobre a qual os discípulos perguntaram a Jesus e à qual Jesus se referiu em sua resposta. O fim que virá quando o Evangelho tiver alcançado as nações é o julgamento universal, quando o bem e o mal serão separados. Esse *fim* não é uma mera referência a 70 d.C.

2. Ainda não é o fim, e a missão não está completa

Na Grande Comissão, em Mateus 28.19-20, Jesus torna a promessa de Mateus 24.14 em um mandamento:

> Ide, portanto, fazei discípulos de todas as nações, batizando-os em nome do Pai, e do Filho, e do Espírito Santo; ensinando-os a guardar todas as coisas que vos tenho ordenado. E eis que estou convosco todos os dias até *à consumação do século* [τῆς συντελείας τοῦ αἰῶνος].

Aqui está novamente a expressão "a consumação do século", a mesma usada pelos discípulos em sua pergunta em Mateus 24.3 (συντελείας τοῦ αἰῶνος) e à qual Jesus aludiu em Mateus 24.14: "Então, virá o fim". Somente aqui, em Mateus 28.20, a missão de evangelizar prossegue até essa mesma "consumação do século", que é caracterizada não pela destruição de Jerusalém, mas pelo julgamento universal (Mt 13.40, 49).

Portanto, o "fim" que Jesus promete quando o Evangelho atingir sua extensão e sua profundeza final é "o fim" que ainda não chegou, uma vez que a missão de evangelizar ainda está em andamento. E essa missão é sustentada pela promessa do Senhor de que estará conosco até ao fim. E, quando estiver terminada, o fim virá. Ou seja, o Senhor virá.

3. Em 70 d. C. ainda não era o fim

Em Mateus 24.6, Jesus diz: "Ouvireis falar de guerras e rumores de guerras; vede, não vos assusteis, porque é necessário assim acontecer, mas ainda não é o fim". Entendo que esse "fim" é o mesmo mencionado nos versículos 3 e 14 (embora a palavra grega não seja a mesma em ambos). Mas aqui, no versículo 6, Jesus diz que guerras não significarão o fim. O significado natural seria que isso inclui a guerra contra Jerusalém em 70 d.C.

Portanto, em essência, Jesus está dizendo: "Quando virdes os horrores da guerra contra Jerusalém, não vos perturbeis. Ainda não é o fim" (Mt 24.6). Portanto, "o fim" não é 70 d.C., e as palavras de Mateus 24.14 ("E será pregado este evangelho do reino por todo o mundo, para testemunho a todas as nações. Então, virá *o fim*") se referem não a 70 d.C., mas, em vez disso, ao fim desta era, culminando na segunda vinda.

Concluo, portanto, que a promessa de Mateus 24.14 significa que a Grande Comissão será obedecida até o fim da era atual, e, quando estiver terminada, Cristo retornará.

É DIFÍCIL RECONHECER O CUMPRIMENTO FINAL DA GRANDE COMISSÃO

Em outras publicações, tentei definir a natureza e a abrangência de "todas as nações" em Mateus 24.14 e 28.19. Em outras palavras, esforcei-me para descrever como a Grande Comissão será cumprida.[6] No entanto, com

---

6   John Piper, *Let the Nations Be Glad!: The Supremacy of God in Missions* (Grand Rapids: Baker Academic, 2010), p. 177-224 [edição em português: *Alegrem-se os Povos: a Supremacia de Deus nas Missões* (São Paulo: Cultura Cristã, 2012)].

VEM, SENHOR JESUS!

base em quase 50 páginas de análise, minha conclusão é insatisfatória para todos que acham que podemos usar o progresso da evangelização mundial para predizer o tempo da volta do Senhor. Por exemplo, escrevo: "O fato é este: já que o Senhor ainda não retornou, tem de haver mais grupos de pessoas para alcançarmos, e devemos continuar a alcançá-los".[7]

A única mudança que eu faria nessa afirmação hoje é acrescentar que o cumprimento final da Grande Comissão inclui não apenas alcançar novas pessoas, mas também a extensão da evangelização e da obediência *dentro de* grupos humanos. Essa é a ênfase de 2 Pedro 3.9, que ensina que a segunda vinda é delongada por causa do ajuntamento total dos eleitos.[8]

Portanto, Mateus 24.14 nos ensina que todo avanço do Evangelho é tanto um encorajamento de que o Senhor está perto de chegar quanto um incentivo para "apressar" a sua vinda (2Pe 3.12), na medida em que dá uma grande energia para a evangelização mundial.

O QUE ACONTECERÁ ANTES DA VOLTA DE CRISTO?

De todos os eventos que antecedem a segunda vinda, dois são mais precisos: o aparecimento do homem da iniquidade (2Ts 2.3) e os eventos cósmicos descritos em Mateus 24.29-30.[9] Jesus descreve os eventos cósmicos com estes termos:

> Logo em seguida à tribulação daqueles dias, o sol escurecerá, a lua não dará a sua claridade, as estrelas cairão do firmamento, e os poderes dos céus serão abalados. Então, aparecerá no céu o sinal do Filho do Homem; todos os povos da terra se lamentarão e verão o Filho

---

7 Piper, *Let the nations Be glad!*, p. 212.

8 Veja o capítulo 14, nota 3.

9 Argumentei (no capítulo 9 e anteriormente neste capítulo) que a apostasia ou rebelião dos últimos dias mencionada em 2 Tessalonicenses 2.3 é tratada por Paulo como uma ocorrência histórica nítida que ele pode citar como uma razão pela qual a segunda vinda ainda não aconteceu: "Isto não acontecerá sem que primeiro venha a *apostasia* e seja revelado o homem da iniquidade". Por isso, eu poderia listar a apostasia e a vinda do homem da iniquidade como eventos que têm de acontecer antes da volta do Senhor. Isso é verdadeiro. A razão pela qual não estou lidando com a apostasia separadamente é que Paulo parece vê-la como muito intimamente associada com o aparecimento do homem da iniquidade, e não como um evento distinto. De fato, parece-me que, depois de mencionar tanto o homem da iniquidade quanto a apostasia em 2 Tessalonicenses 2.3, Paulo lida com o homem da iniquidade nos versículos 4 a 8 e, em seguida, lida integralmente com a apostasia nos versículos 9 a 12. Portanto, quando destaco agora a vinda do homem da iniquidade, estou pensando que a apostasia faz parte de sua vinda.

do Homem vindo sobre as nuvens do céu, com poder e muita glória (Mt 24.29-30)

Entendo esses eventos cósmicos como eventos cosmológicos reais, assim como a vinda de Cristo é um evento corporalmente real, espacial, visível e audível. Com a encarnação de Jesus Cristo em carne e sangue literais, com a ressurreição em um corpo que comeu peixe e exibiu feridas, com a ascensão desse corpo em nuvens literais e com a promessa da vinda desse corpo glorioso para uma terra literal, não devemos nos apressar a tratar os sinais que acompanham a segunda vinda como metafóricos. Jesus e os apóstolos não nos oferecem nenhum indício de não estarem descrevendo realidades cosmológicas.[10]

Pela forma como Jesus descreve os eventos de Mateus 24.29-30, parece que eles acontecem em conjunção imediata com a sua vinda. Esses sinais não parecem preceder a segunda vinda com uma antecedência suficiente para os usarmos como base para o cálculo da proximidade de sua chegada. Eles acontecem *em* sua vinda. Não sei como será um sol entenebrecido (quão escuro?), ou uma lua que não brilha (eclipse?), ou estrelas caindo (desaparecendo? Meteoritos?), ou os céus sendo abalados (com trovão?). Eu não sei o que é o "sinal do Filho do Homem", mas parece ser quase simultâneo à vinda de Cristo.

Portanto, esses eventos cósmicos não nos dizem quando o fim *virá*. Dizem que ele está aqui agora. As manifestações cósmicas, Jesus diz, anunciarão a sua vinda como um relâmpago: "Assim como o relâmpago sai do oriente e se mostra até no ocidente, assim há de ser a vinda do Filho do Homem" (Mt 24.27).

---

10 Os profetas fizeram uso dessa linguagem em contextos caracterizados pelo que tenho chamado de "perspectiva profética", na qual um evento bem próximo (como a destruição de Babilônia) e um evento distante (como o julgamento universal) são aludidos sem qualquer distinção temporal. Portanto, precisamos ser cuidadosos para não supor que uma referência às estrelas e ao sol sendo escurecidos (e.g., Is 13.10) seja metafórica nesse tipo de contexto, quando, de fato, podem ter um cumprimento literal no último dia.

Nada nos garante que o fim não está perto

Não sabemos quanto tempo deve se passar até que Jesus venha. Afirmo categoricamente: não sabemos. Erramos se dissermos o contrário. Por outro lado, também erramos se pensarmos que ele não deve estar perto de voltar. Talvez você se lembre de que afirmei anteriormente que não temos nenhuma base para estarmos certos de que a vinda de Cristo acontecerá dentro de pouco anos. Sendo honesto, não sei se Cristo voltará daqui a seis anos, 60 anos ou 600 anos. O que estou dizendo aqui é que ninguém tem bases bíblicas para estar certo de quanto tempo demorará até Jesus voltar. Pode ser daqui a cinco ou seis anos ou até menos do que isso.

O homem da iniquidade ainda não chegou

Por que eu digo isso? Paulo disse que o homem da iniquidade seria tão identificável que poderíamos saber que ele ainda não chegou. Do contrário, seu argumento em 2 Tessalonicenses 2.3 se desfaria: "Ninguém, de nenhum modo, vos engane, porque isto [o dia da vinda do Senhor] não acontecerá sem que [...] seja revelado o homem da iniquidade, o filho da perdição". O argumento é este: você pode evitar o engano de que o Senhor já veio ao compreender que o homem da iniquidade ainda não chegou. A sua vinda é discernível. Você saberá quando ele vier.

O fato de que a história da igreja está recheada de falsas identificações do homem da iniquidade não contradiz o argumento de Paulo. O que é necessário não é a rejeição do ensino de Paulo, a fim de evitarmos seu mau uso; aquilo de que realmente precisamos é aprimorar nosso ensino sobre o que Paulo tencionava dizer.

Por que de cinco a sete anos?

Por que eu disse que jamais temos justificava para crermos que a vinda de Cristo não aconteça dentro de poucos anos (digamos, cinco ou seis anos)? Eis o meu raciocínio. De acordo com a estimativa bíblica, o homem da iniquidade não permanece por muito tempo antes que o Senhor Jesus o mate por ocasião de sua vinda. Paulo diz: "Então, será, de fato, revelado o iníquo, a quem o Senhor Jesus matará com o sopro de sua boca e o destruirá pela manifestação de sua vinda" (2Ts 2.8). Ele sobrevive o suficiente para fazer o que Paulo diz que ele fará: "[O iníquo] se opõe e se levanta contra tudo que se chama Deus ou é objeto de culto, a ponto de assentar-se no santuário de Deus, ostentando-se como se fosse o próprio Deus" (2Ts 2.4). Seu reino pomposo, no entanto, não pode durar muito, já que sua ascensão à proeminência e sua destruição pela vinda do Senhor são descritas quase como virtualmente um único evento: "Será, de fato, revelado o iníquo, a quem o Senhor Jesus matará [...] pela manifestação de sua vinda" (2Ts 2.8).

Combine esse fato com a noção de que o homem da iniquidade poderia surgir com importância global muito rapidamente. Devemos pensar tanto em processos naturais e comuns que levam à sua ascensão quanto em processos extraordinários e sobrenaturais — tanto demoníacos quanto divinos. Paulo diz: "A vinda do iníquo é pela atividade de Satanás, com todo poder, sinais e prodígios mentirosos" (2Ts 2.9, tradução minha). Em seguida, Paulo acrescenta: "Deus lhes manda a operação do erro, para darem crédito à mentira" (2Ts 2.11). É facilmente concebível que poder divino e poder satânico, com sinais e prodígios sobrenaturais, persuadiriam milhões de pessoas globalmente em poucos meses.

Portanto, combinando quão breve pode ser o tempo a partir de qualquer momento da história até o surgimento do homem da iniquidade (possivelmente meses, e não anos) e quão breve seu domínio será, antes de o Senhor o destruir quando vier,[11] concluo que jamais podemos ter base para dizer, com confiança, que a vinda do Senhor ainda demorará mais do que alguns poucos anos — talvez cinco ou seis. E pode ser muito menos. A soberania de Deus sobre o homem da iniquidade e a apostasia final na

---

11 Alguém poderia raciocinar que a grande tribulação é a septuagésima semana de Daniel 9.24-25, de maneira que durará sete anos. Em seguida, poderia destacar de Apocalipse a informação de que a besta ou o anticristo (que talvez seja o mesmo homem da iniquidade) exercerá domínio em grande parte desse tempo. Se essa linha de pensamento for seguida, sete anos seriam o máximo que o homem da iniquidade dominaria. Todavia, ainda que seguíssemos essa linha de pensamento, números são frequentemente simbólicos na Escritura. E acrescente a isso o que Jesus disse sobre aqueles dias de tribulação: "Não tivessem aqueles dias sido abreviados, ninguém seria salvo; mas, por causa dos escolhidos, tais dias serão abreviados" (Mt 24.22). Em vista desse "abreviar" divino dos dias e em vista do caráter frequentemente simbólico do número sete, não creio que podemos dizer, com certeza, quão rapidamente o homem da iniquidade ascenderá nem quanto tempo demorará até que o Senhor o mate. Mas, consideradas todas as coisas, cinco ou sete anos não parecem uma estimativa imprudente para a duração do período entre o aparecimento do homem da iniquidade e a vinda de Cristo, quando o iníquo será destruído (2Ts 2.8).

igreja devem nos guardar de pensar que sabemos quanto tempo demorará até que esses eventos ocorram. E, como Jesus disse, agir presunçosamente baseado em um suposto atraso é insensatez letal (Mt 24.48-51).

Assegure-se de que você entende o que não estou dizendo, bem como o que estou dizendo. Não estou dizendo que o Senhor virá dentro de cinco ou seis anos. Não sabemos. Estou dizendo: ninguém pode dizer legitimamente, com confiança, que ele *não pode* vir ou que *não virá* tão em breve ou ainda antes.

PODEMOS ESPERAR UM ARREBATAMENTO IMINENTE?

Agora chegamos ao fim de nossa resposta de três passos à pergunta: o Novo Testamento ensina que Jesus pode vir a qualquer momento? Minha resposta é negativa. O homem da iniquidade tem de aparecer primeiro (2Ts 2.3). Sua vinda será discernível. Estou escrevendo no outono de 2021, e o homem da iniquidade ainda não chegou. Portanto, a manifestação do Senhor Jesus, enquanto escrevo, está por acontecer provavelmente daqui a alguns meses ou anos. Agora, enquanto você lê este livro, a situação pode estar muito diferente.

E QUANTO À VIGILÂNCIA?

Agora a pergunta é: como devemos viver? Em especial, a pergunta urgente é se a ausência da expectativa de uma segunda vinda a qualquer momento enfraquece ou obstrui os reiterados mandamentos de Jesus para que fiquemos de sobreaviso (βλέπετε — Mc 13.33), vigiemos (γρηγορεῖτε — 13.33), fiquemos apercebidos (γίνεσθε ἕτοιμοι — Lc 12.40) e nos acautelemos (προσέχετε – 21.34). Essas exortações pressupõem uma vinda do Senhor a qualquer momento? Uma das razões dadas por Jesus para justificar essa vigilância é que "não sabeis o dia nem a hora" (Mt 25.13). A questão da vigilância e prontidão será o nosso principal interesse na parte 3, depois das considerações introdutórias no prólogo.

Parte 3

Então, como devemos viver?

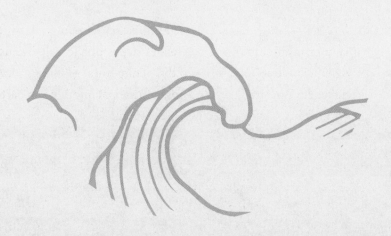

PRÓLOGO DA PARTE 3

VIVENDO ENTRE AS DUAS VINDAS DE CRISTO

Nós vivemos entre a primeira e a segunda vinda de Cristo:

> Ao se cumprirem os tempos, [Cristo] se manifestou uma vez por todas, para aniquilar, pelo sacrifício de si mesmo, o pecado [...] tendo-se oferecido uma vez para sempre para tirar os pecados de muitos, [ele] aparecerá segunda vez [...] aos que o aguardam para a salvação (Hb 9.26-28).

Os profetas do Antigo Testamento não viram claramente que a vinda do Messias para estabelecer seu reino eterno envolveria uma *primeira vinda*, a qual, por meio da morte e ressurreição, inauguraria seu reino, e, após muitos séculos, uma *segunda vinda*, que consumaria o reino. Mesmo o anúncio do anjo para Maria não deixou claro se o reino eterno de Cristo, assentado no trono de Davi, seria estabelecido de uma única vez ou em etapas:

> Eis que conceberás e darás à luz um filho, a quem chamarás pelo nome de Jesus [...] Deus, o Senhor, lhe dará o trono de Davi, seu pai; ele reinará para sempre sobre a casa de Jacó, e o seu reinado não terá fim (Lc 1.31-33).

Jesus deixou perplexas as pessoas de seus dias ao dizer: "O reino de Deus está dentro de vós" (Lc 17.21). Depois, "propôs uma parábola, visto [...] lhes parecer que o reino de Deus havia de manifestar-se imediatamente" (Lc 19.11). Em um sentido, o reino de Deus estava presente; porém, em outro sentido, ainda viria.

A SINGULARIDADE DA ÉTICA CRISTÃ: JÁ E AINDA NÃO

Essa perplexidade está no âmago da singularidade do cristianismo e de como devemos viver nesta era. Algo totalmente extraordinário e maravilhoso já havia acontecido na encarnação do Filho de Deus. No entanto, algo surpreendente e maravilhoso ainda está por acontecer, algo que completará o que Cristo começou na terra. A salvação já veio, mas a salvação também virá. Buscamos com zelo moral a nossa salvação completa no futuro, visto que a salvação já nos foi garantida no passado. Por causa da obra de Cristo em sua primeira vinda, já somos perdoados (Cl 1.14), justificados (Rm 5.1), adotados (Gl 4.5-6), seguros (Rm 8.30) — tudo isso por causa de nossa união com Cristo por meio da fé.

Entretanto, essa posição correta e completa diante de Deus não nos torna passivos ou negligentes. Pelo contrário, ela é a base firme na qual permanecemos, à medida que lutamos por aquela santidade sem a qual não veremos o Senhor (Hb 12.14). A luta é real porque a salvação final *ainda não* é a nossa experiência no presente (Rm 13.11). Contudo, a vitória é certa, pois *já* somos salvos (Ef 2.8-9).

Eis onde todos os cristãos vivem: entre a primeira e a segunda vinda de Cristo. Entre o que ele *fez* por nós e o que *fará* por nós. Entre o que se tornou por nós e o que ele será plenamente por nós. Entre o *já* e o *ainda não*. Por exemplo:

- Afirmamos com Paulo: "Não que eu tenha *já* recebido [a ressurreição] ou tenha *já* obtido a perfeição; mas prossigo para conquistar aquilo para o que também fui conquistado por Cristo Jesus" (Fp 3.12). Já fomos conquistados por Cristo, mas ainda não acabamos de alcançar sua plenitude.
- Já fomos "ressuscitados juntamente com Cristo". Por isso, buscamos "as coisas lá do alto" (Cl 3.1), porque elas ainda não estão em nossa posse para que as desfrutemos plenamente.
- O nosso velho eu já foi "crucificado com ele [Cristo]". Mas temos de considerar-nos "mortos para o pecado" (Rm 6.6, 11), já que

ainda não estamos sob a influência total de nossa morte para o pecado nem de nossa vida para Deus.

- Nós estamos, "de fato, sem fermento". Por isso, devemos lançar "fora o velho fermento [ainda não erradicado]" (1Co 5.7).

- Deus já "nos libertou do império das trevas e nos transportou para o reino do Filho do seu amor" (Cl 1.13). E "o Senhor [...] [nos] levará salvo[s] para o seu reino celestial" (2Tm 4.18), porque *ainda não* estamos desfrutando a experiência plena dos tesouros do reino.

VIVENDO EM AMOR POR CAUSA DA GRAÇA PASSADA E FUTURA

A importância do "já e ainda não" entre as duas vindas de Cristo pode ser constatada nisto: nós levamos em conta tanto o olhar *para trás*, para a primeira vinda de Cristo, quanto o olhar *para frente*, para a segunda vinda. Nosso modo de viver é moldado e governado pela *estimada graça passada* de Deus e pela *garantida graça futura* de Deus.

Por exemplo, "nós amamos [a Deus] porque ele nos amou primeiro" (1Jo 4.19). E amamos "por causa da esperança que [...] está preservada nos céus" para nós (Cl 1.5). Nosso amor aos outros é moldado e alicerçado pelo amor de Deus por nós no passado e seu amor por nós no futuro. Estamos dispostos a sofrer por fazer o bem porque "Cristo sofreu" em nosso lugar (1Pe 2.21). E estamos dispostos a sofrer por fazer o bem a fim de recebermos "bênção" (1Pe 3.9). A estimada graça passada e a garantida graça futura capacitam a obediência. O *já* e o *ainda não* são, ambos, motivações essenciais no comportamento cristão.

Por conseguinte, à medida que destaco, nesta parte 3, os efeitos práticos da futura vinda de Cristo, não penso que ignoro os preciosos, poderosos e essenciais efeitos do que Cristo *já* fez por nós. Nenhuma motivação futura teria qualquer efeito na obediência que exalta a Cristo se a tremenda maravilha da expiação pelo sangue de Cristo não tivesse acontecido. A alma cristã *já* perdoada, justificada, adotada e habitada pelo Espírito é o único solo em que as *promessas* de Cristo podem criar raízes e produzir o fruto de obediência.

Obviamente, então, todas as atitudes, palavras e ações recomendadas no Novo Testamento poderiam ser o tema da parte 3 deste livro. Todas as exortações, admoestações, advertências, mandamentos e exemplos morais devem ser praticados à luz da cruz de Cristo e à luz de sua segunda vinda.

Portanto, uma resposta para a pergunta "então, como devemos viver?" seria: viva da maneira como todo o Novo Testamento diz que você deve viver, já que todo o Novo Testamento foi escrito à luz da segunda vinda. Como, então, farei o recorte de minha análise? Minha resposta é que lidarei com atitudes, palavras e comportamentos que estão *explicitamente* conectados com a segunda vinda de Cristo.

CAPÍTULO 18

VIGILÂNCIA NO FIM DOS TEMPOS E AMOR PELA VINDA DE CRISTO

Ao terminar o capítulo 17, eu disse que o nosso principal interesse na parte 3 seria o efeito que a segunda vinda exerce em nossa expectativa, prontidão e vigilância. Portanto, é aí que começamos.

VIGIAI — NÃO SABEIS O DIA NEM A HORA

O que Jesus quis dizer ao falar sobre a nossa relação com a segunda vinda quando fez as seguintes exortações: "vigiai" (γρηγορεῖτε — Mt 24.42), "ficai apercebidos" (γίνεσθε ἕτοιμοι — Lc 12.40), "est[ai] atentos" (ἀγρυπνεῖτε — Lc 21.36, NVI), "estai de sobreaviso" (βλέπετε — Mc 13.23) e "acautelai-vos por vós mesmos" (προσέχετε δὲ ἑαυτοῖς — Lc 21.34)? Podemos responder a essa pergunta examinando brevemente algumas passagens-chave. Começamos com a parábola das dez virgens, visto que o significado de "vigiai" é ilustrado claramente ali:

Então, o reino dos céus será semelhante a dez virgens que, tomando as suas lâmpadas, saíram a encontrar-se com o noivo. Cinco dentre elas eram néscias, e cinco, prudentes. As néscias, ao tomarem as suas lâmpadas, não levaram azeite consigo; no entanto, as prudentes, além das lâmpadas, levaram azeite nas vasilhas. E, tardando o noivo, *foram todas tomadas de sono e adormeceram*. Mas, à meia-noite, ouviu-se um grito: Eis o noivo! Saí ao seu encontro! Então, se levantaram todas aquelas virgens e prepararam as suas lâmpadas. E as néscias disseram às prudentes: Dai-nos do vosso azeite, porque as nossas lâmpadas estão-se apagando. Mas as prudentes responderam: Não, para que não nos falte a nós e a vós outras! Ide, antes, aos que o vendem e comprai-o. E, saindo elas para comprar, chegou o noivo, e as que estavam apercebidas entraram com ele para as bodas; e fechou-se a porta. Mais tarde, chegaram as virgens néscias, clamando: Senhor, senhor, abre-nos a porta! Mas ele respondeu: Em verdade vos digo que não vos conheço. Vigiai [γρηγορεῖτε], pois, porque não sabeis o dia nem a hora (Mt 25.1-13).

O que é mais instrutivo a respeito dessa parábola é o fato de que todas as dez virgens — as prudentes e as néscias — adormecem enquanto esperam pelo noivo. "Foram todas tomadas de sono e adormeceram" (Mt 2.5.5). Isso teria sido uma falha se elas fossem guardas ou sentinelas. Mas, evidentemente, não seria uma falha para o séquito de virgens, encarregado de conduzir o noivo à festa de casamento, se estivessem acordadas no momento certo para cumprir sua responsabilidade. As cinco virgens prudentes tomam medidas para fazer o que se esperava delas. Essas mulheres prudentes têm óleo suficiente para receber o noivo. Acordam com o chamado à meia-noite. Prepararam suas lâmpadas e vão ao encontro do noivo. As virgens não providenciaram óleo, ou seja, não cumpriram o que se esperava.

Talvez pareça estranho que a parábola termine com as palavras: "*Vigiai* [γρηγορεῖτε], *pois*, porque não sabeis o dia nem a hora" (Mt 25.12). "Vigiai" significa literalmente "ficai acordados", como pode ser visto na maneira como a palavra é usada em contraste com dormir em 1 Tessalonicenses 5.10 (NVI): "... para que, quer estejamos acordados [γρηγορῶμεν] quer dormindo [καθεύδωμε]..." Esse fato, porém, não é estranho, pois Jesus não quer dizer que a maneira de estarmos preparados para a sua vinda é estarmos fisicamente acordados. Ele quer que fiquemos acordados no sentido de estarmos acordados para a realidade — em especial, a realidade dele —, bem como acordados para a nossa vocação e as nossas responsabilidades. Ele quer dizer que devemos estar moral e espiritualmente alertas; temos de ser perspicazes, discernentes. Ele não quer que sejamos vulneráveis à insensatez mundana, como no caso de não termos óleo para lâmpadas abastecidas a óleo, quando esse é o nosso trabalho. Jesus quer dizer que não devemos ser alheios, como um sonâmbulo, à atividade de Deus no mundo ou aos enganos de Satanás.

Como vimos na parte 2 (capítulo 15), a afirmação "não sabeis o dia nem a hora", no versículo 13, não sugere que Jesus ensinou um retorno a qualquer momento. Ela ensina duas verdades. A primeira é que, na segunda vinda, não haverá tempo para sonâmbulos espirituais mudarem sua vida. Não haverá tempo para o dorminhoco consertar tudo que ele quebrou, enquanto tropeçava nas trevas da letargia espiritual. Qualquer esforço no último momento para tentar fazer reparos rápidos no mundanismo profundamente arraigado será hipócrita; não será resultado de uma vida espiritual verdadeira, e sim da mera conveniência do temor. Deixará a pessoa do lado de fora da festa. "E, saindo elas para comprar, chegou o noivo, e as que estavam apercebidas entraram com ele para as bodas; e fechou-se a porta" (Mt 25.10).

A segunda lição que a afirmação "não sabeis o dia nem a hora" ensina é que, se alguém dormir espiritualmente, não ficará acordado para discernir os sinais da proximidade do Senhor. É por isso que um retorno a qualquer momento não é necessário para dar sentido a essa advertência. "Ficar acordado" significa que, se você dormir espiritualmente, não há razão para pensar que estará espiritualmente acordado, digamos, daqui a três ou 30 anos, quando o homem da iniquidade estiver usando o poder satânico sobrenatural para cativar almas que dormem (2Ts 2.9-10). "Não sabeis o dia nem a hora" significa: presumir que a volta de Cristo está demorando e considerar isso um incentivo para ser descuidado é um erro letal.

COMO UM LAÇO REPENTINO PARA A ALMA DISSOLUTA

Este último ponto é confirmado pela forma como Jesus fala do mordomo prudente e do mordomo insensato na seguinte parábola, a qual também trata da segunda vinda:

> Quem é, pois, o mordomo fiel e prudente, a quem o senhor confiará os seus conservos para dar-lhes o sustento a seu tempo? Bem-aventurado aquele servo a quem seu senhor, quando vier, achar fazendo assim.

> Verdadeiramente, vos digo que lhe confiará todos os seus bens. Mas, se aquele servo disser consigo mesmo: Meu senhor tarda em vir, e passar a espancar os criados e as criadas, a comer, a beber e a embriagar-se, virá o senhor daquele servo, em dia em que não o espera e em hora que não sabe, e castigá-lo-á, lançando-lhe a sorte com os infiéis (Lc 12.42-46).

Essa parábola é uma figura da partida de Jesus para o céu depois de ressuscitar e de deixar os discípulos na terra para levarem adiante o ministério a eles confiado. Jesus está pensando, provavelmente, nos ministros da Palavra, pois ele diz que o senhor lhes "confiará os seus conservos para dar-lhes o sustento a seu tempo". Todavia, o princípio que achamos aqui se aplica a todos os cristãos.

Um elogio é proferido sobre o mordomo fiel, que faz o que lhe foi designado. Ele dá sustento a todos os conservos. Nada lhe é dito a respeito de uma vinda inesperada de seu senhor, enquanto ele cumpre fielmente os seus deveres. Quando quer que o senhor venha, ele não tem nada a temer, pois faz o trabalho que lhe foi designado.

Mas, em seguida, vem a advertência. E se o coração do mordomo se tornar mau, e ele começar a presumir a demora do senhor? "Meu senhor tarda em vir." E se essa presunção o levar "a comer, a beber e a embriagar-se"? Jesus diz que essa embriaguez resultará em que ele será apanhado de surpresa pela volta do Senhor. "Se aquele servo [...] passar a [...] comer, a beber e a embriagar-se, virá o senhor daquele servo, em dia em que não o espera" (Lc 12.45-46).

O que devemos inferir dessa advertência? O ensino não é que um retorno inesperado, a qualquer momento, do senhor foi ignorado pelo mordomo beberrão. Ele abandou a vontade do senhor e abraçou o entorpecedor caminho do mundanismo. Agora ele está cego para o que é espiritualmente real. Assim, quando o senhor vier, vai apanhá-lo de surpresa, porque não há nenhuma razão para pensarmos que estará sóbrio em, digamos, cinco ou 50 anos, quando a trombeta soar. "Virá o senhor daquele servo [bêbado], em dia em que não o espera" (Lc 12.46). A lição é esta: fique espiritualmente acordado e ocupado na obra do senhor; pois, se você ceder ao estupor espiritual (sono ou embriaguez espiritual, como você preferir), ficará cego para todos os sinais de perigo e será levado em julgamento repentina e inesperadamente.

Jesus faz essa mesma afirmação em Lucas 21.34:

Acautelai-vos por vós mesmos, para que nunca vos suceda que o vosso coração fique sobrecarregado com as consequências da orgia, da embriaguez e das preocupações deste mundo, e para que aquele dia não venha sobre vós repentinamente, como um laço.

A subtaneidade e imprevisibilidade não se devem a uma visão de que segunda vinda pode ocorrer a qualquer momento. Devem-se à letargia do coração humano, que fica sobrecarregado e ofuscado pelas "preocupações deste mundo". A vinda de Cristo se torna um laço repentino não porque pode acontecer a qualquer momento, mas porque os espiritualmente obtusos ficarão cegos para a vinda de Cristo, ainda que esta ocorra daqui a cinco anos, mesmo havendo advertências sérias nesse ínterim. Ser espiritualmente bêbado, dormente ou cego pressagia a destruição inesperada, quer seja amanhã, quer se dê daqui a uma década.

ADVERTÊNCIA DE PAULO AOS DORMENTES E BÊBADOS

O apóstolo Paulo combina ambas as figuras usadas por Jesus — a figura de ficar acordado (Mt 25.13) e a de permanecer sóbrio (Lc 14.45; 21.34) — para enfatizar o mesmo ensino:

Vós mesmos estais inteirados com precisão de que o Dia do Senhor vem como ladrão de noite. Quando andarem dizendo: Paz e segurança, eis que lhes sobrevirá repentina destruição, como vêm as dores de parto à que está para dar à luz; e de nenhum modo escaparão. Mas vós, irmãos, não estais em trevas, para que esse Dia como ladrão vos apanhe de surpresa; porquanto vós todos sois filhos da luz e filhos do dia; nós não somos da noite, nem das trevas. Assim, pois, não durmamos [μὴ καθεύδωμεν] como os demais; pelo contrário, vigiemos [γρηγορῶμεν] e sejamos sóbrios [νήφωμεν]. (1Ts 5.4-6)

Paulo diz que, para alguns, o Dia da vinda de Cristo será como a surpresa destruidora de um ladrão. Porém, para outros, ela não será assim. "Vós, irmãos, não estais em trevas, para que esse Dia como ladrão vos apanhe de surpresa" (1Ts 5.4). A diferença é se estamos nas trevas ou se somos "filhos do dia", se estamos espiritualmente dormentes ou despertos, se estamos espiritualmente bêbados ou sóbrios. Paulo não diz que a subtaneidade e imprevisibilidade daquele Dia se devem a um retorno de Cristo a qualquer momento. Em vez disso, devem-se à condição espiritual insensível que diz: "Paz e segurança", uma vez que essa condição é caracterizada por "trevas", "sono" e "embriaguez".

A PRESUNÇÃO DE DEMORA COM VISTAS AO PECADO É SUICIDA

Minha conclusão, portanto, é que o reiterado mandamento de Jesus para que estejamos despertos, prontos, alertas, atentos e vigilantes não se deve ao fato de que a segunda vinda pegará discípulos desapercebidos, mas porque o estupor espiritual resulta em ficarmos insensíveis ao que acontece no mundo, de maneira que seremos surpreendidos, apanhados em laço e destruídos. A incerteza sobre o momento do retorno de Cristo funciona como um aviso a todos nós, para que estejamos espiritualmente vivos, despertos e sóbrios. A alternativa é uma condição espiritual que não será capaz de perceber os sinais nem de se recuperar do estupor satânico, quando "o relâmpago, fuzilando", brilhar "de uma à outra extremidade do céu" (Lc 17.24). Qualquer presunção da demora de Cristo para justificar o mundanismo coloca o coração numa posição de suicídio espiritual.

Mesmo que sejamos persuadidos de que estamos a três, cinco ou seis anos da vinda de Cristo (e nunca temos base para pensar, com certeza, que sua vinda está mais distante), essa medida de proximidade e a incerteza se combinam para nos tornarem muito mais alertas e vigilantes quanto à nossa alma e à nossa vida. Compreendemos que o descuido espiritual tornará inútil todos os nossos cálculos, já que seremos espiritualmente incapazes de lutar a batalha final por vigilância e perseverança. Por outro lado, compreendemos que, se estamos espiritualmente despertos, em comunhão com Cristo e andando na luz, discerniremos "os sinais dos tempos"

(Mt 16.3) e experimentaremos a sua vinda não como um ladrão inesperado (1Ts 5.4), mas como um senhor-servo misericordioso (Lc 12.37).

FICAR ALERTA SIGNIFICA AMAR A VINDA DO SENHOR

Outra maneira de descrever nosso zelo em estarmos espiritualmente despertos, sóbrios e discernentes é dizer que amamos a vinda do Senhor (2Tm 4.8), ou que o aguardamos ardentemente "para a salvação" (Hb 9.28; cf. 1Co 1.7; Fp 3.20), ou ainda que temos colocado nossa esperança "inteiramente na graça que [n]os está sendo trazida na revelação de Jesus Cristo" (1Pe 1.13).

Você provavelmente se lembra, com base no que analisamos no capítulo 1, de que, logo depois das intimações de Paulo para amarmos a vinda do Senhor, em 2 Timóteo 4.8, ele menciona Demas como alguém que amou este mundo mais do que a vinda do Senhor. "Demas, tendo amado o presente século, me abandonou" (2Tm 4.10). É contra isso que Jesus nos adverte. "Acautelai-vos por vós mesmos, para que nunca vos suceda que o vosso coração fique sobrecarregado com as consequências da orgia, da embriaguez e das preocupações deste mundo, e para que aquele dia não venha sobre vós repentinamente, como um laço" (Lc 21.34). Demas deixou de amar a vinda do Senhor e passou a amar este mundo. E, por isso, ele se enebriou com as ilusões de coisas melhores.

Portanto, em toda a nossa discussão sobre os mandamentos de Jesus para permanecermos despertos e sóbrios, temos falado sobre o amor pela vinda do Senhor. Estar espiritualmente desperto e alerta significa amar a vinda do Senhor. A alternativa é cair no estupor do amor pelo mundo e na cegueira para com as belezas da vinda de Cristo. Essa é a grande resposta para como devemos viver. Devemos viver amando a vinda de Cristo. Viver amando a vinda de Cristo é um grande prazer antecipatório. É um grande poder para andar como alguém que foi liberto do pecado. É uma grande proteção contra o engano nos últimos dias.

CAPÍTULO 19

PACIENTES E ALEGRES, NÃO ENGANADOS E ASSUSTADOS

Um aspecto crucial de nossa jornada nos últimos dias é que devemos estar especialmente alertas em relação ao engano. Devemos estar sempre alertas porque, como Jesus e Paulo deixam claro, o engano satânico se intensificará à medida que o fim se aproxima. Jesus salienta esse perigo primeiramente quando os discípulos lhe pedem: "Dize-nos [...] que sinal haverá da tua vinda e da consumação do século" (Mt 24.3). As primeiras palavras de Jesus e suas reiteradas afirmações se relacionam ao engano:

> Vede que ninguém vos engane. Porque virão muitos em meu nome, dizendo: Eu sou o Cristo, e enganarão a muitos [...] levantar-se-ão muitos falsos profetas e enganarão a muitos. E, por se multiplicar a iniquidade, o amor se esfriará de quase todos. Aquele, porém, que perseverar até o fim, esse será salvo [...] porque surgirão falsos cristos e falsos profetas operando grandes sinais e prodígios para enganar, se possível, os próprios eleitos. Vede que vo-lo tenho predito (Mt 24.4-5, 11-13, 24-25).

Certamente, o engano tem caracterizado toda a história desde o século I até agora. No entanto, a referência de Jesus ao aumento da iniquidade, o esfriamento do amor em muitos, a advertência de perseverar "até ao fim" e a multiplicação dos sinais e prodígios que quase enganarão os eleitos apontam para uma intensificação do mal enganador no fim desta era. A descrição parece intensificar-se. Esse é o porquê da advertência urgente de Jesus: "Vede que ninguém vos engane" (Mt 24.4), que é outra maneira de dizer: "Fique desperto, fique alerta. Ame a vinda do Senhor mais do que os atrativos enganadores oferecidos pelos falsos profetas e cristos."

O ENGANO E O ÚLTIMO SUSPIRO DO MAL

Paulo une os enganos e os sinais e prodígios mentirosos ao último suspiro do mal, quando o homem da iniquidade aparecer:

> A vinda do iníquo é pela atividade de Satanás, com todo poder, *sinais e prodígios mentirosos* e com *todo engano ímpio* para os que perecem, porque não acolheram um amor à verdade a fim de serem salvos. Por isso, Deus lhes manda uma forte ilusão, para que *creiam no que é falso*, a fim de serem condenados todos os que *não creram na verdade*, mas tiveram prazer na injustiça (2Ts 2.9-12, tradução minha).

A razão pela qual chamo isso de o último suspiro do mal é que, no versículo 8, Paulo diz que esse "iníquo" satânico e enganador será morto pela vinda final do Senhor Jesus. "Então, será, de fato, revelado o iníquo, a quem o Senhor Jesus matará com o sopro de sua boca e o destruirá pela manifestação de sua vinda." Portanto, o engano sobre o qual Paulo nos alerta é o último esforço satânico para destruir o povo de Cristo.

No versículo 12, a última frase diz: "Tiveram prazer na injustiça". Esse prazer, Paulo diz, é a alternativa a crer na verdade. "[Eles] não creram na verdade, mas tiveram prazer na injustiça." E esse "crer na verdade" inclui "amor à verdade", no versículo 10. Isso significa que a grande proteção contra o engano satânico nos últimos dias é não somente *concordar* com a verdade, mas também *amar* a verdade. E a glória futura no âmago dessa verdade é a manifestação de nosso Senhor Jesus. Por isso, Paulo nos inspira a amarmos a verdade da vinda de Cristo — amarmos a sua vinda (2Tm 4.8). Como, então, viveremos nos últimos dias? Viveremos em alerta máximo contra o engano. E, bem no amago desse estado de alerta, não encontramos um espírito de temor, e sim de amor — amor genuíno pela vinda do Senhor.

ALERTAS, MAS NÃO ASSUSTADOS

Viver em alerta máximo em relação ao engano não significa viver com um espírito de pavor. Amor, e não pavor, é a melhor proteção contra o engano. Tanto Jesus quanto Paulo ensinam isso com clareza. Como vimos no capítulo 16, a palavra que eles usaram para denotar a necessidade de não nos assustarmos é empregada no Novo Testamento apenas em dois contextos relacionados ao fim dos tempos: uma vez, em Paulo; e uma vez, no ensino de Jesus — e em nenhum outro lugar. Logo depois de nos advertir a não sermos enganados por falsos cristos, Jesus nos aconselha a não ficarmos assustados:

> Virão muitos em meu nome, dizendo: Eu sou o Cristo, e enganarão a muitos. E, certamente, ouvireis falar de guerras e rumores de guerras; *vede, não vos assusteis* [θροεῖσθε], porque é necessário assim acontecer, mas ainda não é o fim (Mt 24.5-6).

As palavras "é necessário assim acontecer" significam que os planos invencíveis de Deus estão se desdobrando. Nada está fora de controle. Fique alerta, mas não assustado. As palavras "ainda não é o fim" significam que devemos resistir a qualquer histeria que exagera a proximidade da vinda do Senhor. Deus, o Pai, e somente ele, decidirá quando o fim virá, e ele é o nosso Senhor, Salvador e Amigo. Se Deus designar mais meses, ou anos, ou décadas para perseverarmos, ele nos dará aquilo de que precisamos para viver alertas, mas não assustados — ou seja, viver amando a vinda do Senhor.

Paulo usa a mesma palavra grega que significa "ficar assustado" para enfatizar a mesma verdade: "Irmãos [...] pedimos a vocês o seguinte: Não se perturbem facilmente, nem *fiquem assustados* [θροεῖσθαι] se alguém afirmar que o Dia do Senhor já chegou" (2Ts 2.1-2, NTLH). Isso é quase o mesmo que a advertência de Jesus: "Vede, não vos assusteis [θροεῖσθε] [...] ainda não é o fim". O coração dos cristãos não deve ser vulnerável a especulações sobre os tempos finais. Não devemos ser fascinados por predições sensacionalistas que não têm fundamento bíblico consistente. Não devemos ser atraídos por qualquer frenesi ou obsessão, tampouco por esquemas edificados sobre a teorização humana a respeito de sinais que não são evidência segura da iminência do Senhor.

PACIÊNCIA, FIRMEZA, ALEGRIA

A alma cristã olha para a vinda do Senhor com anelo e vigilância, sem pavor. Porém, mais do que isso, essa vigilância anelante não somente *exclui* o pavor, mas também *inclui* paciência firme, pacífica e jubilosa.

> Sede, pois, irmãos, *pacientes*, até à vinda do Senhor. Eis que o lavrador aguarda *com paciência* o precioso fruto da terra, até receber as primeiras e as últimas chuvas. Sede vós também *pacientes* e fortalecei o vosso coração, pois a vinda do Senhor está próxima. Irmãos, não vos queixeis uns dos outros, para não serdes julgados. Eis que o juiz está às portas. Irmãos, tomai por modelo no *sofrimento* e na *paciência* os profetas, os quais falaram em nome do Senhor. Eis que temos por felizes os que perseveraram *firmes* (Tg 5.7-11).

Tiago se refere três vezes à manifestação de Cristo em 5.7-9: ele menciona duas vezes a "vinda do Senhor" nos versículos 7 e 8, além de aludir ao fato de o juiz estar à porta no versículo 9. E seu principal interesse é chamar-nos à paciência, à prontidão para sofrer e à firmeza. O sofrimento não deve nos amedrontar ou nos desnortear enquanto esperamos paciente, firme e confiantemente a vinda do Senhor.

Não somente Tiago, mas também Jesus e Paulo dizem que o sofrimento caracterizará os dias finais. Jesus diz: "Então, sereis atribulados, e vos matarão. Sereis odiados de todas as nações, por causa do meu nome" (Mt 24.9). Mas até mesmo isso não deve nos amedrontar. Temos de enfrentar esse sofrimento com paciência e determinação, sabendo que "o juiz está às portas" (Tg 5.9).

Paulo explica que esses sofrimentos são parte da sabedoria de Deus para nos tornar "dignos do reino de Deus, pelo qual, com efeito, estais sofrendo" (2Ts 1.5). Ele conecta esse propósito divino para o nosso sofrimento com a justiça de Deus na segunda vinda:

> Nós mesmos nos gloriamos de vós nas igrejas de Deus, à vista da vossa constância e fé, em todas as vossas perseguições e nas tribulações

que suportais, sinal evidente do reto juízo de Deus, para que sejais considerados dignos do reino de Deus, pelo qual, com efeito, estais sofrendo; se, de fato, é justo para com Deus que ele dê em paga tribulação aos que vos atribulam e a vós outros, que sois atribulados, alívio juntamente conosco, quando do céu se manifestar o Senhor Jesus com os anjos do seu poder, em chama de fogo, tomando vingança contra os que não conhecem a Deus e contra os que não obedecem ao evangelho de nosso Senhor Jesus (2Ts 1.4-8).

O julgamento de Deus é justo, mesmo quando inclui nosso sofrimento, pois ele punirá o que aflige e trará alívio aos que são afligidos "quando do céu [ele] se manifestar [...] em chama de fogo". Nossa vigilância e expectativa anelantes, enquanto esperamos a vinda do Senhor, não se amedrontam mesmo diante do sofrimento.

Na verdade, frequentemente o Novo Testamento vai além da mera ausência de medo e da presença de paciência enquanto esperamos. O Novo Testamento nos chama a *regozijar-nos* no sofrimento por causa de Cristo (Mt 5.11-12; Lc 6.23; At 5.41; Rm 5.3; Fp 2.17; Cl 1.24; Tg 1.2). Pedro conecta diretamente esse regozijo com o nosso anseio pela vinda da glória do Senhor:

> Amados, não estranheis o fogo ardente que surge no meio de vós, destinado a provar-vos, como se alguma coisa extraordinária vos estivesse acontecendo; pelo contrário, *alegrai-vos* na medida em que sois coparticipantes dos sofrimentos de Cristo, para que também, *na revelação de sua glória*, vos alegreis exultando (1Pe 4.12-13).

Pedro faz da nossa alegria em sofrer com Cristo a condição para o nosso regozijo quando sua glória for revelada. Alegre-se nos sofrimentos de Cristo agora, *para que* se regozije na glória do Senhor quando ele vier. O aumento da perseguição na consumação do século está intimamente conectado ao esfriamento do amor em muitos sob a gélida influência da iniquidade (Mt 24.12). Os cristãos, entretanto, não ficam assustados.

Além disso, à medida que olhamos para a manifestação da glória do Senhor (1Pe 4.13) e para a coroa de justiça (2Tm 4.8), nós nos regozijamos. Ou seja, amamos jubilosamente a vinda do Senhor mais do que os confortos das concessões (Mc 8.35) e mais do que nos livrarmos da vergonha (Mc 8.38), sabendo que "aquele [...] que perseverar até o fim, esse será salvo" (Mt 24.13).

Mesmo quando tivermos de ficar ao lado dos sepulcros daqueles que amamos, não nos entristeceremos "como os demais, que não têm esperança" (1Ts 4.13). "Porquanto o Senhor mesmo, dada a sua palavra de ordem, ouvida a voz do arcanjo, e ressoada a trombeta de Deus, descerá dos céus, *e os mortos em Cristo ressuscitarão primeiro*" (1Ts 4.16). Os mortos não terão nenhuma desvantagem no que diz respeito à experiência imediata da gloriosa vinda do Senhor. "Nós, os vivos [...] seremos arrebatados *juntamente com* eles, entre nuvens, para o encontro do Senhor nos ares" (1Ts 4.17). Portanto, nem mesmo a morte transforma a nossa vigilância no fim dos tempos em pavor. Somos pacientes, firmes e cheios de esperança. Acima de todos os encantos e apesar de todas as perdas, amamos a vinda do Senhor.

CAPÍTULO 20

JUSTIÇA FUTURA, MANSIDÃO PRESENTE

Desta vida de amor pela vinda do Senhor, um amor vigilante, sem temor, paciente, firme e jubiloso, origina-se uma paixão por pureza em nossa vida, semelhante à pureza do Senhor Jesus, a quem anelamos ver. Observamos isso em 1 João 3.2-3:

> Amados, agora, somos filhos de Deus, e ainda não se manifestou o que haveremos de ser. Sabemos que, quando ele se manifestar, seremos semelhantes a ele, porque haveremos de vê-lo como ele é. E a si mesmo se purifica todo o que nele tem esta esperança, assim como ele é puro.

Considere as dinâmicas psicológicas desses versículos. Quando João diz: "Todo o que nele tem esta esperança", refere-se à nossa esperança de sermos semelhantes a Jesus. "Quando ele se manifestar, *seremos semelhantes a ele* [...] E todo o que nele tem *esta* esperança" a si mesmo se purificará.

Portanto, a conclusão é que, se você *quer* realmente ser semelhante a Jesus ao *vê*-lo como ele é em sua vinda, você busca ser semelhante a ele *agora*. É hipocrisia ser indiferente à pureza e santidade agora, enquanto afirmamos amar a vinda do Senhor. Logo, o impulso para tornar-se *agora* uma pessoa radicalmente pura, santa, amável, sacrificial, semelhante a Cristo vem da intensa esperança e do intenso desejo de que isso aconteça quando ele vier. Ou, o apóstolo poderia dizer, o impulso para viver uma vida santa vem de amar a vinda do Senhor.

IMPERATIVO MORAL DA DESTRUIÇÃO GLOBAL

Em sua segunda epístola, Pedro se refere à segunda vinda como um incentivo ao "santo procedimento e piedade" (2Pe 3.11). Ele destaca não a beleza de sermos semelhantes a Cristo, mas a destruição de todos os que não são semelhantes a Cristo. Depois, o apóstolo finaliza seu argumento com uma referência aos novos céus e à nova terra, onde habita somente justiça (2Pe 3.13). Na verdade, Pedro não menciona explicitamente a vinda ou a manifestação do Senhor nesse contexto, mas se refere ao "Dia do Senhor" vindo como um "ladrão" (2Pe 3.10), o que é, sem dúvida, uma alusão à segunda vinda:[1]

> Virá, entretanto, como ladrão, o Dia do Senhor, no qual os céus passarão com estrepitoso estrondo, e os elementos se desfarão abrasados; também a terra e *as obras que nela existem serão atingidas* [por causa da ruína que elas são]. Visto que todas essas coisas hão de ser assim desfeitas, *deveis ser tais como os que vivem em santo procedimento e piedade,* esperando e apressando a vinda do Dia de Deus, por causa do qual os céus, incendiados, serão desfeitos, e os elementos abrasados se derreterão. Nós, porém, segundo a sua promessa, esperamos novos céus e nova terra, *nos quais habita justiça.* Por essa razão, pois, amados, esperando estas coisas, *empenhai-vos por serdes achados por ele em paz, sem mácula e irrepreensíveis* (2Pe 3.10-14).

Provavelmente, Pedro focaliza a destruição dos corpos celestes e da terra porque, alguns versículos antes, os falsos mestres haviam negado a segunda vinda com base em sua alegação de que o universo criado (os céus e a terra) é tão estável que nenhuma mudança cataclísmica é concebível. Os escarnecedores diziam: "Onde está a promessa da sua vinda? Porque, desde que os pais dormiram, todas as coisas permanecem como

---

1 Como expliquei no capítulo 8, não procuro, neste livro, distinguir todos os eventos que são mencionados como parte do "Dia do Senhor". Ao usar a palavra "dia", não me refiro a um período de 24 horas. A palavra "dia" pode se referir a um amplo espaço de tempo. Por exemplo, "o noivo lhes será tirado, e então, naquele *dia*, eles vão jejuar" (Mc 2.20, NAA; cf. Jo 8.56; 16.23; 2Co 6:2; Ef 6.13; Hb 8.9). Na mente de Deus, o espaço de tempo chamado de "dia" tem uma duração definida. Contudo, do nosso ponto de vista finito, sua extensão é desconhecida. Portanto, muitos eventos podem acontecer durante esse tempo. E, quando uso as expressões bíblicas "Dia do Senhor", ou "Dia de Deus", ou "Dia de Julgamento", ou "Dia da ira", deixo espaço para vários eventos, sem distinguir sua ordem ou quanto tempo transcorre entre eles. Então, no caso da referência de Pedro à completa renovação dos céus e da terra, não estou especificando quando isso acontece em relação a outros atos do "Dia do Senhor".

desde o princípio da criação" (2Pe 3.4). Por isso, ao descrever a operação do "Dia do Senhor", Pedro focaliza os efeitos cataclísmicos na natureza.

No entanto, o alvo de Pedro é responder à pergunta: "Então, como devemos viver?" Consegue captar sua lógica quando ele diz: "Havendo, pois, de perecer todas estas coisas [isto é, 'a terra e as obras que nela'], que pessoas vos convém ser em santo trato e piedade" (2Pe 3.11, ARC)? Percebe como ele está pensando?

A injustiça é destruída, a justiça permanece

Pedro parece compartilhar do entendimento de Paulo sobre o mundo natural, ou seja, que Deus sujeitou a criação "à vaidade [...] [e ao] cativeiro da corrupção" (Rm 8.20-21). Portanto, não somente homens pecadores precisam realmente de renovação por meio da obra salvadora de Cristo, mas também a natureza precisa de renovação. Paulo retrata a ocorrência dessa renovação não por meio de uma destruição da presente criação e do início de uma nova, mas, em vez disso, por meio da libertação desta criação de seu "cativeiro da corrupção". "A própria criação será redimida do cativeiro da corrupção, para a liberdade da glória dos filhos de Deus" (Rm 8.21). Paulo não diz como essa renovação e purificação acontece. No entanto, Pedro a retrata como acontecendo por meio do fogo.

Não acho que Pedro quer dizer que os corpos celestes e a terra são destruídos por esse fogo, de tal modo que os novos céus e a nova terra (2Pe 3.13) são recriados a partir do nada. Pelo contrário, uma vez que Pedro parece compartilhar do entendimento de Paulo sobre a criação, e visto que Paulo diz: "A própria criação *será redimida do cativeiro da corrupção* [não destruída], para a liberdade da glória dos filhos de Deus" (Rm 8.21), a passagem dos corpos celestes, bem como o abrasamento e a destruição da terra e suas obras (2Pe 3.10) talvez se refiram ao que acontece num horrível incêndio florestal ou numa devastação vulcânica. Dizemos que a terra, com todas as suas árvores, vegetação e estruturas feitas pelo homem, foi "destruída". Mas não queremos dizer que a terra deixou de existir.

Portanto, o raciocínio de Pedro a respeito de como devemos viver é mais ou menos assim: a destruição dos céus e da terra será tão completa

VEM, SENHOR JESUS!

que nada permanecerá, exceto o que é santo e piedoso. Negativamente, tudo que é contrário à santidade e à piedade será consumido. Positivamente, "nós, porém, segundo a sua promessa, esperamos novos céus e nova terra, nos quais habita justiça" (2Pe 3.13). A injustiça é destruída. A justiça permanece. Portanto, "que pessoas vos convém ser em santo trato e piedade?" (2Pe 3.11, ARC). Ele termina evocando tanto a destruição quanto a renovação: "Amados, esperando estas coisas [a destruição do velho e o estabelecimento do novo], empenhai-vos por serdes achados por ele em paz, sem mácula e irrepreensíveis" (2Pe 3.14).

MANSOS ENQUANTO ESPERAMOS POR JUSTIÇA

O apóstolo Paulo expõe uma virtude de caráter específica em resposta à pergunta de Pedro: "Que pessoas vos convém ser em santo trato e piedade", já que a justiça perfeita (que inclui retidão) prevalecerá? Paulo responde que, tendo em vista a segunda vinda, devemos ser *mansos*. Ele faz essa conexão em Filipenses 4.4-7 e Romanos 12.19-21.

Em Filipenses 4.5, Paulo diz: "A vossa mansidão seja conhecida de todos os homens. O Senhor está perto" (TB). Entendo isso no sentido de que a certeza e a proximidade potencial da vinda do Senhor têm a consequência de nos tornar mansos quando, de maneira correta, a pensamos e sentimos.[2] Sei que a English Standard Version (ESV) traduz a palavra grega ἐπιεικὲς (*epieikes*) por "razoabilidade", e não por "mansidão": "Seja a *razoabilidade* de vocês conhecida por todos". Todavia, em 1 Timóteo 3.3 (NVI), Paulo contrasta explicitamente essa palavra com a violência: "[não deve ser] violento, mas sim gentil" (μὴ πλήκτην, ἀλλ᾽ ἐπιεικῆ). O oposto de *violento* é naturalmente *gentil*, *manso*, e não *razoável*.

Semelhantemente, ἐπιεικεῖς (*epieikeis*) está em correlação com ἀμάχους (*amachous*) em Tito 3.2, que literalmente significa "sem lutar", "sem uma espada", ou seja, *pacífico*. Isso constitui uma correlação mais adequada com *gentileza* e *mansidão* do que com *razoabilidade*. Poderíamos

---

2 Quanto ao significado de proximidade, veja o capítulo 14.

traduzir as palavras de Paulo a Tito desta maneira: "Não fale mal de ninguém, seja pacífico, amável, exalando mansidão a todos".

Outra razão pela qual acredito que Paulo entendia a mansidão como um efeito da vinda do Senhor é a maneira como ele argumenta em Romanos 12.19-2:

> Não vos vingueis a vós mesmos, amados, mas dai lugar à ira; porque está escrito: A mim me pertence a vingança; eu é que retribuirei, diz o Senhor. Pelo contrário, se o teu inimigo tiver fome, dá-lhe de comer; se tiver sede, dá-lhe de beber; porque, fazendo isto, amontoarás brasas vivas sobre a sua cabeça.

É uma manifestação de *mansidão* não retribuir o mal com o mal e fazer o bem a nosso inimigo. É isso o que Paulo requer. E o motivo aqui (não o único motivo) é que devemos deixar a vingança para o Senhor. O Senhor promete: "A mim me pertence a vingança; eu é que retribuirei" (Rm 12.19). A nossa confiança na aplicação final da justiça por parte do Senhor significa que não temos de exigir justiça do nosso inimigo nesta vida. Podemos retribuir o mal com o bem. Podemos ser mansos.

A conexão com a vinda do Senhor é que a segunda vinda é o momento em que a vingança do Senhor acontecerá. Paulo deixa isso claro em 2 Tessalonicenses 1.7-8: "Quando do céu se manifestar o Senhor Jesus com os anjos do seu poder, em chama de fogo, tomando vingança contra os que não conhecem a Deus e contra os que não obedecem ao evangelho de nosso Senhor Jesus". Portanto, a maneira de argumentar de Paulo em Romanos 12.19-20 nos dá uma razão para conectarmos a vinda do Senhor em Filipenses 4.4 com a exortação à mansidão cristã: "A vossa mansidão seja conhecida de todos os homens. O Senhor está perto" (TB). A vinda do Senhor acertará todas as contas de maneira justa e corrigirá todo erro. Somos livres para deixar a vingança com ele. Somos livres para ser mansos.

CAPÍTULO 21

VÁ TRABALHAR, VÁ À IGREJA

Se o chamado à mansidão nos últimos dias (capítulo 20) pareceu estranhamente trivial, este capítulo talvez pareça ainda mais. Entendemos a necessidade de *vigilância* quando nos conscientizamos de que o mundo como o conhecemos está prestes a acabar. Mas e a *mansidão*? Isso parece uma virtude para um mundo menos volátil. Entretanto, o caminho de Jesus não é o nosso caminho. Seus pensamentos não são os nossos pensamentos. A mansidão podia ser tão completamente contracultural naquele tempo hostil (24.10) e desprovido de amor (Mt 24.12), que nenhuma outra virtude daria um testemunho mais claro do poder de Cristo. Semelhantemente, ir para o trabalho e para a igreja, em face da agitação cultural, talvez pareça tão rotineiro que essas atividades também deem testemunho de um amor profundo, confiante e pacífico pela vinda do Senhor.

Portanto, o Novo Testamento ensina que outra resposta para a pergunta "então, como devemos viver?" é que os que amam a vinda do Senhor não deixam de ir trabalhar. Realizamos nosso trabalho com confiança e diligência, anelantes por sermos achados fiéis em nossas diferentes vocações quando o Senhor vier. Tanto Jesus quanto Paulo enfatizam isso claramente.

HISTERIA E OCIOSIDADE EM TESSALÔNICA

O motivo por que Paulo se expressa de maneira tão explícita sobre a necessidade de nos dedicarmos ao trabalho enquanto esperamos a vinda do Senhor é que o oposto estava acontecendo em Tessalônica. Paulo lida com o problema em 2 Tessalonicenses. Primeiramente, observemos o erro de alguns em abandonar seus trabalhos, que lhes geravam renda. Eis a descrição de Paulo da situação e sua exortação em resposta a essa negligência:

Nós vos ordenamos, irmãos, em nome do Senhor Jesus Cristo, que vos aparteis de todo irmão que ande desordenadamente e não segundo a tradição que de nós recebestes; pois vós mesmos estais cientes do modo por que vos convém imitar-nos, visto que nunca nos portamos desordenadamente entre vós, nem jamais comemos pão à custa de outrem; pelo contrário, em labor e fadiga, de noite e de dia, trabalhamos, a fim de não sermos pesados a nenhum de vós; não porque não tivéssemos esse direito, mas por termos em vista oferecer-vos exemplo em nós mesmos, para nos imitardes. Porque, quando ainda convosco, vos ordenamos isto: se alguém não quer trabalhar, também não coma. Pois, de fato, estamos informados de que, entre vós, há pessoas que andam desordenadamente, não trabalhando; antes, se intrometem na vida alheia. A elas, porém, determinamos e exortamos, no Senhor Jesus Cristo, que, trabalhando tranquilamente, comam o seu próprio pão. E vós, irmãos, não vos canseis de fazer o bem (2Ts 3.6-13).

Alguns dos crentes viviam "desordenadamente" (2Ts 3.6), não querendo "trabalhar" (3.10), tornando-se pessoas que se intrometem "na vida alheia" (3.11) e, aparentemente, comendo "à custa de outrem" (3.8) o pão ganho com trabalho árduo. Por que isso estava acontecendo? Paulo explica em 2 Tessalonicenses 2.

Um tipo de histeria tomara conta de alguns dos membros da igreja, os quais pensavam que o "Dia do Senhor" havia chegado (2Ts 2.2). Sendo assim, parece que raciocinavam: "Qual é o propósito de irmos trabalhar? O Senhor está muito perto."

Irmãos, no que diz respeito à vinda de nosso Senhor Jesus Cristo e à nossa reunião com ele, nós vos exortamos a que não vos demovais da vossa mente, com facilidade, nem vos perturbeis, quer por espírito, quer por palavra, quer por epístola, como se procedesse de nós, supondo tenha chegado o Dia do Senhor. Ninguém, de nenhum modo, vos engane, porque isto não acontecerá sem que primeiro venha a apostasia e seja revelado o homem da iniquidade, o filho da perdição (2Ts 2.1-3).

Uso a palavra "histeria" porque Paulo diz que alguns dos tessalonicenses estavam demovidos de sua "mente" (2Ts 2.2) — literalmente, "sacudidos *de* sua mente" (σαλευθῆναι ὑμᾶς ἀπὸ τοῦ νοὸς). Estavam agindo de modo irracional, pensando que o Dia do Senhor era presente. Paulo expõe o erro dessa maneira de pensar ressaltando que esse Dia "não acontecerá sem que primeiro venha a apostasia e seja revelado o homem da iniquidade, o filho da perdição" (2Ts 2.3). Em outras palavras, o Dia do Senhor não podia estar presente porque a apostasia e o homem da iniquidade ainda não haviam aparecido.

Deduzo do ensino de Paulo, portanto, que, enquanto esperamos o Senhor Jesus retornar do céu, devemos ser fiéis às nossas vocações terrenas. Devemos evitar a histeria do fim dos tempos e não nos cansarmos de "fazer o bem" (2Ts 3.13). Haverá bom trabalho para fazermos (vocacional, social e pessoalmente) até a vinda do Senhor. Nossos deveres terrenos normais não terminarão até que o Senhor venha. A regra, então, até que ele venha, é: "Tudo quanto fizerdes, fazei-o de todo o coração, como para o Senhor e não para homens" (Cl 3.23).

BEM-AVENTURADO POR SER ACHADO TRABALHANDO

Esse compromisso apostólico de realizarmos fielmente o nosso trabalho tereno até que Jesus venha está arraigado no fato de que o próprio Jesus o ensinou. Mais de uma vez, Jesus nos deu ilustrações da segunda vinda relacionadas ao nosso trabalho. Por exemplo, depois de Jesus dizer a seus discípulos: "Sede vós semelhantes a homens que esperam pelo seu senhor, ao voltar ele das festas de casamento; para que, quando vier e bater à porta, logo lha abram" (Lc 12.36), Pedro lhe pergunta:

Senhor, proferes esta parábola para nós ou também para todos? Disse o Senhor: Quem é, pois, o mordomo fiel e prudente, a quem o senhor confiará os seus conservos para dar-lhes o sustento a seu tempo?

Bem-aventurado aquele servo a quem seu senhor, quando vier, achar fazendo assim. Verdadeiramente, vos digo que lhe confiará todos os seus bens (Lc 12.41-44).

Em vez de responder diretamente à pergunta de Pedro — "Proferes esta parábola para nós ou também para todos?" —, Jesus afirma o princípio que se aplica a todos, incluindo Pedro: o senhor deu aos mordomos de seus negócios trabalho a ser feito enquanto ele estiver ausente. O senhor espera que, ao retornar, ache os mordomos cumprindo fielmente o que lhes delegou (veja também Mt 24.42-51).

Isso é um ensino libertador. Significa que somos libertos da necessidade de focar nossa atenção nos sinais dos tempos, ainda que os vejamos desenvolver-se. É bom ser espiritualmente capaz de discernir o que está acontecendo à medida que o fim se aproxima. Todavia, sermos perspicazes em nossa previsão do tempo do fim não é a principal qualidade que o senhor exige de seus mordomos. Quando o senhor disser a seu servo: "Muito bem" (Mt 25.21, 23), isso não acontecerá porque o servo detectou o senhor no horizonte. Acontecerá porque o servo foi "fiel" no trabalho que lhe foi confiado — até o fim.

Portanto, sem dúvida, devemos permanecer espiritualmente despertos e sóbrios até o fim. Nenhum servo fiel deve se deixar levar pela letargia e cegueira espiritual, para que o senhor não venha "em dia em que não o espera e em hora que não sabe [...] lançando-lhe a sorte com os infiéis" (Lc 12.46). Contudo, essa vigilância e essa sobriedade não visam principalmente à predição da proximidade do Senhor, mas à realização do trabalho do Senhor. Nosso lema são as palavras de Jesus: "É necessário que façamos as obras daquele que me enviou, enquanto é dia; a noite vem, quando ninguém pode trabalhar" (Jo 9.4). Então, ao nos levantarmos de manhã e nos dirigirmos ao trabalho, que haja em nosso coração um amor pela vinda do Senhor e uma consciência feliz de que, enquanto o Senhor demora, ele tem trabalho para fazermos.

ENQUANTO O DIA SE APROXIMA, VÁ À IGREJA

Ainda mais importante do que ir trabalhar durante os tempos finais é ir à igreja. Tanto mais quanto vemos o Dia se aproximar. O escritor da Epístola aos Hebreus diz que, enquanto o Dia de Cristo se aproxima, devemos ser ainda mais diligentes em reunir-nos como povo de Cristo:

> Consideremo-nos também uns aos outros, para nos estimularmos ao amor e às boas obras. Não deixemos de congregar-nos, como é costume de alguns; antes, façamos admoestações e tanto mais quanto vedes que o Dia se aproxima (Hb 10.24-25).

"Tanto mais quanto vedes que o Dia se aproxima." O *Dia* que ele tem em mente é o mesmo evento mencionado no capítulo anterior: "Cristo, tendo-se oferecido uma vez para sempre para tirar os pecados de muitos, aparecerá segunda vez, sem pecado, aos que o aguardam para a salvação" (Hb 9.28). É o Dia da vinda de Cristo.

Evidentemente, o autor de Hebreus pensava que os crentes seriam capazes de "ver" (βλέπετε) o dia se aproximando. Certamente, há em cada geração sinais que apontam para a vinda do Senhor. Isso, porém, não sugere que, ao se aproximar cada vez mais o Dia, não haverá sinais ainda mais claros. Argumentei no capítulo 17 que, além dos indicadores mais gerais da vinda de Cristo, haverá antecedentes discerníveis no próprio fim desta era que sinalizarão a proximidade da vinda de Cristo, como a apostasia e o homem da iniquidade (2Ts 2.3). E esse Dia não apanhará "de surpresa", como um ladrão (1Ts 5.4), aquele cujos olhos espirituais têm maior discernimento. Eles perceberão "que o Dia" está se aproximando (Hb 10.25).

NENHUM SINAL?

Acho que alguns eruditos exageram o argumento de que não haverá "nenhum sinal" da proximidade do retorno do Senhor. Sam Storms diz:

> [A parousia] transcorrerá no futuro, em um tempo desconhecido até pelo Senhor. *Nenhum sinal apontará para aquele Dia.* Talvez

Jesus tenha falado dessa maneira para nos guardar de concluir precipitadamente que toda nova crise global, guerra, terremoto catastrófico ou algum outro tipo de convulsão nacional ou natural é um sinal claro de seu retorno.[1]

Storms tira sua conclusão de que não haverá nenhum sinal que aponte para aquele Dia de palavras como estas:

> Assim como foi nos dias de Noé, também será a vinda do Filho do Homem. Porquanto, assim como nos dias anteriores ao dilúvio comiam e bebiam, casavam e davam-se em casamento, até ao dia em que Noé entrou na arca, e não o perceberam, senão quando veio o dilúvio e os levou a todos, assim será também a vinda do Filho do Homem. (Mt 24.37-39).

Dessa passagem, Storms infere o seguinte:

> Não haverá catástrofes globais sem precedentes nem calamidades incomparáveis que indicarão para as pessoas a volta iminente de Jesus. Em vez disso, a humanidade estará absorta nos afazeres rotineiros da vida. Será como nos dias de Noé. O mundo será apanhado totalmente desapercebido pela vinda de Cristo. As pessoas estarão engajadas em ocupações rotineiras e normais da vida: lavoura, comunhão, casamento etc. (cf. Lc 17.28-30; 1Ts 5.3). Jesus virá num tempo de indiferença, de normalidade e de realizações materialistas prevalecentes, quando todos estarão completamente envolvidos na busca de seus negócios e ambições terrenas (cf. 2Pe 3.3-4, 10). Sua vinda ocorrerá num tempo tão inesperado, tão abrupto, que apanhará as pessoas no meio de suas atividades diárias costumeiras (veja vv. 40-41). Quando Jesus virá? *Jesus virá em um tempo no qual sua vinda será a menor preocupação na mente das pessoas!*[2]

---

1 Sam Storms, *Kingdom Come: the Amillennial Alternative* (Fearn: Mentor, 2013), p. 277-78; ênfase acrescentada.

2 Ibid., p. 278; ênfase acrescentada.

O problema dessa conclusão é que ela não faz distinção entre a insensibilidade da cegueira do mundo e a expectativa dos filhos da luz. O mundo será apanhado inesperadamente como num laço (Lc 21.34). Por outro lado, os filhos da luz não serão tomados de surpresa como por um ladrão (1Ts 5.4). Tanto Jesus quanto Paulo deixam claro essa distinção entre os que são cegos para os sinais e os que não o são. Paulo diz:

> Vós mesmos estais inteirados com precisão de que o Dia do Senhor vem como ladrão de noite. Quando andarem dizendo: Paz e segurança, eis que lhes sobrevirá repentina destruição, como vêm as dores de parto à que está para dar à luz; e de nenhum modo escaparão. Mas vós, irmãos, não estais em trevas, para que esse Dia como ladrão vos apanhe de surpresa (1Ts 5.2-4).

Jesus diz:

> Acautelai-vos por vós mesmos, para que nunca vos suceda que o vosso coração fique sobrecarregado com as consequências da orgia, da embriaguez e das preocupações deste mundo, e para que aquele dia não venha sobre vós repentinamente, como um laço. Pois há de sobrevir a todos os que vivem sobre a face de toda a terra. Vigiai, pois, a todo tempo, orando, para que possais escapar de todas estas coisas que têm de suceder e estar em pé na presença do Filho do Homem (Lc 21.34-36).

O mundo está cego para a vinda de Cristo e a experimentará como um "laço". Os despertos não estarão cegos nem serão apanhados num laço. Eles verão "o Dia" se aproximando (Hb 10.25).

RAZÕES PARA IR À IGREJA NO TEMPO DO FIM

Tenho certeza de que um livro inteiro poderia ser escrito a respeito de por que devemos priorizar o ajuntamento cristão à medida que o Dia se aproxima. O livro incluiria uma meditação sobre a Ceia do Senhor, já que Paulo a conectou (como Jesus o fez — Lc 22.16) com a segunda vinda:

"Todas as vezes que comerdes este pão e beberdes o cálice, anunciais a morte do Senhor, até que ele venha" (1Co 11.26). Todavia, a única razão mencionada no texto de Hebreus é encorajarmos uns aos outros: "Não deixemos de reunir-nos [...] mas *encorajemo-nos uns aos outros*" (Hb 10.25, NVI). De acordo com Hebreus 3.12-13, o objetivo do encorajamento mútuo é impedir a apostasia:

> Tende cuidado, irmãos, jamais aconteça haver em qualquer de vós perverso coração de incredulidade que vos afaste [ἀποστῆναι] do Deus vivo; pelo contrário, exortai-vos mutuamente cada dia, durante o tempo que se chama Hoje, a fim de que nenhum de vós seja endurecido pelo engano do pecado.

Exortem uns aos outros para que não se afastem [ἀποστῆναι] do Deus vivo. Esse *afastar-se*, diz Paulo, é uma característica especial dos "últimos dias": "O Espírito afirma expressamente que, nos últimos tempos, alguns apostatarão [ἀποστήσονταί] da fé" (1Tm 4.1). Jesus salientou esse perigo na igreja quando o tempo do fim chegar:

> Nesse tempo, muitos hão de se escandalizar, trair e odiar uns aos outros; levantar-se-ão muitos falsos profetas e enganarão a muitos. E, por se multiplicar a iniquidade, o amor se esfriará de quase todos. Aquele, porém, que perseverar até o fim, esse será salvo (Mt 24.10-13).

Portanto, de todas as razões que Deus porventura tenha em mente para que a continuidade do ajuntamento cristão seja crucial nos últimos dias, aquela em que Hebreus se concentra é o encorajamento mútuo, que tem a intenção impedir o engano da incredulidade, a qual, por sua vez, provoca o afastamento de Deus. Ou, em outras palavras, continuar a congregar-nos nos últimos dias é fundamental para ajudar nosso amor a não esfriar e nos manter ardorosos, cheios de expectativa jubilosa e amor pela vinda do Senhor.

CAPÍTULO 22

ORANDO NO FIM DOS TEMPOS —
POR VOCÊ E PELA MISSÃO

As convocações para que oremos no fim dos tempos estão intimamente conectadas com o mandamento de congregar-nos nesse período para encorajarmos uns aos outros e não esfriarmos no amor, perseverando na fé (capítulo 21). Por exemplo, Pedro escreve:

> O fim de todas as coisas está próximo; *portanto*, sede autocontrolados e sóbrios *por causa das orações de vocês*. Acima de tudo, continuem amando uns aos outros intensamente, visto que o amor cobre uma multidão de pecados (1Pe 4.7-8, tradução minha).

A palavra "portanto" mostra a conexão entre a segunda vinda e a oração. "O fim de todas as coisas está próximo; *portanto*, orem!" Sejam autocontrolados e sóbrios (em espírito e corpo) para não se tornarem negligentes na urgência da oração.

Por que Pedro pensava que a oração era tão urgente à medida que o fim se aproxima? Provavelmente porque ele ouviu Jesus dizer isto:

> Acautelai-vos por vós mesmos, para que nunca vos suceda que o vosso coração fique sobrecarregado com as consequências da orgia, da embriaguez e das preocupações deste mundo, e para que aquele dia não venha sobre vós repentinamente, como um laço [...] Vigiai, pois, a todo tempo, *orando, para que possais escapar* de todas estas coisas que têm de suceder e estar em pé na presença do Filho do Homem (Lc 21.34, 36).

Os últimos dias apresentarão desafios tão grandes à nossa fé que necessitaremos de força extraordinária para escapar de seus efeitos destrutivos. "Aquele, porém, que perseverar até o fim, esse será salvo" (Mt 24.13). Tanto o frequentar a igreja no fim dos tempos quanto o orar no fim dos tempos são designados por Deus para dar a seu povo o poder de perseverar em meio às ameaças incomuns dos últimos dias. "Sabe, porém, isto: nos últimos dias, sobrevirão tempos difíceis" (2Tm 3.1). Pedro e Jesus se unem para nos dizer: permaneçam sóbrios por meio da oração, a fim de vencerem essas dificuldades.

"VENHA O TEU REINO"

Uma das orações que o Senhor nos ensinou é: "Venha o teu reino; faça-se a tua vontade, assim na terra como no céu" (Mt 6.10). Há níveis de significado nessa oração, como há níveis de significado na vinda do reino.[1] O reino vem progressivamente à medida que o reino salvador de Cristo é estabelecido no coração de mais e mais pessoas (Rm 5.21; 14.17; 1Co 4.20; Cl 1.13). Entretanto, o cumprimento final do "venha o teu reino" é o estabelecimento do reino de Cristo nos novos céus e na nova terra (1Co 15.24; 2Tm 4.1).

Deduzo, portanto, que nossas orações pela vinda do reino são súplicas para que Deus não somente estabeleça seu reino em nosso coração ainda mais plenamente, mas também avance sua obra salvadora por meio da evangelização e das missões mundiais, trazendo a história a um clímax na vinda de Jesus. Por isso, nossas orações do fim dos tempos incluem a súplica para que o Senhor "mande trabalhadores para a sua seara" (Mt 9.38), encerre a história de uma vez por todas e venha: "Vem, nosso Senhor!" (μαράνα θά, *maranatha* — 1Co 16.22, NTLH). "Amém. Vem, Senhor Jesus!" (Ap 22.20)

APRESSE O DIA: TERMINE A MISSÃO

Quer oremos pelo avanço progressivo da evangelização mundial, quer oremos pela vinda do Senhor Jesus nas nuvens, estamos, na verdade, orando para

---

1   Quanto a uma argumentação sobre os vários sentidos em que o reino de Deus vem, consulte o prólogo da parte 3: "Vivendo entre as duas vindas de Cristo".

que Deus opere de modo a trazer a história à sua consumação. Em Mateus 24.14, Jesus diz: "Será pregado este evangelho do reino por todo o mundo, para testemunho a todas as nações. Então, virá o fim". Argumentei no capítulo 17 que esse versículo significa que a Grande Comissão será obedecida até o final desta era e, quando estiver terminada, Cristo retornará. Portanto, Mateus 24.14 nos ensina que todo avanço do Evangelho é tanto um *encorajamento* de que o Senhor está próximo quanto um *incentivo* a "apressar" sua vinda (2Pe 3.12), dando grande energia à evangelização mundial.

Acho estas palavras de George Ladd persuasivas, pois destacam as implicações de Mateus 24.14 em relação à maneira como devemos viver até que Jesus venha:

> Este é o motivo de nossa missão: a vitória final aguarda que nossa tarefa seja completada. "Então, virá o fim." Não há outro versículo na Palavra de Deus que diz: "Então, virá o fim". Quando Cristo virá novamente? Quando a igreja houver terminado a sua tarefa. Quando esta era acabará? Quando o mundo tiver sido evangelizado. "Que sinal haverá da tua vinda e da consumação do século?" (Mt 24.3) "E será pregado este evangelho do reino por todo o mundo, para testemunho a todas as nações. *Então*, virá o fim." Quando? Somente então, isto é, quando a igreja tiver cumprido sua missão designada por Deus.[2]

E quanto à ambiguidade da conclusão da missão de evangelização mundial? Sim, sabemos que a vontade de Deus é que Cristo tenha resgatado "para Deus os que procedem de toda tribo, língua, povo e nação" (Ap 5.9). Todavia, quais são esses vários grupos? Ladd responde que essa ambiguidade não é um obstáculo à urgência da tarefa:

> Alguém poderia dizer: "Como devemos saber quando a missão está concluída? Quão perto estamos de completar a tarefa a nós

---

2 George Eldon Ladd, *The Gospel of the Kingdom: Scriptural Studies in the Kingdom of God* (Grand Rapids: Eerdmans, 1990), loc. 2084-88, Kindle [edição em português: *O Evangelho do Reino: Estudos Bíblicos sobre o Reino de Deus* (São Paulo: Shedd Publicações, 2021)].

confiada? [...] Quão perto estamos do fim? Isso não leva ao estabelecimento de datas?" Eu respondo: não sei. Somente Deus sabe
a definição dos termos. Não posso definir com precisão quem são
"todas as nações". Somente Deus sabe exatamente o significado de
"evangelizar". Somente ele, que nos disse que seu Evangelho do
reino será pregado em todo o mundo para testemunho a todas as
nações, saberá quando esse objetivo foi realizado. Eu, porém, não
preciso saber. Sei apenas isto: Cristo ainda não retornou; portanto,
a tarefa ainda não está terminada. Quando estiver terminada, Cristo
virá. A nossa responsabilidade não é insistir em definir os termos
de nossa tarefa; a nossa responsabilidade é completá-la. Enquanto
Cristo não voltar, a nossa tarefa está inacabada. Ocupemo-nos e
completemos a nossa missão.[3]

Se amamos a vinda do Senhor, amararemos o avanço de sua missão
até que seja completada. Nós nos encorajaremos com sua promessa de
que o Evangelho *será* pregado a todas as nações, ou seja, a todos os grupos
de pessoas ("tribo, língua, povo e nação"), e abraçaremos a sua ordem de
fazermos "discípulos de todas as nações" (Mt 28.19). Procuraremos compartilhar a urgência e a clareza da exortação de Ladd: "Enquanto Cristo
não voltar, a nossa tarefa está inacabada. Ocupemo-nos e completemos a
nossa missão".

---

3   Ibid., loc. 2034-49, Kindle.

Ó VEM, SENHOR JESUS, VEM: UM HINO PARA CRISTO

Grande Cristo, crucificado e ressurreto,
Assunto, reinando, Senhor de todos,
Querido soberano Cordeiro, sacrificado,
Perante quem se prostram anjos incontáveis,
Tem misericórdia, Salvador, de nossos olhos,
Tão propensos a considerar o mundo um prêmio,
E concede-nos que a tua vinda, tão próxima,
Vivifique o amor e desperte o clamor:
Ó vem, Senhor Jesus, vem!

Excedendo dez mil vezes
O maior espetáculo da terra,
Tua glória nos concede contemplar,
Sentir tua beleza, valor e grandeza,
Com exércitos de anjos radiantes
Em poder, acompanhando tua descida,
Para que, diante daquele grito final,
Vejamos e de coração clamemos:
Ó vem, Senhor Jesus, vem!

Não deixes teus servos recuarem em pavor
Daquele grande Dia de fogo abrasador,
Quando os que escolheram não honrar
Teu nome receberão o que desejam,
Mas nunca sonharam, a saber, um lugar
Tão horrível, banidos da face do Senhor.
Concede-nos, ó Cristo, livres de julgamento,
Que sempre roguemos sem temor:
Ó vem, Senhor Jesus, vem!

VEM, SENHOR JESUS!

Oh! Apressa o Dia em que nós ouviremos
Tu falares: "Muito bem, filho querido!", embora nós
Sejamos caídos e imperfeitos — o Dia, severo,
Quando, queimada toda a palha, veremos
Teu sorriso, a tua face que tudo transforma,
E, depois, a graça sempiterna:
O momento em que nós, humanos caídos,
Não mais cairemos nem pecaremos.
Ó vem, Senhor Jesus, vem!

Ressoa, ó Deus, o som de tua trombeta.
Profere, ó Cristo, a tua palavra de ordem.
Arcanjo, fala e ordena à lua
E ao sol que ocultem sua face; à terra
E ao mar que deem a Cristo sua esposa,
A igreja triunfante, ressurreta para a vida,
Sim, num piscar de olhos,
Em corpos que jamais morrerão.
Ó vem, Senhor Jesus, vem!

Ousamos, ó Cristo, esperar, embora
Mal possamos compreender que aquela
Por quem tu morreste alegremente
Tomará seu assento privilegiado e será
Tua mais amada do banquete, enquanto
Vestirás novamente a tua majestade
E, exercendo domínio pleno sobre tudo,
Tornar-te-ás nosso servo naquele Dia.
Ó vem, Senhor Jesus, vem!

Ainda que agora, ó Cristo, como em espelho,
Vejamos obscuramente, mas ver face a face
É o nosso desejo. E, sim, ai de nós,
Nosso amor é fraco, mas abraçamos
A bendita esperança de que brilharemos
Com fulgor emprestado, todo divino,
Porque, naquele grande Dia,
Satisfeitos seremos e não mais diremos:
Ó vem, Senhor Jesus, vem.

ÍNDICE BÍBLICO

Gênesis

1.27	40
1.31	88

Deuteronômio

13.1-3	127
29.29	155

Josué

22.5	55

1 Reis

3.16-27	78
3.26	78
3.27	78

Salmos

31.23	112
73.26	50

Provérbios

3.5	55

Isaías

9.6-7	104n1
9.7	41
13.6	191
13.10	235n10
43.6-7	54
48.9-11	54
61.1-2	104n1

Jeremias

29.13	55
31.33	74n1

Lamentações

3.24	50

Ezequiel

36.27	74n1

Daniel

7.13-14	217n2
7.18	217n2
7.22	217n2
7.27	217n2
9.24-25	237n11

Joel

2.12	55
3.14	192

Amós

5.18-20	124n4, 183
7.4	124n4, 183
8.8-9	124n4, 183
9.5	124n4, 183

Obadias

15	192

Habacuque

2.3	192

Sofonias

1.2-3	124n4, 183
1.7	124n4, 183
1.10-12	124n4, 183
1.14	124n4, 183, 192
1.16-17	124n4, 183
1.18	124n4, 183
2.5-15	124n4, 183
3.14	55

Mateus

2.6	184
2.20	184
3.17	157
4.8-10	47, 48
4.9-10	48
5.11-12	148, 257
5.12	143
5.17-18	32
6.10	274
6.12	68
7.17-19	137
7.21-23	35, 55
8.29	25
9.38	274
10.6	184
10.14-15	104
10.22	75, 185
10.23	184, 185n6
10.37	11, 21
10.42	146
11.1-6	30

11.3	28
11.4-6	28
11.21-22	104
12.34	132
13.21	125
13.30	110
13.36-43	110
13.36-50	232
13.39-43	224
13.40	14, 232, 233
13.41-43	110
13.43	95
13.44	29
13.49	224, 232, 233
13.49-50	67
15.8-9	36
15.31	184
16.3	251
16.15-17	29
16.17	30
16.21	89
16.24-27	138
16.27	131, 138, 142, 145, 150, 169, 224
16.28	178, 180, 185 n7
16.28-17.1	178
17.1-8	31
17.2-8	179
17.5	31
17.23	89
19.28	184
20.19	89
22.1-14	166n3
22.11-14	19n2
22.37	54
23.37	212
24	32, 124n4, 182, 198, 204, 207, 209, 212, 214, 222n4, 223n5, 224, 225, 229
24.1-44	182
24.3	14, 124, 212, 223, 224, 232, 253, 275
24.4	204, 214, 222n4, 227n1, 253
24.4-5	214, 253
24.4-31	183n4, 184n4, 223
24.4-35	184n4, 223, 231
24.5	125, 227n1, 230
24.5-6	213, 255
24.5-7	181
24.6	111, 181, 222n4, 230, 233
24.6-8	230
24.7	230
24.7-8	220
24.8	181, 222n4
24.9	125, 204, 230, 256
24.9-13	124
24.10	125, 214, 222n4, 230, 265
24.10-11	32, 214
24.10-13	272
24.11	125, 214, 222n4
24.11-12	215
24.11-13	253
24.12	125, 130, 215, 222n4, 230, 257, 265
24.12-13	181
24.13	258, 274
24.14	223n5, 231, 232, 233, 234, 275
24.15	204
24.15-20	230
24.21	198, 199, 205, 230
24.22	237n11
24.23	204
24.24	32, 125, 127, 214, 216, 222n4
24.24-25	253
24.26	204
24.27	212, 222n4, 235
24.29	230
24.29-30	234, 235
24.30	44, 180, 217n2
24.30-31	217, 222n4
24.31	122, 124, 127, 185n7, 212, 222n4
24.32-34	231
24.33	187, 204
24.33-34	180
24.34	181
24.35	32, 186, 188
24.36	111, 177, 186, 231
24.36-51	223
24.37	212
24.37-39	270
24.39	212
24.40-41	270
24.42	245
24.42-51	221, 268
24.43	218
24.45-51	189
24.48	109, 111, 195
24.48-51	109, 238
25.1	166
25.1-12	165
25.1-13	246
25.5	111
25.6	201, 218
25.10	166, 201, 247

Índice bíblico

25.12	246	13.35	197	19.11	111, 241
25.13	166, 197, 238, 249	15.43	14n1	19.11-27	141
25.19	111	*Lucas*		19.12	111, 141
25.20-23	133	1.6	79	19.12-15	109
25.21	131, 133, 160, 268	1.31-33	241	19.14	109
		2.14	54	19.15	142
25.23	131, 133, 160, 268	2.25	14n1	19.16-19	142
		2.38	14n1	19.26	142
25.31	47, 48, 217n2	3.16-17	110	19.27	109
25.31-32	44	4.18-19	104n1	21	182, 204
25.31-46	44, 67	4.20	139	21.20	182
25.34	217n2	6.23	257	21.25-27	44
25.46	59	9.23	43	21.27	65
26.64	217n2	9.23-28	42	21.28	126
27.9	184	9.24	43	21.31-32	181
27.42	184	9.25	43	21.34	197, 219, 221, 238, 245, 249, 251, 271, 273
28.19	233, 276	9.26	43, 168		
28.19-20	232	9.27-29	178	21.34-36	66, 271
28.20	14, 224, 233	12.35	168	21.36	66, 220, 221, 245, 273
		12.35-36	64, 167		
Marcos		12.35-38	166	22.16	271
1.24	29	12.36	267	22.20	74n1
2.20	260n1	12.37	167, 168, 169, 170, 251	22.25-27	169
4.16-17	123			23.51	14n1
6.6	53	12.40	64, 168, 197, 238, 245	24.31	98
8.35	258			24.39	90, 97
8.38	258	12.41-44	268	24.42-43	90
9.1-2	178	12.42-46	65, 248		
10.45	139	12.44	65	*João*	
12.18	88	12.45	65, 195	2.16	163
12.24	88	12.45-46	248	2.19	89, 163
13	182, 204	12.46	248, 268	2.21	163
13.6-7	213	14.13-14	148	3.18	145
13.7	213	17.7-10	138n1, 168	5.22-23	108
13.8	181, 220	17.10	139	5.24	146
13.23	245	17.21	241	5.26-27	89, 108
13.29-30	180	17.24	56, 250	5.28-29	91n2
13.32-36	222	17.28-30	270	5.38-44	38, 39, 55
13.33	197, 238	18.11-14	56	5.42	38

VEM, SENHOR JESUS!

5.43	38	*Atos*		6.6	242
5.44	38, 55, 56	1.7	189	6.9	96
6.37-40	89	2.17	181	6.11	242
6.54	89	4.33	139	6.23	136
8.42	21	5.41	257	8.1	145
8.56	260n1	10.42	108	8.1-3	74
9.4	268	14.22	204	8.7-9	24
10.18	89	15.3	211	8.11	89, 90
10.35	32	16.27	66	8.16	167
11.25	89	17.25	139	8.19	100
11.26	97	17.30-31	108	8.20-21	87, 261
12.27-28	54	19.16	66	8.21	261
12.31	26, 48	19.40	139	8.22	124, 220
13.36	161	21.21	123	8.23	94
14.1	161, 163	24.16	19	8.29	95, 98
14.1-3	161	24.25	105	8.30	83, 242
14.1-4	164	26.17-18	12	8.33-34	145
14.2	161, 163, 164	28	200	11.15-32	186
14.2-3a	162	28.15	218	11.35-36	139
14.3	163, 164, 171	28.15-16	201	12.19	263
14.9	99			12.19-20	263
14.18	62	*Romanos*		12.19-21	113, 262
14.23	164	1.5	19n2, 140	13.11	242
14.30	26, 48	2.4-5	105	14.17	158, 274
14.31	157	2.6-7	136	15.13	158
15.4	164	2.7	141	16.2	14n1
15.11	157, 160, 163	2.10	152	16.26	140
15.15	167	2.29	140		
16.11	26, 48	3.9	59	*1 Coríntios*	
16.13	214	3.23	59	1.7	251
16.14	11	3.24	59	1.7-9	82
16.23	260n1	4.4-12	71	1.8	79n2, 134
17.13	157	5.1	60, 242	2.7	195
17.15	206	5.3	257	2.14	23
17.20	42, 157	5.8-10	74	3.6-9	142
17.24	42	5.9	12, 162	3.8	150
17.25-26	157	5.9-10	106	3.10-11	132
17.26	158, 160	5.17	60	3.10-15	133
20.26	98	5.20-21	59	3.11-15	132
		5.21	274	3.12-15	81

Índice bíblico

3.13 133
3.14-15 149
3.15 133, 136, 138, 145, 151n1
4.5 136, 140
4.20 274
5.7 243
6.13-14 90
6.14 90
8.2 29
9.8 143
10.11 190
11.26 272
12.26 151
13.2 76
13.9-12 68
15.1-4 26
15.10 87, 140
15.20 90
15.22-23 91
15.23 87
15.24 274
15.41 151n1
15.41-42 151n1, 152
15.42 151n1
15.42-44 97
15.43 87
15.44 159
15.50-53 98
15.51 97
15.51-52 101
16.22 11, 19, 119, 164n1, 274
16.23 19

2 Coríntios

3.18 98, 99
4.4 26
4.4-6 26, 28, 48, 99
4.6 29, 30

4.16-18 147
5 159
5.4 159
5.8 92, 94, 118, 159
5.10 131, 132, 133, 138, 151n1
5.15 56
5.21 60, 71
6.2 260n1
7.10 149
9.8 87

Gálatas

1.3-5 205
1.8-9 132
1.18 211
2.1-10 211
2.9 211
2.11 211
3.13 59, 162
4.5-6 242
4.19 220
4.27 220
5.6 76, 78, 134, 137
5.21 143
5.22-23 19n2

Efésios

1.4-6 94
1.6 170
1.11 54
1.18 24, 25
2.2 26, 48
2.3 59, 112
2.5 20
2.6-7 170
2.7 60
2.8 12
2.8-9 242
2.8-10 137

4.15 133
4.16 133
5.5 143
6.7-8 146
6.8 147
6.13 260n1
6.24 20

Filipenses

1.6 83, 84
1.9 70
1.9-11 69, 70, 71, 72, 76, 77, 84
1.10 70, 80, 82, 134
1.10-11 19n2
1.23 92, 94, 118, 158, 159, 164n1
1.29 12
2.8-10 48
2.15 79
2.16 150
2.17 257
2.29 14n1
3.8-9 71
3.12 19, 68, 73, 242
3.14 18
3.20 251
3.20-21 90, 91, 95, 98
3.21 87, 88, 95
4.4 263
4.4-5 187
4.4-7 262
4.5 262

Colossenses

1.5 243
1.13 243, 274
1.14 242
1.16 54
1.21-23 73, 74

1.22	79	5.1-11	209	1.8	112, 169
1.22-23	75	5.2	210, 218	1.8-9	117
1.23	74	5.2-3	220	1.8-10	40
1.24	257	5.2-4	271	1.9	59, 116
2.3	165	5.2-5	106	1.10	14, 51, 53, 54,
2.14	59	5.2-6	250		85, 87, 100, 116,
3.1	242	5.2-7	221		118, 119, 128,
3.3-5	98, 100	5.3	106, 220		202n2
3.5	100	5.4	14, 221, 250,	1.11	12, 19n2, 87,
3.23	267		251, 269, 271		140
4.14	17	5.4-5	128, 210	1.11-12	87, 140
		5.6	210	1.12	155

1 Tessalonicenses

1.3	140	5.9-10	106	2	122, 210, 130,
1.6	158, 222	5.10	91n3, 115, 246		266
1.9-10	103	5.21	30	2.1	122, 124, 127,
1.10	69, 105, 106,	5.23	70, 72, 77, 80,		202, 210, 212
	107, 112		84, 122, 209,	2.1-2	122, 202, 212,
2.10	79, 93		210, 212		213, 255
2.19	122, 127, 209,	5.23-24	81	2.1-3	120, 203, 267
	210, 211	5.24	82, 84	2.1-12	209
2.19-20	150			2.2	51, 121, 202,

2 Tessalonicenses

3.11-13	71, 72, 76, 77, 84	1	130		210, 266, 267
3.12	71	1.1	12, 120	2.3	14, 121, 123,
3.12-13	70, 75, 77	1.3-10	117		125, 123, 126,
3.13	80, 82, 122, 127,	1.4	51		203, 210, 213,
	134, 209, 210,	1.4-8	257		214, 215, 227,
	211	1.5	115, 256		234n9, 236, 238,
4.13	118, 258	1.5-8	201		267, 269
4.13-18	118, 122, 209,	1.5-10	51, 115, 118,	2.4	126, 127, 228,
	210, 211		209, 210		237
4.15	118, 122, 124,	1.6-7	210	2.4-8	234n9
	127, 210, 211	1.6-10	115, 116	2.5-10	51, 211
4.15-17	92, 93, 122	1.7	115, 116, 117,	2.7	121, 125, 126,
4.16	122, 222, 258		118, 123, 128,		128, 130, 215,
4.16-17	119, 165, 217		202n2, 222		228, 229
4.17	117, 123, 164n1,	1.7-8	61, 116, 117,	2.7-9	215
	198, 201, 202,		127, 128, 210,	2.8	13, 122, 125,
	203, 218, 218,		263		127, 128, 203,
	222, 258	1.7-9	217		210, 212, 222,
					228, 237n11

Índice bíblico

2.9	121, 125, 126, 128, 237
2.9-10	127, 215, 216, 247
2.9-12	129, 234, 254
2.10	121, 122, 129, 130, 254
2.10-11	128
2.11	127, 237
2.11-12	129
2.12	121, 130
2.13	19n2
2.16	60
3	120
3.6	51, 120, 266
3.6-13	266
3.7	120
3.8	120, 266
3.9	120
3.10	120, 266
3.11	266
3.12	120
3.13	120, 267

1 Timóteo

1.5	76
1.14	20
3.3	262
3.10	79n2, 80
4.1	272, 229
4.1-5	229, 272
6.14	13
6.15	169

2 Timóteo

1.5-6	60
1.9	20, 60, 195
1.9-10	13
1.12	14
1.18	14

2.5	19n2
2.10	45
3.1	274
3.1-2	229
3.1-5	181
3.5	229
4.1	13, 274
4.1-2	14, 108
4.3-4	17
4.5	16
4.6-8	13, 17
4.7-8	15
4.8	13, 14, 15, 16, 17, 19n2, 27, 33, 35, 56, 130, 251, 254, 258
4.8-10	16
4.10	16, 251
4.18	243

Tito

1.2	195
1.7	79, 80
2.11	59
2.11-13	14
2.13	13, 39, 41, 45, 47, 53
2.14	137
3.2	262
3.5-7	137
3.7	19, 60

Hebreus

1.2	181, 190
1.2-3	169
3.12-13	272
3.14	75
8.9	260n1
9.8	106
9.26	190

9.26-28	241
9.28	251, 269
10.24-25	269
10.25	269, 271, 272
10.34	14n1
10.36-37	187
11.6	140
12.11	139
12.14	19n2, 79, 143, 242
12.23	87, 88n1, 94, 98, 149, 159

Tiago

1.2	257
1.12	18
2.17	76
2.26	19n2, 79, 137
4.6	20
5.3	181
5.7	256
5.7-11	256
5.8	256
5.8-9	109, 187
5.9	188, 256

1 Pedro

1.3	62
1.5	57, 58, 106
1.6-7	67, 140, 205
1.7	41n1, 57, 58, 62
1.8	58, 62
1.10-11	41, 58
1.11	42, 169
1.12	58
1.13	57, 58, 61, 64, 68, 69, 86, 141, 251
1.20-21	190
2.3	158
2.7	141

VEM, SENHOR JESUS!

2.12	57	3.8-9	193	*2 João*	
2.21	243	3.9	194n3, 234	7	126
2.24	162	3.10	218, 260, 261,		
3.9	243		270	*Judas*	
4.7	57, 63, 187, 188	3.10-14	260	1	83
4.7-8	273	3.11	259, 261, 262	19	23
4.11	143	3.12	234, 275	21	14n1
4.12	204	3.13	260, 261, 262	24	84, 134
4.12-13	41, 57, 257	3.14	262	24-25	83
4.13	41n1, 42, 45, 47,	3.16	31		
	53, 58, 205, 258	3.18	103	*Apocalipse*	
4.17-19	66, 204			1.1	188
4.18	149	*1 João*		1.7	57
5.1	42, 57, 58, 141,	1.7	135	1.12-16	95
	169	1.7-10	135	1.18	96
5.4	57	1.8-9	77	3.3	218
5.5	20	1.8-10	68	3.10	205, 206
5.10	58, 45	2.10	136	5.6	107
5.10-11	67	2.18	126, 228	5.9	275
		2.19	75	5.9-10	107
2 Pedro		2.22	126	6.11	206
1.10	76, 137, 194n3	2.28	99	6.16-17	105, 107
1.16	31, 194	3.1-3	98	6.17	107, 112
1.16-18	179	3.2	19n2, 55, 68, 87,	7.14	198, 205
1.16-19	57		99, 149	16.15	218
1.17-18	31	3.2-3	99, 100, 206, 259	19.1-21	117
1.19	32	3.3	99	19.7-19	165
1.21	32	3.10	19n2, 143	19.8	19n2
2.9	57, 105	3.14	76, 77, 135, 137,	21.1-2	88
3.1-13	57		146	21.2	165
3.3	181	4.3	126	21.3-4	152
3.3-4	193, 270	4.8	77, 135	21.9	165
3.4	31, 261	4.17	105	21.10	88
3.5-7	193	4.19	243	22.3	152
3.7	105	5.1	75, 136	22.7	188
3.8	57, 63, 103,	5.11	97	22.12	131, 150
	194n4	5.19	48	22.20	11, 188, 274

O Ministério Fiel visa apoiar a igreja de Deus de fala portuguesa, fornecendo conteúdo bíblico, como literatura, conferências, cursos teológicos e recursos digitais.

Por meio do ministério Apoie um Pastor (MAP), a Fiel auxilia na capacitação de pastores e líderes com recursos, treinamento e acompanhamento que possibilitam o aprofundamento teológico e o desenvolvimento ministerial prático.

Acesse e encontre em nosso site nossas ações ministeriais, centenas de recursos gratuitos como vídeos de pregações e conferências, e-books, audiolivros e artigos.

Visite nosso site

www.ministeriofiel.com.br

Impresso na gráfica Viena em Março de 2024 para Edtiora Fiel.
Todo papel desta obra possui certificação FSC® do fabricante.
Produzido conforme melhores práticas de gestão ambiental (ISO 14001)
www.graficaviena.com.br